Otto Lange
Gerhard Stegemann

Datenstrukturen und Speichertechniken

Otto Lange
Gerhard Stegemann

Datenstrukturen und Speichertechniken

2., durchgesehene Auflage

Mit 76 Bildern, 9 Tabellen und zahlreichen Beispielen

Springer Fachmedien Wiesbaden GmbH

CIP-Kurztitelaufnahme der Deutschen Bibliothek

Lange, Otto:
Datenstrukturen und Speichertechniken/
Otto Lange; Gerhard Stegemann. –
2., durchges. Aufl. – Braunschweig:
Wiesbaden: Vieweg, 1987.
ISBN 978-3-528-14314-5

NE: Stegemann, Gerhard:

1. Auflage 1985
2., durchgesehene Auflage 1987

Ursprünglich erschienen bei Friedr. Vieweg & Sohn Verlagsgesellschaft mbH, Braunschweig 1987

Umschlaggestaltung: Peter Neitzke, Köln

ISBN 978-3-528-14314-5 ISBN 978-3-663-14186-0 (eBook)
DOI 10.1007/978-3-663-14186-0

VORWORT

Der Inhalt dieses Buches ist aus mehreren Grundlagenvorlesungen ausgewählt, die die Autoren in den letzten Jahren an der Rheinisch-Westfälischen Technischen Hochschule und an der Fachhochschule Aachen für Studenten der Elektrotechnik, der Informatik, der Technischen Informatik und der Betriebswirtschaft zum Themenkreis der Datenstrukturen und Speichertechniken gehalten haben. Wir kommen mit diesem Studientext dem Wunsch unserer Studenten nach, eine schriftliche Ausarbeitung des Vorlesungsstoffes verfügbar zu haben.

Kenntnisse über Datenstrukturen sind unverzichtbar für jeden, der sich mit dem Fachgebiet Informatik befaßt. Hierzu zählt nicht nur das Wissen über die mathematischen Modelle und die programmiersprachliche formale Beschreibung von Datenstrukturen, sondern auch das Wissen über die Techniken der Darstellung von Datenstrukturen in Speichern. Soweit hierzu auf die aktuelle Speichertechnologie Bezug genommen wird - die auf derartige Problemstellungen einen großen Einfluß besitzt - wird bewußt auf die Angabe detaillierter technischer Kenndaten verzichtet, weil diese aufgrund der dynamischen Entwicklung auf diesem Gebiet schon nach kürzester Zeit veraltet wären.

Wir haben uns entschlossen, uns der Programmiersprache Pascal zu bedienen, wann immer es möglich gewesen ist, weil einerseits diese Sprache über ein reichhaltiges Angebot an Datenstrukturen verfügt und ihr ein strenges Datentypkonzept zugrunde liegt und weil andererseits diese Sprache in der Informatikausbildung heute wohl am weitesten verbreitet ist. Auch derjenige, der diese Sprache nicht beherrscht, wird die Programmbeispiele in diesem Buch aus dem Kontext heraus ohne weiteres verstehen.

Es sollte eine fundierte Einführung in die Thematik "Datenstrukturen und Speichertechniken" geboten werden, ohne dabei allzu tiefgreifende mathematische und insbesondere graphentheoretische Kenntnisse vorauszusetzen. Aus diesem Grund ist u. a. das Kapitel 5 über Graphen eingefügt und im Anhang ein kurzer Überblick über Mengen, Relationen und Abbildungen gegeben worden.

Da die Terminologie auf dem Gebiet der Datenstrukturen nicht einheitlich ist, wurde auf die Definition der verwendeten Begriffe besonderer Wert gelegt und soweit wie möglich auf synonyme Begriffe oder auf in der Literatur nicht einheitlich verwendete Begriffe hingewiesen, um dem Leser den Einstieg in die weiterführende Literatur zu erleichtern.

Viele haben uns geholfen. Wir schulden Dank den vielen Studenten, die durch ihre Fragen Einfluß auf die Tiefe und Breite der Darstellung genommen haben, den Herren Dr.-Ing. Lothar Kreft, Dipl.-Inform. Georg Hartung und Dipl.-Inform. Wolfgang Nagel für das Korrekturlesen und die vielen Verbesserungsvorschläge, Herrn Herbert Vonderbank für die Anfertigung der Bilder und den Damen Inge Protzner-Kaufmann und Christiane Cremer sowie Herrn Jürgen Michels für die Schreibarbeiten.

Dem Vieweg-Verlag danken wir für die angenehme Zusammenarbeit.

Aachen, im Frühjahr 1985

Otto Lange Gerhard Stegemann

INHALTSVERZEICHNIS Seite

1 EINFÜHRUNG

1.1 Darstellung und Information

Immer wenn wir Menschen den Aufbau einer bestimmten Disziplin betreiben, zeichnen wir einige wenige Begriffe dieser Disziplin aus, die uns ohne weiteres verständlich zu sein scheinen; diese Begriffe nennen wir Grundbegriffe oder undefinierte Begriffe und verwenden sie, ohne ihre Bedeutung genau festgelegt zu haben. Zugleich aber beachten wir das Prinzip, keinen der übrigen Begriffe der Disziplin zu verwenden, solange wir nicht seine Bedeutung mit Hilfe von Grundbegriffen und solchen Begriffen festgelegt haben, deren Bedeutung schon vorher verabredet worden ist.

Wenn wir uns mit dem Gebiet der Datenstrukturen beschäftigen wollen, müssen wir in der oben beschriebenen Weise vorgehen und uns auf einige Grundbegriffe abstützen. Was das allgemeine Verständnis dieser Grundbegriffe anbetrifft, so kann man nicht generell davon ausgehen, daß alle Beteiligten diese in ihrer Bedeutung gleich interpretieren. Wir werden, um ein generelles Verständnis der Grundbegriffe unter allen Beteiligten herbeizuführen, deren Gebrauch in unterschiedlichen, jeweils umgangssprachlich formulierten Wendungen festlegen.

Zur Kommunikation bedient sich der Mensch einer Umgangssprache, die er zuvor erlernt bzw. eingeübt haben muß. Wir Deutschen bedienen uns dabei der deutschen Sprache, die Franzosen der französischen Sprache; es gibt also eine Vielzahl von Sprachen, in denen Menschen kommunizieren können, sofern sie nur den Gebrauch der Sprache erlernt haben. Man bedenke, daß auch Fachsprachen, die in den unterschiedlichsten Disziplinen verwendet werden und in denen die Spezialisten miteinander kommunizieren, für den korrekten Gebrauch eingeübt werden müssen.

Eine Sprache erlernen heißt, daß man die Korrespondenzen zwischen Gegenständen der realen Welt und ihren Bezeichnungen einübt. Hier darf man nun unter Gegenständen nicht nur materielle Gegenstände wie Bleistift oder Rechenmaschine verstehen, sondern auch immaterielle wie Wahrheit, Idee oder Gefahr. Was die Bezeichnungen betrifft, so sind das Wörter, die eine geschriebene Form (Grapheme) oder gesprochene Form (Phoneme) besitzen und als Bezeichnungen für die Gegenstände der realen Welt verwendet werden. Aber nicht nur Wörter, sondern auch Piktogramme, Glockenschläge, Sirenentöne und dergleichen mehr sind Bezeichnungen, die etwas bedeuten. Man sagt, die Bezeichnung hat eine Bedeutung (Semantik) oder die Bezeichnung besitzt einen Wert, eben den ihm zugeordneten Gegenstand der realen Welt. Wenn man also eine Sprache beherrscht, ist man in der Lage, den Dingen der realen Welt bzw. den Bedeutungen die jeweils vereinbarten Bezeichnungen zuzuordnen, und umgekehrt, die Bezeichnungen zu interpretieren.

Die Grundbegriffe, deren Verständnis hier exemplarisch eingeübt werden sollte, sind Wort oder Bezeichnung auf der einen Seite und Gegenstand der realen Welt, Wert oder Bedeutung auf der anderen Seite. Auf dem Gebiet der Datenverarbeitung heißen diese Grundbegriffe einerseits Darstellung und andererseits Information, wobei Darstellung synonym für Wort sowie Bezeichnung steht und die Information der Wert der Darstellung ist. Die Information ist also die durch Interpretation der Darstellung gewonnene Bedeutung. Umgekehrt besitzt eine Information eine Darstellung.

Es ist uns wichtig, wenn auch nicht über Definitionen, so doch exemplarisch, den Unterschied zwischen Darstellung und Information bewußt zu machen. Wenn wir über dieses Buch in Kommunikation mit dem Leser treten, so tun wir das ausschließlich unter Verwendung von Darstellungen, in der Hoffnung, daß der Leser diese Darstellungen in die Informationen abbilden wird, die wir beim Leser zu aktualisieren beabsichtigten, als wir ausgehend von diesen Informationen - uns der Umkehrabbildung bedienend - zu den hier aufgezeichneten Darstellungen gegriffen haben.

Auf den Unterschied hingewiesen zu haben ist deshalb wichtig, weil bei der Datenverarbeitung durch Maschinen einzig und allein Darstellungen manipuliert werden. In Datenverarbeitungsanlagen werden aus Darstellungen, gewöhnlich sind das Zeichenketten, mit Hilfe von Algorithmen neue Zeichenketten gewonnen, ohne daß die Anlagen imstande wären, die Zeichenketten zu interpretieren, d. h. ihre Information zu aktualisieren.

Weitere Begriffe, auf die wir uns abstützen, entnehmen wir den DIN-Vorschriften 44300 [DIN 81].

Zeichen:	Ein Element aus einer zur Darstellung von Information vereinbarten, endlichen Menge von verschiedenen Elementen. Die Menge wird Zeichenvorrat genannt.
Alphabet:	Ein (in vereinbarter Reihenfolge) geordneter Zeichenvorrat.
Daten:	Zeichen oder kontinuierliche Funktionen, die zum Zweck der Verarbeitung Information auf Grund bekannter oder unterstellter Abmachungen darstellen.
alphanumerisch:	sich auf einen Zeichenvorrat beziehend, der mindestens aus den Dezimalziffern und den Buchstaben des gewöhnlichen Alphabets besteht.
binär:	genau zweier Werte fähig; die Eigenschaft bezeichnend, eines von zwei Binärzeichen als Wert anzunehmen.
Binärzeichen:	Jedes der Zeichen aus einem Zeichenvorrat von zwei Zeichen.
Bit:	Kurzform für Binärzeichen, auch für Dualziffern.
Wort:	Eine Folge von Zeichen, die in einem bestimmten Zusammenhang als eine Einheit betrachtet wird.
Symbol:	Ein Zeichen oder ein Wort, dem eine Bedeutung beigemessen wird.
Code:	Eine Vorschrift für die eindeutige Zuordnung (Codierung) der Zeichen eines Zeichenvorrates zu denjenigen eines anderen Zeichenvorrates (Bildmenge).
Binärcode:	Ein Code, bei dem jedes Zeichen der Bildmenge ein Wort aus Binärzeichen ist (Binärwort).

Neben der hier eingeführten Deutung der Grundbegriffe Darstellung und Information existieren in bestimmten wissenschaftlichen Disziplinen andere, zum Teil sogar quantitativ faßbare Deutungen. In der von C. Shannon begründeten Informationstheorie wird unter Darstellung, dort Nachricht genannt, eine Folge von Zeichen aufgefaßt, die mit einer zeitunabhängigen Wahrscheinlichkeit aus einem vorgegebenen endlichen Zeichenvorrat ausgewählt sind. Der die Zeichenfolgen erzeugende Sender heißt Nachrichtenquelle und stellt mathematisch gesehen einen stationären stochastischen Prozeß dar. Die Information, die in einer Nachricht steckt, wird auf ein mathematisch faßbares Maß reduziert, das sich aus den Auftretenswahrscheinlichkeiten der einzelnen Zeichen ermittelt, und das gewissermaßen die Ungewißheit quantifiziert, die nach Bekanntwerden der Nachricht beim Empfänger beseitigt worden ist. Die Informationstheorie ist zweifelsohne von praktischem Nutzen für die Quellencodierung, indem hier Verfahren bereitgestellt werden, die bei bekanntem Maß der Information eine optimale Form der Nachricht, d. h. der Darstellung der Information erlauben. Da aber im Rahmen dieses Buches über Datenstrukturen im wesentlichen die Verarbeitungscodierung, d. h. die Darstellung der Information im Hinblick auf eine effiziente Verarbeitung im Vordergrund stehen wird, brauchen wir der Shannonschen Informationstheorie keine weitere Beachtung zu schenken.

1.2 Menge, Element, Konstante, Variable

Bei der sprachlichen Erschließung der Welt berücksichtigen wir weitgehend die in dieser Welt erkennbaren Strukturen, die im wesentlichen Element/Menge-Beziehungen darstellen. Verwenden wir z. B. in einer Redewendung wie "Albert Einstein ist ein Mensch." die Darstellung "Mensch", so muß Mensch hier als eine Bezeichnung für eine Menge, eine Klasse, eine Art oder einen Typ aufgefaßt werden, nämlich die Menge der Menschen. In einer Menge sind alle jene Elemente zusammengefaßt, die sich durch bestimmte Eigenschaften, die allen gemeinsam sind, oder durch bestimmte Operationen, die mit ihnen ausgeführt werden können, auszeichnen, die also von gleichem Typ sind.

In Übereinstimmung mit dieser täglichen Praxis beruht die Definition einer Menge demnach auf einer die Elemente charakterisierenden Aussage. Sei P(x) eine solche Aussage für ein Element x, dann haben wir zwischen zu definierender Menge M und der definierenden Aussage P(x) die Beziehung:

x ist Element der Menge M genau dann, wenn P(x) gilt.

Dabei kann es auch vorkommen, daß es synonyme (intensional gleiche) Aussagen gibt, z. B. P(x) und Q(x), die die gleiche Menge M definieren.

Bei der Vereinbarung von Mengen in Programmen ist diese Art der Definition allerdings weniger brauchbar; Datenverarbeitungsanlagen sind nicht imstande, die Bedeutung der definierenden Aussage zu interpretieren. Eine für den Umgang mit Datenverarbeitungsanlagen adäquate Methode der Vereinbarung von Mengen beruht auf der Definition durch Aufzählung. Da gleiche Mengen umfangsgleich (oder extensional gleich) sein sollen, d. h. die gleichen Elemente enthalten, ist jede Menge durch ihre Elemente vollständig bestimmt. Es genügt daher, eine Menge durch katalogmäßige Aufzählung ihrer Elemente festzulegen, indem man alle Elemente auflistet, die in der Element-Beziehung zu dieser Menge stehen sollen. Eine Definition durch Aufzählung ist aus praktischen Erwägungen nur bei endlichen Mengen, also solchen mit endlich vielen Elementen, möglich, wie z. B. bei der Festlegung von

Wochentag = {Montag, Dienstag, Mittwoch, Donnerstag, Freitag, Samstag, Sonntag}.

Zuweilen lassen sich Mengen auch über eine rekursive Definition vereinbaren. Diese Methode wird z. B. in der Mathematik bei der Definition der Menge der natürlichen Zahlen verwendet:

Eine natürliche Zahl ist die 1 oder eine natürliche Zahl plus 1.

Ein weiteres Beispiel zeigt, wie sich die Menge der Wörter über einem gegebenen Alphabet vereinbaren läßt:

Ein Wort ist ein Buchstabe oder ein Wort gefolgt von einem Buchstaben.

Bei diesen rekursiven Definitionen wird ein Element sozusagen in Rückbezug auf sich selbst erklärt oder, genauer gesagt, konstruiert. Um dieses Aufbauprinzip allerdings anwenden zu können, wird mindestens ein Element benötigt, das nicht in dieser Weise erklärt wird, um den Konstruktionsprozeß starten zu können. Da Datenverarbeitungsanlagen ihrer Natur nach in der Lage sind, aus gegebenen Elementen neue Elemente vom gleichen Typ zu produzieren, liegt uns in der rekursiven Definitionsmethode eine weitere rechneradäquate Definitionsmöglichkeit vor.

Wir hatten den Satz "Albert Einstein ist ein Mensch." als Beispiel eingeführt, um über die Darstellung "Mensch" auf Mengen und ihre entsprechenden Mengenbezeichnungen einzugehen. Andererseits tritt in dem Satz "Albert Einstein" auf. Albert Einstein ist ein Eigenname, der zur Bezeichnung eines ganz bestimmten Elementes dient. In entsprechender Weise wird in der Aussage "17 ist eine Primzahl." 17 als Eigenname für ein ganz bestimmtes Element verwendet, das der Aussage zufolge als Element derjenigen Menge, die die Mengenbezeichnung "Primzahl" besitzt, zugeordnet ist. Wir wollen an dieser Stelle nicht auf den Wahrheitswert dieser Aussagen eingehen, hier gilt es lediglich zwischen Eigennamen und Mengenbezeichnungen zu unterscheiden. In der mathematischen Formelsprache drückt man die Element/Menge-Beziehung im Falle der Aussage "17 ist eine Primzahl." wie folgt aus: $17 \in P$, wobei P die Menge aller Primzahlen bezeichnet. Links vom $\in$-Symbol steht der Eigenname, der ein Element bezeichnet, das der Menge angehört, deren Mengenbezeichnung rechts vom $\in$-Symbol steht. In der Mathematik und auch in der Informatik verwendet man nun nicht den Begriff Eigenname, hier spricht man von Konstante.

Betrachten wir als nächstes die Aussage "Der Mensch ist sterblich.". Bei genauer Analyse dieser Aussage fällt auf, daß "Mensch" hier nicht eine Mengenbezeichnung ist, denn es ist nicht gemeint, daß die Menge der Menschen sterblich ist, sondern vielmehr, daß jedes Element aus der Menge der Menschen sterblich ist. In der Mathematik würde man die Bezeichnung "Mensch" als Variable betrachten, die die Funktion eines Platzhalters für die einzelnen Eigennamen ausübt. Von der Variablen "Mensch" sagt man, daß sie Bezeichnungen von Elementen vom Typ Mensch, also Eigennamen, vertritt oder, daß Eigennamen Werte dieser Variablen sind. In der Prädikatenlogik würde die Aussage "Der Mensch ist sterblich." die folgende Präzisierung erfahren: Für alle x, die Elemente aus der Menge der Menschen sind, gilt: x ist sterblich. Die Bedeutung der Variablen in der Umgangssprache wird dann deutlich, wenn man versucht, bei sprachlichen Formulierungen ohne Variablen auszukommen. Bei dem Unterfangen, die in der Aussage "Der Mensch ist sterblich." steckende Information ohne die Verwendung einer Variablen zu übermitteln, müßte man auf die Eigennamen aller Elemente vom Typ Mensch zurückgreifen.

Einen wesentlichen Nutzen vom Standpunkt der Ökonomie des Denkens bringen die Variablen in mathematischen Abhandlungen und Beweisen. Diesen gleichen Nutzen haben die Variablen für Algorithmen in der Informatik.

1.3 Datentypen, Datenobjekte

Wir haben die Konzeption von Menge und Element an wenigen Beispielen illustriert. Diese Konzeption, die in vielen Wissensgebieten, aber ganz besonders in der Mathematik die Grundlage für eine eindeutige Argumentation innerhalb entsprechender Abhandlungen, Prozeduren, Algorithmen und Beweise bildet, finden wir in den höheren Programmiersprachen wieder.

Wenn ein Problem mit Hilfe einer Datenverarbeitungsanlage gelöst werden soll, so muß zunächst in einem Abstraktionsprozeß ein Modell gebildet werden; denn die mit dem konkreten Problem assoziierten Mengen und Elemente sind im allgemeinen von ganz anderer Natur als die durch die Datenverarbeitungsanlage implizit bzw. in den Programmiersprachen explizit vorgegebenen Mengen und Elemente, hier Datentypen und Datenobjekte genannt. Ein Datentyp ist semantisch gleichzusetzen mit einer Menge von Datenobjekten. Nach der Modellbildung läßt sich der Algorithmus zur Lösung des Problems in der Programmiersprache formulieren, wobei sämtliche dort verwendeten Datenobjekte, das sind die Variablen und Konstanten, vereinbart werden müssen.

Variablen spielen bei der Programmierung die gleiche Rolle wie in der Mathematik. Sie erlauben dem Programmierer, Programme zu schreiben, in denen die aktuellen Werte der Variablen erst dann bekannt sein müssen, wenn das Programm ausgeführt wird. Die im Programmtext verwendeten Bezeichnungen der Variablen (Variablennamen) sind symbolische Namen, die bei der Kompilierung in Adressen von Speicherzellen übersetzt werden. Diese Speicherzellen enthalten dann zur Ausführungszeit des Programms die aktuellen Werte. Konstanten werden vom Kompilierer in ähnlicher Weise behandelt. Die Namen der Konstanten sind wiederum mit Adressen von Speicherzellen zu identifizieren, denen aber bereits zur Übersetzungszeit die Werte der Konstanten als Inhalt zugewiesen werden.

Die Variablen und Konstanten werden im sog. Deklarationsteil des Programms spezifiziert. In der Vereinbarung (declaration) werden für eine Variable der Name und der Datentyp und für eine Konstante der Name, der Datentyp und der Wert festgelegt.

Nur aufgrund dieser Festlegung ist der Kompilierer dann imstande, bei der Übersetzung des Programmes in die Maschinensprache die auf dem Datentyp definierten Operationen auszuwählen. Beispielsweise verfügen viele Rechenanlagen in ihrem Befehlssatz über mehr als einen Additionsbefehl; da gibt es die Festkomma-Addition und die Gleitkomma-Addition. Sollte in einem Programm der arithmetische Ausdruck A + B auftreten und sollten die Variablen A und B nicht deklariert, d. h. weder dem Datentyp der Festkommazahlen (*integer*) noch dem der Gleitkommazahlen (*real*) zugeordnet worden sein, so könnte bei der Kompilierung nicht entschieden werden, welcher der Additionsbefehle aus dem Befehlsvorrat auszuwählen ist. Viele Programmiersprachen lassen bei gegebener Verträglichkeit die Verknüpfung verschiedenartiger Datenobjekte zu (mixed mode).

Außerdem unterstützt das Typenkonzept die Überprüfung der Korrektheit von Programmen, und das bereits zur Kompilier-Zeit. Hätte der Programmierer die Deklarationen

var A: integer; var B: boolean

getroffen, indem er die Variable A als Datenobjekt der Festkommazahlen und die Variable B als Datenobjekt der Wahrheitswerte festlegt, so würde der Kompilierer bei der Übersetzung des Ausdrucks A + B die Typenunverträglichkeit von A und B bei der Addition entdecken.

Bei den Datentypen und ihren Datenobjekten ist zwischen einfachen (elementaren, primitiven) Datentypen und zusammengesetzten Datentypen zu unterscheiden. Bei den einfachen Datentypen sind die entsprechenden Datenobjekte selbst nicht weiter zerlegbar, wir befinden uns hier auf der Stufe niedrigster Komplexität; so ist z. B. der Datentyp *boolean* ein einfacher Datentyp, denn die beiden Datenobjekte *true* und *false* sind elementarer Natur.

Man kann sich gut vorstellen, daß man Datenobjekte konstruieren kann, die von beliebiger Komplexität in ihrem Aufbau sein können. Generell bezeichnet man zusammengesetzte Datenobjekte als Datenstrukturen. Auch hier gilt wieder, daß die zusammengesetzten Datenobjekte Elemente entsprechender zusammengesetzter Datentypen sind.

1.4 Einflüsse auf Datenstrukturen

Die Darstellung von Datenstrukturen in einer Rechenanlage und die Effizienz der Ausführung von Operationen mit den Daten werden durch die Hardware und Software des Rechensystems auf vielfältige Weise beeinflußt. Auch werden wir feststellen müssen, daß sich Datenstrukturen hinsichtlich der unterschiedlichen Operationen und Verarbeitungsarten nicht gleichermaßen gut auslegen lassen, so daß die Vor- und Nachteile bei der Entscheidung für eine bestimmte Struktur wohl bedacht werden müssen.

Die Einflüsse von seiten der Hardware resultieren aus den durch den Befehlssatz implizit vorgegebenen Datentypen und den Eigenschaften der Datenspeicher. Da die heutigen digitalen Rechensysteme aus technologischen Gründen durchweg mit binären Daten arbeiten, ist der einfachste und ursprüngliche Datentyp das Bit. Die Gruppe der Bit-Handling-Befehle wie Setzen, Löschen, Testen, Maskieren und Verschieben von Binärzeichen ermöglicht Operationen auf diesem Datentyp. Wollte man jedoch allein auf dieser Basis Problemlösungen betreiben, so wäre man schnell vor höchst schwierige Aufgaben gestellt. Man denke nur daran, welche Bit-Manipulationen die einfache Addition von zwei ganzen n-stelligen Dualzahlen erfordern würde. Aus diesem Grunde werden schon auf der Hardware-Ebene eines Rechensystems "höher strukturierte" Datentypen zusammen mit den auf ihnen erlaubten Operationen zur Verfügung gestellt. Die Problemstellungen im technisch-wissenschaftlichen Bereich erfordern schwerpunktmäßig den Umgang mit Zahlen, im kommerziellen Bereich den Umgang mit Zeichen bzw. Zeichenketten und in beiden Bereichen die Verknüpfung logischer Aussagen.

Für die Verknüpfung von Festkomma- und Gleitkommazahlen stehen arithmetische Befehle - meist für die vier Grundrechenarten - und Vergleichsbefehle zur Verfügung. Viele vorwiegend für kommerzielle Aufgabenstellungen ausgelegte Rechner sind außerdem in der Lage, binärcodierte Zahlen arithmetisch zu verknüpfen. Auf diese Weise werden bei wenig rechenintensiven Problem stellungen Umcodierungen zwischen den Darstellungsformen einer Zahl als Folge von binärcodierten Dezimalziffern (BCD-Code) und als duale Festkomma- bzw. Gleitkommazahl vermieden.

Operationen mit Zeichen bzw. Zeichenketten werden nur mittelbar durch Vergleichs- und Transferbefehle unterstützt, wobei die Darstellung der einzelnen Zeichen im jeweiligen Interncode der Rechner (z. B. EBCDIC, ASCII bzw. 7-Bit-Code)*) erfolgt und die Zeichen meist byteweise gespeichert werden. Byteorientierte Rechner, bei denen mit Hilfe der Transfer-Befehle eine gewünschte Anzahl von Bytes transferiert werden kann, sind für diese Aufgabenstellungen günstiger konzipiert als wortorientierte Rechner. Vergleichsbefehle unterstützen Manipulationen mit Zeichenketten bezüglich ihrer lexikographischen Ordnung.

Für die Verknüpfung logischer Aussagen stehen logische Befehle (*and, or, not*) zur Verfügung. Die Wahrheitswerte *true* und *false* lassen sich in einem Bit codieren. In den meisten Rechnern werden die logischen Befehle jedoch auf den einzelnen Bits zweier Maschinenwörter bzw. Bytes parallel ausgeführt.

Sieht man von Spezialrechnern oder Rechnern mit speziellen Prozessoren ab, so werden hardwaremäßig keine komplexeren Operationen und keine entsprechenden Datentypen realisiert, man denke nur an die Addition von Vektoren. Dies hatte in der Vergangenheit sicherlich technologische und wirtschaftliche Gründe, muß aber auch unter dem Gesichtspunkt eines möglichst allgemein verwendbaren Rechnerkonzeptes gesehen werden. So bleibt es schließlich der Software überlassen, den Aufbau und die Handhabung komplexerer Datenstrukturen zu ermöglichen.

Weitere Einflüsse der Hardware auf die Datenstrukturen resultieren aus den Eigenschaften der Datenspeicher. Durch den aktuellen Stand der Speichertechnologie bedingt sind die Zentralspeicher heutiger Rechenanlagen charakterisiert durch

- wort- oder byteweise direkte Adressierung,
- im Vergleich zu Externspeichern relativ kurze Zugriffszeiten in der Größenordnung von 100 ns,
- aus Kostengründen und im Vergleich zu Externspeichern relativ geringe Speicherkapazität in der Größenordnung von Megabytes.

---

*) EBCDIC: Extended Binary Coded Decimal Interchange Code
ASCII: American Standard Code for Information Interchange

Bemerkenswert für die Art der Adressierung ist, daß der Zugriff zu den Speicherzellen nur möglich ist, indem diese "durchnumeriert" sind, d. h. jeder Speicherzelle ist eine ganze positive Zahl zugeordnet, welche die Adresse der Speicherzelle darstellt. Werden z. B. die Daten der Mitglieder eines Vereins gespeichert, so kann zu den Daten eines Mitglieds nicht etwa direkt über dessen Namen oder Mitgliedsnummer zugegriffen werden, sondern es muß zunächst ein Bezug zwischen den gesuchten Daten und ihrer Speicheradresse hergestellt werden. Speicher, bei denen im Gegensatz dazu über Teile ihres Inhaltes - also Teile eines Datums - auf ein gesuchtes Datum zugegriffen werden kann, werden Assoziativspeicher genannt (Abschn. 2.4). Sie stehen zur Zeit noch nicht mit ausreichender Speicherkapazität, wünschenswert geringer Zugriffszeit und vertretbaren Kosten zur Verfügung.

Der Einsatz von Externspeichern liegt unter anderem darin begründet, daß Zentralspeicher größerer Speicherkapazität mit kleiner Zugriffszeit nicht kostengünstig hergestellt werden können. Man ist somit heute gezwungen, Externspeicher zu verwenden, die unter anderem aufgrund ihrer elektromechanischen Komponenten durch folgende Eigenschaften charakterisiert sind:

- sequentieller Zugriff (Magnetband) bzw. quasi-direkter Zugriff (Magnetplatte, Magnettrommel),
- im Vergleich zum Zentralspeicher große Zugriffszeiten in der Größenordnung von einigen zehn Millisekunden,
- im Vergleich zum Zentralspeicher große Speicherkapazität in der Größenordnung von bis zu 10^3 Megabytes.

Im Interesse großer Datenübertragungsgeschwindigkeiten und vereinfachter Adressierungstechniken erfolgt der Zugriff nicht wort- oder byteweise, sondern es wird auf Datenblöcke (physische Sätze) oder auf Seiten zugegriffen. Wie später im Kapitel 9 über Dateien noch gezeigt wird, hat die große Zugriffszeit zu den Daten auf einem Externspeicher einen entscheidenden Einfluß auf die Datenstrukturen, weil es bei der Bearbeitung der Daten wesentlich auf eine geringe Anzahl der Externspeicher-Zugriffe ankommt.

Für den Benutzer von Datenverarbeitungsanlagen ist der Einfluß der Software, hier insbesondere der Programmiersprachen, auf Datenstrukturen noch bedeutsamer als der der Hardware. Wie bereits angedeutet worden ist, finden durch die Rechnerhardware nur wenige einfache Datentypen eine direkte Unterstützung. Konsequenterweise sind diese Datentypen dann auch als sog. "built-in datatypes" in vielen höheren Programmiersprachen vorhanden. Zusammengesetzte Datentypen sind bei den Rechenanlagen wegen Fehlens entsprechender Operationen im Befehlssatz nicht vorgegeben. In vielen Fällen wäre es wünschenswert, dennoch zusammengesetzte Datentypen verfügbar zu haben, man denke an die bereits erwähnten Vektoren. Diesem Bedürfnis kommen nun die höheren Programmiersprachen dadurch entgegen, daß sie Strukturarten bereitstellen, mit deren Hilfe der Anwender die seiner Problemstellung angepaßten zusammengesetzten Datentypen definieren kann. Über die maschineninterne Darstellung derartig zusammengesetzter Datenobjekte braucht sich der Programmierer dann nicht zu sorgen, diese Aufgabe wird ihm vom Kompilierer abgenommen. Über die vorgegebenen Strukturarten hinausgehende Arten müssen im Rahmen der durch die Programmiersprache gesetzten Möglichkeiten durch den Programmierer realisiert werden. Möglichkeiten und Techniken, wie man derartige Datenstrukturen realisieren kann, werden in den Kapiteln 6 und folgenden behandelt.

Da jedes Programm Leistungen des Betriebssystems bzw. von Systemprogrammen in Anspruch nimmt, beeinflußt auch die Systemsoftware die Datenstrukturen in einem Programm. Hier sind vor allem die Dateiverwaltung durch das Betriebssystem und die Verwaltung von Datenbeständen durch Datenbanksysteme zu nennen.

Für die Einrichtung, Pflege und Verarbeitung von Datenbeständen ergeben sich je nach der vorliegenden Problemstellung Anforderungen an die Datenstrukturen, die sich häufig nicht alle gleichermaßen gut erfüllen lassen. Die Anforderungen resultieren aus der Art und Häufigkeit der auszuführenden Grundoperationen (Auffinden, Einfügen, Entfernen), der Verarbeitungsart der Daten (starr fortlaufende, logisch fortlaufende und wahlfreie Verarbeitung) und der Ordnung der Daten (sortiert oder unsortiert) unter Berücksichtung der Größe des Datenbestandes und der hardwaremäßig vorgegebenen Speichereigenschaften.

Die Grundoperationen Auffinden (Zugreifen, Suchen), Einfügen und Entfernen (Löschen) von Daten bedürfen für sich genommen wohl keiner weiteren Erläuterung. Unter einer starr fortlaufenden Verarbeitung versteht man eine Verarbeitung, bei der auf die einzelnen Daten bzw. Datensätze in der durch die Speichertechnik vorgegebenen Reihenfolge zugegriffen wird; ein Beispiel hierfür ist die Verarbeitung von Datensätzen in der Reihenfolge, in der sie auf einem Magnetband abgelegt werden. Bei der logisch fortlaufenden Verarbeitung wird dagegen auf die Daten in der Reihenfolge einer vorgegebenen Ordnung zugegriffen; diese Verarbeitungsart liegt z. B. dann vor, wenn die Straßennamen eines Ortes in der lexikographischen Reihenfolge ausgedruckt werden. Die wahlfreie Verarbeitung von Daten ist dadurch gekennzeichnet, daß auf die Daten wahlfrei - d. h. zufällig (random) - zugegriffen wird; ein Beispiel hierfür ist der Zugriff auf Daten in einem Auskunftsystem.

Wir haben einige wichtige Einflüsse auf Datenstrukturen kennengelernt. Natürlich konnten sie an dieser Stelle nicht erschöpfend behandelt werden - einerseits, weil zu Beginn der Behandlung des Themas "Datenstrukturen und Speichertechniken" die notwendigen Kenntnisse noch nicht vorausgesetzt werden können, und andererseits, weil die Problemstellungen so verschieden und die Lösungsmöglichkeiten mit ihren Vor- und Nachteilen so mannigfaltig sind, daß eine alles umfassende Darlegung ohnehin nicht möglich ist.

1.5 Methoden zur Beschreibung von Datenstrukturen

Zur Beschreibung von Datenstrukturen lassen sich unterschiedliche Vorgehensweisen angeben. Im wesentlichen sind das die konstruktive und die abstrakte Beschreibungsmethode.

1.5.1 Konstruktive Beschreibungsmethode

Die konstruktive Methode zur Beschreibung von zusammengesetzten Datentypen ist die denkbar natürlichste, indem neue Datentypen aus bereits eingeführten Datentypen konstruiert werden. In ihrer einfachsten Form ähnelt sie der Russelschen Typentheorie. Hierbei wird irgendein Bereich von Objekten, die als Atome aufgefaßt werden, zugrundegelegt. Durch Aussagen über diese Atome werden auf der Grundlage des Mengenbildungsaxioms Mengen gebildet, die selbst nicht zu den Atomen gehören sollen. Die so gebildeten Mengen erster Stufe werden dann wiederum als Atome betrachtet, mit denen sich in entsprechender Konstruktionsmethodik Mengen zweiter Stufe, auch Mengensysteme genannt, bilden lassen. Man kann nun so fortfahren, mit den Mengen zweiter Stufe als Atomen Mengen dritter Stufe bilden usw., und auf diese Weise eine

Hierarchie von Objekten über dem zugrundegelegten Bereich von Atomen konstruieren.

Diese Konzeption ist auf die Konstruktion von zusammengesetzten Datentypen übertragbar. Der zugrundgelegte Bereich, über dem die Hierarchie von strukturierten Objekten konstruiert werden soll, besteht aus den einfachen Datentypen. Mit Hilfe einer Konstruktionsvorschrift oder eines Konstruktors [CAR 60] werden dann aus bereits eingeführten niederstufigen Datenobjekten höherstufige Datenobjekte gebildet. In diesem Sinne stellt der Konstruktor einen Operator dar, dessen Eigenschaften genau festlegen, wie der zusammengesetzte Datentyp erzeugt wird.

Der zu einem Konstruktor inverse Operator ist der Destruktor. Liegt ein höherstufiges Datenobjekt vor, so zerlegt der Destruktor dieses Datenobjekt in seine Komponenten, die entsprechenden niederstufigen Datenobjekte*). In diesem Zusammenhang sollte auch noch der Selektor erwähnt werden. Dieser Operator erlaubt es, einzelne Komponenten aus einem höherstufigen Datenobjekt herauszugreifen (zu selektieren), ohne das höherstufige Datenobjekt dabei zu zerlegen.

In vielen der geläufigen Programmiersprachen sind Sprachelemente vorgegeben, die die Funktion eines Konstruktors besitzen. So lassen sich auf elegante Weise solche häufig vorkommenden Gebilde wie Vektoren und Matrizen in Pascal mit Hilfe des Sprachelementes array vereinbaren. Für die Selektion eines Matrizenelementes werden in Pascal ebenso wie in der Mathematik Indizes verwendet.

Beispiel:

In expliziter Form findet man Konstruktoren und Selektoren in der Programmiersprache LISP [CAR 62].
LISP besitzt nur einen Datentyp, die Liste. Die Liste ist eine Folge von Listenelementen, die ihrerseits entweder Atome oder selbst wieder Listen

---

*) In einem anderen Sinne versteht man unter einem Destruktor einen Operator, durch dessen Anwendung der durch eine Datenstruktur belegte Speicherbereich wieder dem Freispeicherbereich zugeführt wird.

sind. Das Atom ist ein grundlegendes Listenelement; wir haben uns darunter ein Zeichen oder eine Zeichenkette vorzustellen. Außerdem verfügt LISP über einen Satz von Operatoren, von denen uns in diesem Zusammenhang der Konstruktor CONS(x;y) zur Konstruktion einer aus den beiden Komponenten x und y zusammengesetzten Liste und die zwei Selektoren CAR(x), CDR(x) zur Selektion der 1. Komponente bzw. des Restes einer Liste interessieren.

Falls eine Liste (B,E,N) vorliegt, wird durch CONS(O;(B,E,N)) die neue Liste (O,B,E,N) erzeugt. Mit CAR(O,B,E,N) erhält man die erste Komponente O und mit CDR(O,B,E,N) erhält man den Rest (B,E,N) der Liste.

1.5.2 Abstrakte Beschreibungsmethode

Wir haben bereits anklingen lassen, daß die einfachen Datentypen implizit durch den Befehlsvorrat der Datenverarbeitungsanlagen vorgegeben sind; ein einfacher Datentyp ist durch die Maschinenbefehle festgelegt, die mit den entsprechenden Datenobjekten ausführbar sind.

In Anlehnung daran wird man versuchen, Datentypen schlechthin über die Menge der Operationen, die mit Objekten dieses Typs ausgeführt werden, zu definieren. Bei dieser Vorgehensweise werden <u>abstrakte Datentypen</u> definiert [LIS 75], [GUT 77].

Der abstrakte Datentyp wird in einem Abstraktionsprozeß gewonnen, der die relevanten Eigenschaften der Objekte im Sinne der Operationen hervorhebt und alle irrelevanten Details, wie die Darstellung innerhalb einer Datenverarbeitungsanlage und die algorithmische Realisierung der Operationen, unterdrückt.

<u>Beispiel</u>:

Wir alle kennen Stapel: den Bücherstapel, den Aktenstapel, den Tablettstapel. Die hier aufgezählten Objekte sind vom Typ Stapel, der üblicherweise nicht als vordefinierter Datentyp vorkommt. Aus der Sicht der Anwendung sind die einzig relevanten Operationen bei einem Stapel das Einrichten eines Stapels (NEW), das Einfügen (PUSH) eines Elementes an der Stapelspitze, das Lesen (TOP) des Elementes an der Stapelspitze, das Entfernen (POP) des Elementes an der Stapelspitze und das Überprüfen, ob der Stapel leer ist (ISEMPTY). Wie der Stapel implementiert ist, ob als sequentiell oder gekettet gespeicherte lineare Datenstruktur (Abschn. 7.2.1), und wie die Operationen algorithmisch realisiert sind, ist für den Benutzer irrelevant.

Wir haben hier versucht, exemplarisch eine intuitive Vorstellung eines abstrakten Datentyps zu vermitteln. Es könnte dabei der Eindruck entstanden sein, daß die bloße Aufzählung der Operationen, die auf einem abstrakten Datentyp ausführbar sein sollen, ausreichen, seine Bedeutung zweifelsfrei festzulegen. Dem ist nicht so, es bedarf vielmehr einer formalen Methode, die entweder algebraisch oder operationell sein kann, um den abstrakten Datentyp präzise zu definieren.

Die algebraische Methode definiert ausschließlich die für den Benutzer relevanten Eigenschaften des abstrakten Datentyps, indem sie einerseits die Operationen durch Festlegung der Definitions- und Wertebereiche syntaktisch spezifiziert und andererseits durch Vorgabe entsprechender Beziehungen (Axiome) zwischen diesen Operationen die Semantik festlegt.

Beispiel:

Für den abstrakten Datentyp eines Stapels (*stack*), bei dem die Elemente eines Typs *elem* manipuliert werden, werden durch die syntaktische Spezifikation die Definitions- und Wertebereiche derjenigen Operationen festgelegt, die den Stapel kennzeichnen:

NEW	:		$\longrightarrow$	*stack*
PUSH	:	*stack* x *elem*	$\longrightarrow$	*stack*
TOP	:	*stack*	$\longrightarrow$	*elem*
POP	:	*stack*	$\longrightarrow$	*stack*
ISEMPTY	:	*stack*	$\longrightarrow$	*boolean*

In der semantischen Spezifikation muß durch entsprechende Axiome die *last-in-first-out*-Eigenschaft eines Stapels zum Ausdruck gebracht werden. Die Variable s ist vom Typ *stack*, die Variable i vom Typ *elem*, *error* ist ein spezieller Wert, der eine Fehlersituation beschreibt.

(S1) ISEMPTY (NEW) = *true*

(S2) ISEMPTY (PUSH(s,i)) = *false*

(S3) TOP (NEW) = *error*

(S4) TOP (PUSH(s,i)) = i

(S5) POP (NEW) = *error*

(S6) POP (PUSH(s,i)) = <u>if</u> ISEMPTY(s) <u>then</u> NEW <u>else</u> s

Es ist nicht trivial, korrekte Spezifikationen für abstrakte Datentypen aufzustellen. Insbesondere muß das Axiomensystem so gewählt werden, daß Widerspruchsfreiheit, Vollständigkeit und möglichst Eindeutigkeit (bis auf Isomorphie) erzielt werden.

Wie es für ein Axiomensystem einer Theorie mehrere Modelle geben kann in dem Sinne, daß die Axiome in allen Modellen gelten*), so mag es nicht überraschen, daß es auch mehrere Modelle für einen algebraisch definierten abstrakten Datentyp geben kann.

Das impliziert gewisse Probleme der axiomatischen Methode, die unter anderem die Darstellung entsprechender Objekte und ihre effiziente Verarbeitung in Datenverarbeitungsanlagen betreffen.

Die operationelle Methode zur Definition abstrakter Datentypen orientiert sich am Konzept der Modularisierung von Programmen. Ein Modul wird spezifiziert durch seine Schnittstelle, das sind alle Operationen, die mit dem Modul ausführbar sind. Die Operationen werden durch ihre Namen, die Typen und Bedeutungen ihrer Parameter sowie die Beschreibung ihres Effektes festgelegt, wobei kein Bezug auf die Implementierung genommen werden darf. Der Benutzer braucht die Implementierungsdetails nicht zu kennen (information hiding), er verkehrt mit dem Modul nur über die Schnittstelle.

In Analogie definiert die <u>operationelle</u> Methode nur die für den Benutzer relevanten Eigenschaften des abstrakten Datentyps, indem sie den Effekt der Operationen auf diesem Datentyp in einer algorithmischen Notation be-

---

*) Man denke z. B. an die Gruppen-Theorie, hier bilden die ganzen Zahlen zusammen mit der Addition ein Modell der abstrakten Gruppe, wie das auch die rationalen Zahlen (ohne die "0") zusammen mit der Multiplikation tun.

schreibt. Dadurch, daß nur spezifiziert wird, *was* die Operationen leisten sollen, und nicht *wie* sie realisiert werden, erreicht man eine klare Trennung zwischen Anwendung und Implementierung.

Beispiel:

Eine der wesentlichen Stärken der Programmiersprache Ada ist die Existenz eines Sprachkonstruktes, genannt *package*, das die operationellen Spezifikationen eines abstrakten Datentyps unterstützt. Ada gestattet es dem Programmierer, die Spezifikation eines *package* (package specification) von seiner Implementierung (package body) zu trennen. Außerdem bietet Ada die Möglichkeit, einem *package* durch Benutzung der *generic*-Konstruktion auch Datentypen als Parameter zu übergeben, was die Schaffung mehrerer Objekte eines Typs erlaubt.

Als Beispiel betrachten wir wieder den abstrakten Datentyp Stapel (STACK). Die Elemente, die auf den Stapel abgelegt werden (PUSH) bzw. vom Stapel heruntergeholt werden (POP), sind vom Typ ELEM. Durch

```
generic
  MAX: INTEGER;
  type ELEM is private;
package STACK is
  ERROR: exception;
  procedure PUSH(X: ELEM);
  function TOP return ELEM;
  function POP return ELEM;
  function ISEMPTY return BOOLEAN;
end;
```

ist die für den Benutzer relevante Schnittstelle festgelegt; Stapellänge (MAX) und Datentyp (ELEM) treten als formale Parameter auf. Der Package-body STACK beinhaltet die Implementierung des Stapels:

```
package body STACK is
  S: array (1..MAX) of ELEM;
  PTR:INTEGER range 0..MAX;
  procedure PUSH(X: ELEM) is
  begin
    if PTR = MAX then
       raise ERROR;
    end if;
    PTR := PTR + 1;
    S(PTR):= X;
  end PUSH;
  function TOP return ELEM is
  begin
    if PTR = 0 then
       raise ERROR;
    end if;
    return S(PTR);
  end TOP;
  function POP return ELEM is
  begin
    if PTR = 0 then
       raise ERROR;
    end if;
    PTR := PTR - 1;
    return S(PTR + 1);
  end POP;
  function ISEMPTY return BOOLEAN is
  begin
    return (PTR = 0);
  end ISEMPTY;
begin
  PTR := 0;
end STACK;
```

Die im Package-body deklarierten lokalen Variablen, z. B. PTR, sind dem Benutzer des *package* nicht zugänglich.
Ein bestimmter Stapel kann dann durch die Angabe geeigneter aktueller Parameter im Anwenderprogramm spezifiziert werden:

```
declare
  package MY_STACK is new STACK(100, REAL);
  use MY_STACK;
begin
  PUSH(X);
  ...
  X := POP ();
exception
  when ERROR ⇒
  ...
end;
```

Gegenüber der algebraischen Methode zwingt die operationelle Methode zu einer Überspezifikation, da sie nicht ganz ohne implementierungsbedingte Einzelheiten auskommt, die im Sinne der Anwendung irrelevant sind und daher eigentlich verborgen bleiben sollten. Im oben aufgeführten Beispiel ist ein solches Detail die Stapellänge.

2 SPEICHERORGANISATION

Die Speicherorganisation hat einen großen Einfluß auf die Datenorganisation. Es soll daher kurz auf die technischen Einrichtungen eingegangen werden, in denen die Daten gespeichert werden.

Als Speicher bezeichnet man eine Funktionseinheit innerhalb eines digitalen Rechensystems, die digitale Daten aufnimmt, aufbewahrt und abgibt (DIN 44300). Zum Abspeichern und zum Auffinden (Lesen) der Daten kann man sich unterschiedlicher Adressierungstechniken bedienen. Es lassen sich zwei Arten unterscheiden: die ortsorientierte Adressierungstechnik, bei der man jede einzelne Speicherzelle durch eine Adresse (üblicherweise in Form einer durchlaufenden Numerierung der Speicherzellen) kennzeichnet, und die inhaltsorientierte Adressierungstechnik, bei der man auf eine Speicherzelle aufgrund von Teilen ihres Inhaltes (Assoziativspeicher. Abschn. 2.4) zugreift.

Wichtige Speicherkenngrößen sind:

- Speicherkapazität,
- Art des Zugriffs,
- Zugriffszeit und Zykluszeit,
- Kosten.

Als Speicherkapazität eines Speichers bezeichnet man die maximale Anzahl von Bits, Bytes (Zeichen) oder Wörtern, die in diesem Speicher untergebracht werden.

Bezüglich der Art des Zugriffs unterscheidet man den direkten (oder wahlfreien) Zugriff, bei dem auf ein Datenobjekt orts- oder inhaltsorientiert unmittelbar zugegriffen werden kann, und den sequentiellen Zugriff, bei dem der Zugriff auf Datenobjekte an eine gegebene sequentielle Speicherungsstruktur gebunden ist. Als quasidirekten Zugriff bezeichnet man jene Art des Zugriffs, bei der ein Block von Datenobjekten direkt adressiert werden kann, innerhalb dieses Blockes der Zugriff auf die Datenobjekte jedoch sequentiell erfolgt. Häufig wird diese Art des Zugriffs nicht vom direkten Zugriff unterschieden, weil durch Hardware- oder Softwaremaßnahmen dem Anwender scheinbar ein direkter Zugriff ermöglicht wird.

Die Zugriffszeit ist die Zeit von der Anforderung zur Übertragung bestimmter Daten bis zur Beendigung der Übertragung. Bei zwei aufeinanderfolgenden gleichartigen, zyklisch wiederkehrenden Vorgängen bezeichnet man als Zykluszeit die Zeitspanne vom Beginn des einen Vorgangs bis zum Beginn des nächsten Vorgangs. Die Zykluszeit für das Lesen eines Datenobjekts aus einer Speicherzelle kann länger als die Zugriffszeit sein. Das ist dann der Fall, wenn beim Lesen der Speicherinhalt technologisch bedingt zerstört wird und daher zunächst wieder regeneriert werden muß, bevor der nächste Zugriff erfolgen kann.

Zur Zeit sind keine Speicher verfügbar, welche die Vorteile beliebig großer Kapazität, kurzer Zugriffszeit und niedriger Kosten miteinander verbinden. Aus diesem Grund ist die Kapazität von Hauptspeichern beschränkt. Eine Kapazitätserweiterung wird mit preiswerteren peripheren Massenspeichern (z. B. Magnetplattenspeichern) vorgenommen, wobei man gezwungen ist, die Nachteile längerer Zugriffszeiten in Kauf zu nehmen.

Im folgenden werden einige Speicherarten - unterschieden nach der Art des Zugriffs - beschrieben.

2.1 Speicher mit direktem Zugriff

Zu den Speichern mit direktem Zugriff gehört als Funktionseinheit innerhalb der Zentraleinheit eines Rechensystems der Zentralspeicher. Dies ist ein Speicher, zu dem die übrigen Funktionseinheiten der Zentraleinheit - nämlich das Rechenwerk, das Leitwerk und gegebenenfalls das Ein- und Ausgabewerk - unmittelbar Zugang haben. Wesentlicher Teil des Zentralspeichers ist der Hauptspeicher, der dadurch gekennzeichnet ist, daß die einzelnen Speicherzellen durch Adressen aufgerufen werden können (DIN 44300). Der Hauptspeicher nimmt die zu verarbeitenden Daten und Befehle auf. Der restliche Teil des Zentralspeichers wird Ergänzungsspeicher genannt. Bei wortorganisierten Speichern kann jede Speicherzelle eine bestimmte Anzahl von Binärzeichen (Bits) speichern. Die Anzahl beträgt je nach Rechner 8 bis 64. Die in einer solchen Speicherzelle gespeicherten Zeichen bilden ein Maschinenwort. Umfaßt eine Speicherzelle 8 Bits, so spricht man von einem byteorganisierten Speicher.

Neben dem Zentralspeicher benötigt man in einem Rechensystem zur Zwischenspeicherung und Bearbeitung kleinerer Datenmengen Speicher, die aus wenigen Speicherelementen bestehen und zu denen direkt und schnell zugegriffen werden kann. Diese Speicher werden Register genannt. Ein Beispiel hierfür ist das Befehlsregister im Leitwerk einer Zentraleinheit, aus dem der gerade auszuführende Befehl gewonnen wird. Indexregister dienen vorwiegend zum Modifizieren von Adressen, zur Durchführung von Zähloperationen an Adressen (inkrementieren, dekrementieren) und zum Einleiten von Verzweigungen. Register, mit deren Hilfe im Rechenwerk arithmetische, logische und Schiebe-Operationen ausgeführt werden können, heißen zuweilen auch Akkumulatoren.*)

Als Hauptspeicher wurden früher Magnetkernspeicher verwendet. Heute sind sie jedoch fast durchweg von den schnelleren und preiswerteren Halbleiterspeichern in Integrierter-Schaltkreis-Technologie**) verdrängt worden. Von ihrem Speicherverhalten her unterscheidet man statische und dynamische Halbleiterspeicher.

Statische Speicher vermögen die gespeicherten Daten unbegrenzt beizubehalten (vorausgesetzt, die Spannungsversorgung ist gewährleistet). Dynamische Speicher verlieren technologisch bedingt mit der Zeit ihre Daten, so daß diese ständig neu eingeschrieben werden müssen. Dies geschieht in einem eigenen Refresh-Zyklus[2)] oder bei seriellen Speichern durch ständiges Verschieben der Daten von einem Speicherelement zu einem anderen. Technologisch bedingt besitzen dynamische Speicher gegenüber den statischen Speichern die größeren Speicherkapazitäten, weisen allerdings die größeren Zugriffszeiten auf.

Auf die verschiedenen Schaltungstechniken bei Halbleiterspeichern soll an dieser Stelle nicht eingegangen werden. Entsprechend ihren Speichereigenschaften können jedoch drei große Gruppen von Halbleiterspeichern unterschieden werden:

---

*) Akkumulator ist ein Register, das für Rechenoperationen benutzt wird, wobei es ursprünglich einen Operanden und nach durchgeführter Operation das Ergebnis enthält.

**) Integrierter Schaltkreis (IS), englisch Integrated Circuit (IC)

1. Speicher mit wahlfreiem Zugriff
   (RAM, Random Access Memory)
   Bei diesen Speichern kann auf Daten mit direkter Adressierung sowohl lesend als auch schreibend zugegriffen werden. Sie finden vorwiegend als Hauptspeicher Verwendung.

2. Festspeicher
   (ROM, Read Only Memory)
   Aus diesen Speichern können Daten während des normalen Betriebes nur gelesen werden. Sie eignen sich nicht zur Verwendung als Hauptspeicher, wohl aber zur Speicherung unveränderlicher Daten und Befehle. Werden die Daten schon während des Herstellungsprozesses durch Maskieren - Schaffen oder Weglassen von Verbindungen auf dem Chip - festgelegt, so spricht man im engeren Sinne von einem ROM. Es gibt jedoch auch Festspeicher, die sich nach dem Herstellungsprozeß programmieren lassen. Kann diese Programmierung nur einmal vorgenommen werden, indem z. B. Verbindungen durch Stromimpulse thermisch überlastet und dadurch getrennt werden, so spricht man von einem PROM (Programmable ROM). Der Sammelbegriff für wiederholt lösch- und programmierbare Festspeicher ist RePROM (Reprogrammable ROM). Zwei verbreitete Arten sind das EPROM (Erasable PROM) und das EAPROM (Electrically Alterable PROM). Das EPROM wird durch kurzzeitiges Anlegen hoher Spannungen programmiert und durch Bestrahlen mit UV-Licht durch ein im IC-Gehäuse eingesetztes Fenster wieder gelöscht. Wie der Name schon sagt, werden EAPROMs dagegen elektrisch programmiert und gelöscht.

3. Serielle Speicher
   Bei diesen Speichern werden die Daten durch Taktimpulse von einem Speicherelement in das nächste verschoben. Serielle Speicher zählen streng genommen zu den Speichern mit quasidirektem Zugriff. Nach außen hin verhalten sich diese Speicher jedoch wie ein RAM, da die zur direkten Adressierung notwendigen Schaltungen in das IC integriert sind. Wegen der größeren Zugriffszeit eignen sie sich aber nicht zur Verwendung als Hauptspeicher. Zu den seriellen Speichern gehören unter anderem die ladungsgekoppelten Speicher (CCD, Charge Coupled Device). Eine andere Art von seriellen Speichern sind die Magnetblasenspeicher (Bubble-Memory).

2.2 Speicher mit quasidirektem Zugriff

Wie im vorangegangenen Abschnitt 2.1 schon dargelegt, müßten die seriellen Halbleiterspeicher technisch gesehen zu den Speichern mit quasidirektem Zugriff gezählt werden. Grundsätzlich gehören zu der Klasse von Speichern, die durch ihren quasidirekten Zugriff auf die Daten charakterisiert sind, die Magnettrommel-, die Magnetplatten- und die Disketten-Speicher. Das sind elektromechanische Speicher, die als periphere Speichereinheiten zur Speicherung großer Datenmengen verwendet werden.

Magnettrommelspeicher sind historisch die ältesten Speicher mit quasidirektem Zugriff und wurden früher auch als Hauptspeicher verwendet. Die Magnettrommel ist ein Zylinder, auf dessen Mantelfläche eine magnetisierbare Schicht aufgebracht ist. Sie dreht sich um ihre Achse mit einer konstanten Drehzahl von einigen tausend Umdrehungen pro Minute. Die Daten werden mit Hilfe von Magnetköpfen auf die Oberfläche berührungsfrei geschrieben bzw. von ihr gelesen. Die Köpfe sind im allgemeinen fest angeordnet. In Bild 2-1 ist die Aufteilung der Mantelfläche schematisch dargestellt. Die Mantelflä-

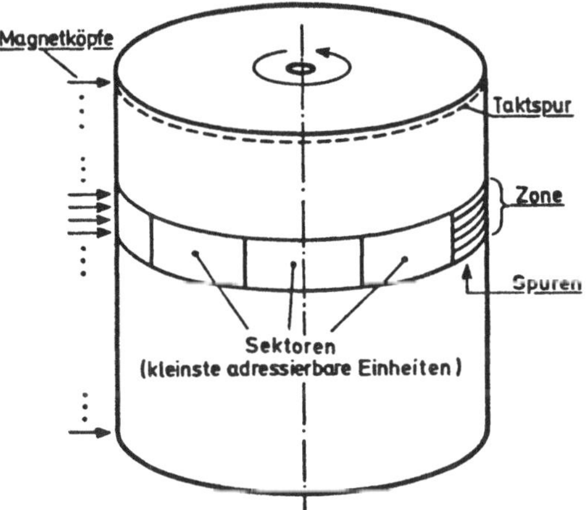

Bild 2-1 Aufteilung der Magnettrommel-Mantelfläche

che kann man sich in Zonen, Spuren und Sektoren eingeteilt denken, so daß die Daten je nach verwendeter Technik seriell, parallel oder serien-parallel auf die Oberfläche geschrieben werden können. Zur Synchronisation der Trommel bzw. zur Bestimmung der Trommelposition werden auf einer Spur Taktimpulse aufgebracht.

Der Zugriff auf die Daten erfolgt durch die Auswahl des Magnetkopfes einer Spur bzw. Zone. Im statistischen Mittel können dann nach einer halben Umdrehung der Trommel die Daten eines Sektors sequentiell gelesen werden. Die Sektoren stellen somit die kleinsten adressierbaren Speicherbereiche dar.

Magnetplattenspeicher (Bild 2-2) sind die am meisten verwendeten Speicher für große Datenmengen bei quasidirektem Zugriff zu den Daten. Der Datenträger selbst besteht aus einer Platte oder aus mehreren übereinander angeordneten Platten (Plattenstapel). Die Platte oder der Plattenstapel dreht sich

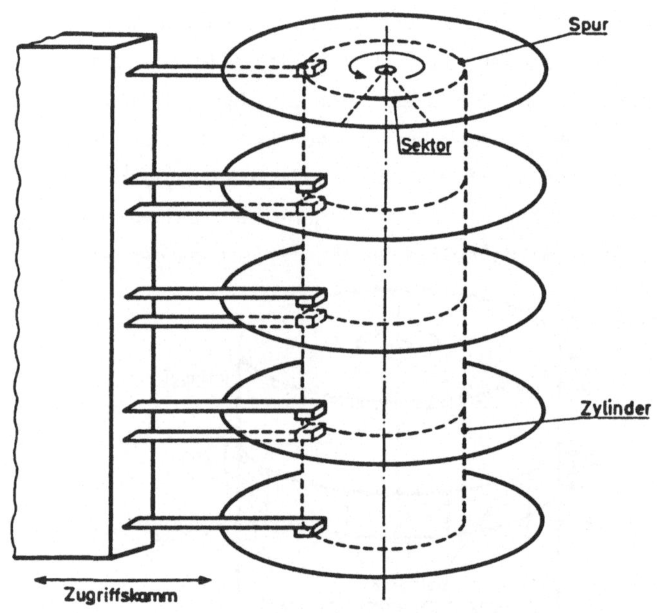

Bild 2-2 Schema eines Magnetplattenspeichers

mit hoher konstanter Umdrehungsgeschwindigkeit. Die Platten sind beidseitig mit einer magnetisierbaren Schicht versehen. Die Daten werden mit Hilfe von Magnetköpfen geschrieben bzw. gelesen. Dabei berühren die Köpfe die Plattenoberfläche nicht, sie schweben auf einem sehr dünnen Luftpolster. Die Plattenoberfläche ist im allgemeinen in einige hundert konzentrische Spuren auf der Ober- und Unterseite eingeteilt. Die Gesamtheit aller übereinanderliegenden Spuren eines Durchmessers im Plattenstapel nennt man Zylinder. Die einzelnen Spuren werden in Sektoren oder Blöcke eingeteilt. Diese bilden die kleinste physisch adressierbare Einheit. Die Datenspeicherung erfolgt auf den Spuren bit-seriell.

Die Adressierung der Daten erfolgt duch die Angabe

- der Zylindernummer,
- der Spurnummer (Nummer der Plattenoberfläche bzw. des Magnetkopfes) und
- der Sektornummer (Blocknummer).

Je nach Ausführung unterscheidet man

- Plattenspeicher mit festen oder beweglichen Magnetköpfen,
- Plattenspeicher mit festem oder auswechselbarem Plattenstapel.

Bei auswechselbaren Plattenstapeln werden die äußeren Oberflächen der obersten und untersten Platte nicht beschrieben, sie dienen zum Schutz. Die Magnetköpfe sind gemeinsam auf einem Zugriffskamm montiert (Bild 2-2).

Bei beweglichen Magnetköpfen muß der Zugriffskamm zur Auswahl eines Zylinders positioniert werden. Die hierzu benötigte Positionierzeit entfällt bei Festkopf-Plattengeräten, jedoch werden dann wesentlich mehr Köpfe benötigt. Die mittlere Zugriffszeit setzt sich aus der Positionierzeit und der halben Umdrehungsdauer (Latenzzeit) der Platte zusammen.

Bei kleineren Rechensystemen und bei der Datenerfassung findet als Datenträger häufig die <u>Diskette</u> (auch Floppy Disk genannt) Verwendung. Dabei handelt es sich um eine flexible Magnetplatte von 8, 5 1/4 oder auch 3 1/2 Zoll Durchmesser. Disketten und Disketten-Laufwerke sind preiswert und weisen nur geringe Abmessungen auf. Die Disketten werden in das Laufwerk samt ihrer Schutzhülle eingeschoben. Die Daten werden mit Hilfe eines beweglichen Magnetkopfes geschrieben und gelesen, der dabei durch einen radial angeordneten Schlitz in der Schutzhülle auf der Diskette aufliegt. Durch die Reibung nutzt sich die Magnetschicht im Laufe der Zeit ab, so daß nach längerem Gebrauch die Diskette ersetzt werden muß. Auf die Daten kann, ähnlich wie bei der Magnetplatte, über Spur- und Sektornummer zugegriffen werden.

2.3 Speicher mit sequentiellem Zugriff

Zu den Speichern mit sequentiellem Zugriff zählen die Magnetbandspeicher. Das Magnetband ist ein preiswerter und wenig Raum beanspruchender Datenträger, es wird daher häufig zur Speicherung großer Datenbestände verwendet. Das Magnetband besteht aus einer Kunststoffolie und ist einseitig mit einer magnetisierbaren Schicht belegt. Die Daten werden mit Hilfe eines Magnetkopfes geschrieben und gelesen. Während dieser Vorgänge wird das Band mit konstanter Geschwindigkeit am Magnetkopf vorbeigeführt, wobei sich Band und

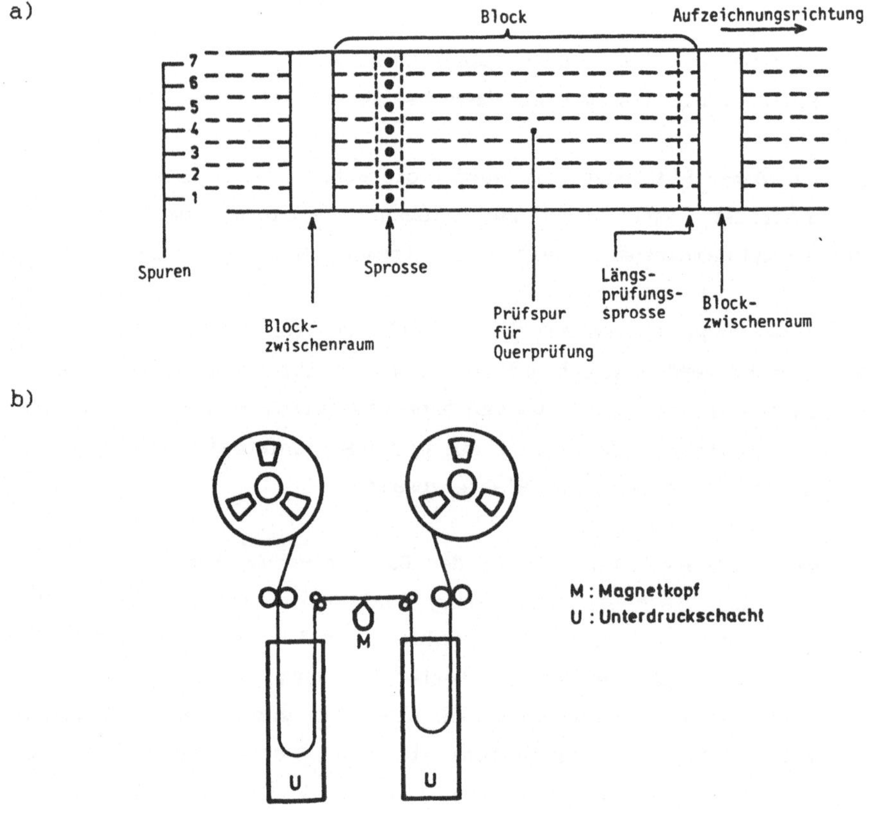

Bild 2-3 Magnetbandspeicher; a) Magnetband
b) Magnetbandeinheit

Magnetkopf berühren. Beim Magnetband (Bild 2-3a)) verlaufen die Spuren, hier auch Kanäle genannt, parallel zu seinen Längskanten (7 oder 9 Spuren).

Die in Querrichtung übereinander liegenden 6 oder 8 Bits zuzüglich eines Prüfbits zur Paritätskontrolle bilden eine sog. Bandsprosse.

Die Daten werden blockweise gespeichert. Die Blöcke sind jeweils durch einen Blockzwischenraum (Kluft) getrennt. Diese Klüfte werden benötigt, weil das Band vor dem Lesen oder Schreiben eines Datenblockes auf die vorgesehene konstante Geschwindigkeit gebracht werden muß.

Die Magnetbandeinheit (Bild 2-3b)) besitzt für den Bandtransport zwei motorgetriebene Spulenhalter. Wegen des mechanischen Trägheitsmomentes der Spulen befindet sich vor und hinter dem Magnetknopf je eine Bandschleife - meist in einem Vakuumschacht - deren Länge z. B. durch Lichtschranken erfaßt wird und zur Regelung der Spulendrehung benutzt wird.

2.4 Assoziativspeicher

Ein Assoziativspeicher (associative storage, content addressable memory) ist ein Speicher, dessen Speicherelemente durch Angabe ihres Inhaltes oder eines Teils davon aufrufbar sind (DIN 44300). Mit einem vorgegebenen Suchargument (Referenzdatum, Schlüssel) wird bei diesen inhaltadressierten Speichern der Inhalt oder ein Teil davon auf Koinzidenz geprüft. Dabei kann sich Koinzidenz bei mehreren Speicherelementen ergeben, weil die Inhalte von mehreren Speicherelementen insgesamt oder teilweise übereinstimmen können. Diese Speicherelemente können dann nacheinander gelesen oder beschrieben werden. Eine derartige Speicherorganisation bietet den Vorteil, daß die wichtige Operation "Auffinden" auf einfache Weise auszuführen ist, und zwar sowohl hinsichtlich der Identifizierung eines einzigen Datenobjektes - der vorgegebene Schlüssel muß in diesem Falle eindeutig sein - als auch hinsichtlich der Suche nach Datenobjekten mit gleichem Merkmal. Da es möglich ist, nur Teile des Inhalts der Speicherelemente zum Vergleich mit einem Schlüssel heranzuziehen, können Suchoperationen nach unterschiedlichen Merkmalen durchgeführt werden.

Wegen des höheren Schaltungsaufwandes sind inhaltsadressierte Speicherbausteine teurer in der Herstellung als ortsadressierte Speicherbausteine. Die gezielte Nutzung der besonderen Eigenschaften dieser Speicherart verlangt andersartige Rechnerkonzepte gegenüber den heute üblichen, und zwar sowohl hinsichtlich der Hardware als auch der Software. Aus diesen Gründen finden assoziative Speicher zur Zeit noch wenig Anwendung. Ein Beispiel ist ihr Einsatz beim Betrieb virtueller Speicher, in denen sie zur schnellen Zuordnung der Nummer eines Datenblocks ("Seite") zur Adresse eines Bereiches ("Seitenrahmen") im Hauptspeicher benutzt werden (Abschn. 10.2.3).

3 EINFACHE DATENTYPEN

Das Datentypkonzept hat in den meisten problemorientierten Programmiersprachen Eingang gefunden. Es ist dadurch gekennzeichnet, daß jedes Datenobjekt genau einem Datentyp - sei er ein einfacher oder ein zusammengesetzter - zugeordnet ist. Man findet die einfachen Datentypen als vordefinierte Datentypen in fast allen Programmiersprachen; sie müßten jedem, der eine Programmiersprache erlernt hat, grundsätzlich bekannt sein. Das mag nicht für die in der Programmiersprache Pascal vorgesehenen Aufzählungstypen und Unterbereichstypen zutreffen, die ebenfalls zu den einfachen Datentypen gezählt werden.

3.1 Standardtypen

Die in den Programmiersprachen vorgegebenen einfachen Datentypen berücksichtigen im wesentlichen jene Klassen von Datenobjekten, die durch bestimmte Befehle des Befehlssatzes von Rechenmaschinen implizit definiert sind.

Da gibt es die Klasse der Festkommaarithmetikbefehle wie Addition, Subtraktion, Multiplikation und Division (Quotient, Rest), die Festkommazahlen als Datenobjekte miteinander verknüpfen und als Ergebnis Festkommazahlen berechnen. Hierdurch wird der Datentyp *integer* festgelegt, denn die Menge der Festkommazahlen bildet durch die beschränkte Anzahl der Ziffern eine Teilmenge der ganzen Zahlen.

Neben den Festkommaarithmetikbefehlen gibt es die Klasse der Gleitkommaarithmetikbefehle. Hier werden durch Addition, Subtraktion, Multiplikation und Division Gleitkommazahlen als Datenobjekte miteinander verknüpft; das Ergebnis ist wieder eine Gleitkommazahl. Diese Befehlsklasse definiert implizit den Datentyp *real*, wobei die Menge der Gleitkommazahlen als Teilmenge der reellen Zahlen zu betrachten ist.

Außer den Befehlen, die mit Zahlen als Datenobjekten ausgeführt werden, gibt es Befehle, die Zeichen wie Buchstaben, Ziffern und Sonderzeichen als Datenobjekte manipulieren. Der entsprechende Datentyp wird mit *char* bezeichnet, wobei im allgemeinen unter *char* ein Alphabet zu verstehen ist. Die weitestverbreiteten Alphabete sind der 7-Bit-Code und der EBCDI-Code.

Eine weitere Klasse von Befehlen erlaubt es, aussagenlogische Operatoren (Negation, Konjunktion, Disjunktion) zu realisieren. Auf diese Weise lassen sich Wahrheitswerte, nämlich "wahr" (*true*) und "falsch" (*false*) verarbeiten, wobei das Ergebnis ebenfalls einen Wahrheitswert darstellt. Hierdurch wird der Datentyp *boolean* eingeführt.

Außerdem enthält der Befehlsvorrat Vergleichsoperationen, die Realisierungen der relationalen Operatoren "=", "<", ">" usw. darstellen. Der Vergleich kann aber nur zwischen Datenobjekten vorgenommen werden, die auch vergleichbar sind, also vom gleichen Datentyp sind. Das Ergebnis einer Vergleichsoperation ist entweder "wahr" oder "falsch", so daß das Resultat ein Datenobjekt vom Datentyp *boolean* ist.

Die Datentypen mit den Bezeichnungen *integer, real, char* und *boolean* nennt man Standardtypen; die verwendeten Bezeichnungen dieser Standardtypen heißen (Art)-Indikationen.

Die Datenobjekte, die einem Standardtyp angehören, nennen wir einfache, primitive oder elementare Datenobjekte. In diesem Sinne heißen die entsprechenden Datentypen einfache, primitive oder elementare Datentypen.

Die Rechtfertigung für eine derartige Bezeichnung ist leicht einzusehen; vom Benutzer einer Rechenmaschine aus gesehen handelt es sich bei den Maschinenbefehlen um elementare Operationen geringster Komplexität, die nicht weiter zerlegbar sind. Aus dieser Perspektive sind die durch diese elementaren Operationen zu manipulierenden Datenobjekte ebenfalls nicht weiter zerlegbar und in diesem Sinne elementar. Auf der Ebene der Rechenmaschinen hingegen besitzen die meisten einfachen Datenobjekte eine Struktur; so wird ein Datenobjekt vom Typ *integer* maschinenintern als eine Folge von Bits dargestellt.

Beispiel:

Definieren wir die Variablen L, M und N dadurch, daß wir schreiben

```
(1)   var L, M, N: integer;
```

so haben wir damit festgelegt, daß die Datenobjekte, die die Plätze der

Variablen L, M und N einnehmen, Festkommazahlen sind. Soll nun das Produkt der Festkommazahlen M und N gebildet werden, so können wir das durch folgende Anweisung zum Ausdruck bringen:

(2) L := M * N;

Wie wir wissen, ist die Multiplikation eine erlaubte Operation auf dem Datentyp *integer*, mithin wird der Kompilierer diese Anweisung so transformieren, daß dann innerhalb des Maschinenprogramms der Befehl für die Festkommamultiplikation eingesetzt wird. Hätten wir die Verabredung (1) nicht getroffen, so wäre die Anweisung (2) für den Kompilierer nicht übersetzbar gewesen, denn die Rechenmaschine verfügt auch über den Befehl einer Gleitkommamultiplikation.

3.2 Aufzählungstyp

In der Programmiersprache Pascal ist der Aufzählungstyp vorgesehen. Auch in allen Pascal-Derivaten findet man den Aufzählungstyp wieder. Mit dem Aufzählungstyp wird eine Verallgemeinerung des Typenkonzepts über die Standardtypen hinaus erreicht.

In der realen Welt haben wir es mit einer Reichhaltigkeit an Klassen und Objekten zu tun, in der Standardtypen und ihre Objekte nur einen ganz bescheidenen Ausschnitt bilden. Wenn wir nun Modelle der realen Welt auf einer Datenverarbeitungsanlage realisieren wollen, so können wir das letztendlich nur dadurch erreichen, daß wir die verschiedensten Klassen und ihre Objekte auf die durch die Datenverarbeitungsanlagen vorgegebenen Standardtypen und ihre Datenobjekte abbilden. Solange in den Programmiersprachen ebenfalls nur Standardtypen und entsprechende Datenobjekte vorgesehen waren, oblag es dem Programmierer, die Objekte verschiedenster Typen auf Datenobjekte der Standardtypen abzubilden.

Beispiel:

Seien in einem Programm Objekte vom Typ Alter, gemessen in ganzen Jahren, und Objekte vom Typ Gewicht, gemessen in ganzen Kilogramm, zu manipulieren. Läßt die verwendete Programmiersprache nur Standardtypen zu, so wird man die Variablen mit der Bezeichnung Alter für Lebensalter und mit der Bezeichnung Gewicht für Körpergewicht als Datenobjekte vom Typ *integer* definieren müssen, also

```
var ALTER, GEWICHT: integer;
```

Sollte beim Schreiben des Programmes durch Unachtsamkeit ein logischer Fehler wie bei der folgenden Zuweisung

```
ALTER := GEWICHT;
```

unterlaufen sein, so würde dieser Fehler nicht durch den Kompilierer entdeckt werden können, da es sich hier um zwei Datenobjekte vom gleichen Typ *integer* handelt, obgleich wir es von der Intention her mit Objekten unterschiedlicher Typen, nämlich Alter und Gewicht, zu tun haben.

Stünde uns dagegen die Möglichkeit offen, Datentypen je nach Bedürfnis frei zu definieren, so hätte das großen Einfluß auf den Programmierstil und die Lesbarkeit von Programmen (selbstdokumentierend). Darüber hinaus könnten gewisse logische Fehler im Programm bereits während der Kompilierzeit durch Überprüfung der Typenverträglichkeit entdeckt werden.

Die Programmiersprache Pascal erlaubt es dem Programmierer, Datentypen nach seinem Gusto zu definieren, indem er den Datentyp durch Aufzählung der Eigennamen der Datenobjekte extensional festlegen kann. Man nennt einen derartigen Datentyp dann Aufzählungstyp (enumeration type).

Wir sollten uns allerdings bewußt sein, daß durch die Schaffung des Aufzählungstyps in einer höheren Programmiersprache das Problem der Abbildung dieses Aufzählungstyps auf einen Standardtyp weiterhin besteht. Da es aber auf den Kompilierer abgewälzt wird, ist der Programmierer davon befreit. In diesem Sinne stellt dann auch der Aufzählungstyp einen einfachen Datentyp dar.

Hinsichtlich der Modellbildung (Abstraktion) unterstützt der Aufzählungstyp eine klare Trennung von Anwendung und Implementierung. Der Programmierer definiert die Objekte allein aus der Sicht der Anwendung, und er kümmert sich nicht darum, wie die Objekte des von ihm definierten Aufzählungstyps vom Kompilierer im Rahmen der durch den Rechner vorgegebenen Standardtypen realisiert werden.

Die Datenobjekte eines Aufzählungstyps unterliegen einer Ordnung, die durch die Reihenfolge, in der sie aufgezählt werden, festgelegt wird. Damit sind die Datenobjekte im Sinne der relationalen Operatoren (=, <, >, ...) vergleichbar, wobei das Ergebnis einer Vergleichsoperation auf einem Aufzählungstyp vom Typ *boolean* ist.

Beispiel:

```
type FISCH = (AAL, FORELLE, HECHT, KARPFEN);
type VERKEHRSLICHT = (GRUEN, GELB, ROT);
```

Zusätzlich zur Aufzählung der Objekte eines Datentyps muß ein reserviertes Wort (type) benutzt werden, um anzuzeigen, daß der nachfolgende Name der Name eines Datentyps (Art-Indikation) ist.

```
var A, B:   FISCH;
var X, Y:   VERKEHRSLICHT;
```

Die Variablen mit den Namen A und B stehen für Objekte, die vom Typ FISCH sind; in analoger Weise stehen die Variablen mit den Namen X und Y für Objekte vom Typ VERKEHRSLICHT.

```
X := Y;
```

Diese Zuweisung ist korrekt; beide Variablen sind vom gleichen Typ.

```
A := HECHT;
```

Diese Zuweisung ist korrekt; die Variable A, die vom Typ FISCH ist, nimmt hierdurch den Wert HECHT an.

```
X := AAL;
```

Diese Zuweisung ist inkorrekt und kann während der Kompilier-Zeit aufgrund der Typenunverträglichkeit - die Variable X ist vom Typ

VERKEHRSLICHT, während AAL der Eigenname eines Objektes vom Typ FISCH ist - als fehlerhaft erkannt werden.

```
... GELB < GRUEN ... ;
```

Der Ausdruck GELB < GRUEN besitzt den Wahrheitswert *false*, da bei der Aufzählung der Eigennamen GRUEN vor GELB angeordnet worden ist.

3.3 Unterbereichstyp

Ein Unterbereichstyp (subrange type) ist eine Teilmenge eines gegebenen einfachen Datentyps; letzteren nennen wir aus Gründen einer besseren sprachlichen Differenzierung Grundtyp. Wird durch einen Grundtyp eine bestimmte Menge N von Objekten benannt, und sei M die Menge, die durch den entsprechenden Unterbereichstyp bezeichnet wird, so gilt im mengentheoretischen Sinne die Inklusion $M \subset N$. Unterbereichstypen werden verwendet, um bei Variablen dieses Typs den Wertevorrat einzuschränken. Die Definition von Unterbereichstypen ist dann angezeigt, wenn in einem Programm spezifische Einschränkungen von möglichen Werten, die Variablen annehmen dürfen, erforderlich oder wünschenswert sind.

Die auf einem Grundtyp erlaubten Operationen gehen auf den Unterbereichstyp über. Die Zuweisung von Werten aus dem Unterbereichstyp an Variablen, die erklärtermaßen vom Grundtyp sind, ist statthaft. Umgekehrt ist die Zuweisung von Werten aus dem Grundtyp an Variablen des Unterbreichstyps nur soweit statthaft, wie die durch den Unterbereichstyp eingeführten Beschränkungen beachtet werden. Eine geeignete Definition von Unterbereichstypen kann bei der Erkennung von Programmfehlern hilfreich sein, indem verhindert wird, daß Variablen unpassende Werte zugewiesen werden.

Beispiel:

Bei der Definition

```
var N: integer;
```

gehen wir davon aus, daß die Variable N alle ganzzahligen Werte (innerhalb der durch den Computer vorgegebenen Wortlänge) annehmen kann.

Sollen nun durch ein Pascal-Programm die Matrikelnummern der Studenten einer Hochschule verarbeitet werden - wobei wir davon ausgehen, daß es sich bei den Matrikelnummern um fünfstellige Zahlen handelt - so läßt sich die vorliegende Einschränkung auf den Bereich der fünfstelligen positiven ganzen Zahlen durch die Definition des Unterbereichstyps MATRIKELNUMMER wie folgt festlegen:

```
type MATRIKELNUMMER = 10000 ..99999;
```

Deklarieren wir jetzt

```
var MATRNR: MATRIKELNUMMER;
```

so kann MATRNR nur die ganzzahligen Werte von 10000 bis einschließlich 99999 annehmen. Sollte bei der Ausführung des Programmes der Variablen MATRNR ein Wert außerhalb dieses Bereiches zugewiesen werden, so ließe sich dieser Fehler erkennen.

4 ZUSAMMENGESETZTE DATENTYPEN

Für die Programmierung sind einfache Datentypen unverzichtbar; damit eine Programmiersprache aber auch Formulierungen auf höherem Komplexitätsniveau ermöglicht, muß sie auch zusammengesetzte Datentypen verfügbar machen.

Jeder wird aus eigener Anschauung Objekte aufzählen können, die in sich wieder aus einfacheren Objekten zusammengesetzt sind. Hat man zusammengesetzte Objekte der realen Welt für die Verarbeitung auf einer Datenverarbeitungsanlage durch Datenobjekte zu modellieren, so gibt es für letztere, was die Darstellung in einem Rechner betrifft, keine direkte Entsprechung. Hier muß der Programmierer derartige zusammengesetzte Objekte in Datenobjekte abbilden, die sich durch vorgegebene Sprachkonstrukte formulieren lassen. Die meisten problemorientierten Programmiersprachen stellen deshalb dem Programmierer bestimmte Schlüsselwörter zur Verfügung, mit deren Hilfe er zusammengesetzte Datentypen vereinbaren kann.

So können in Pascal mit dem Schlüsselwort array die verschiedensten Feldtypen über einen entsprechenden Parametersatz (Indextyp und Datentyp der Feldelemente) definiert werden. Die Menge aller dreidimensionalen Vektoren über dem Datentyp *real* oder die Menge aller 4x5-Matrizen über dem Datentyp *boolean* sind Beispiele für zwei verschiedene Feldtypen. Wenn diese Feldtypen sich auch unterscheiden, so ist ihnen doch die Art, in der ihre Elemente zu strukturieren sind, gemeinsam. Es macht deshalb Sinn, hier von der Strukturart *Feld* zu sprechen. Begrifflich läßt sich die Strukturart *Feld* auch als ein Mengensystem auffassen, dessen Atome wiederum Mengen, nämlich die einzelnen Feldtypen, sind (Abschn. 1.5.1).

Im folgenden werden wir Mengentypen, Feldtypen und Satztypen behandeln. Allen diesen Typen liegt ein gemeinsames Definitionsschema zugrunde: Mit einem bestimmten Schlüsselwort wird die Strukturart vereinbart und durch die Angabe zusätzlicher Parameter wird ein bestimmter zusammengesetzter Datentyp festgelegt. Ferner wird auf den Zeigertyp eingegangen; Zeiger unterstützen die Konstruktion von zusammengesetzten Datenobjekten.

4.1 Die Strukturart *Menge* (set)

Bei der grundlegenden Bedeutung, die der Mengenbegriff für die Mathematik besitzt, und der Vielzahl mathematischer Strukturen, die in die höheren Programmiersprachen übernommen worden sind, verwundert es eigentlich, daß die Strukturart *Menge* erstmalig in der Programmiersprache Pascal, dort set genannt, zur Verfügung gestellt worden ist. Dabei besteht kein Zweifel über die Brauchbarkeit von Mengen bei der Programmierung. Überall dort, wo es nicht auf die Reihenfolge von Elementen ankommt, sondern wo vielmehr die Zugehörigkeit oder Nichtzugehörigkeit von Elementen zu einer Menge bedeutsam ist, ist die Verfügbarkeit eines entsprechenden Datentyps in einer Programmiersprache willkommen. Anwendungsbeispiele lassen sich leicht finden, so z. B. das Überprüfen bei einer lexikalischen Analyse, ob ein gelesenes Zeichen einem vorgegebenen Zeichenvorrat angehört oder nicht.

Mengentypen werden in Pascal definiert durch

```
type Typname = set of Ordinaltyp.
```

Der Typname ist eine frei wählbare Bezeichnung für den einzuführenden Mengentyp. Begrifflich ist "set of Ordinaltyp" gleichzusetzen mit der Potenzmenge des Ordinaltyps. Als Ordinaltyp bezeichnet man in Pascal die abzählbaren, nicht zusammengesetzten Datentypen (*integer*, *char*, *boolean*, Aufzählungs- und Unterbereichstypen).

Beispiel:

```
type GRUNDFARBE = (BLAU,GRUEN,ROT);
type FARBKOMBINATION = set of GRUNDFARBE;
var  FARBE: FARBKOMBINATION;
```

Der Aufzählungstyp GRUNDFARBE wird in der Deklaration des Mengentyps FARBKOMBINATION als Ordinaltyp verwendet. Der Datentyp FARBKOMBINATION ist identisch mit der Potenzmenge des Ordinaltyps, also {{ }, {BLAU}, {GRUEN}, {ROT}, {BLAU, GRUEN}, {BLAU, ROT}, {GRUEN, ROT}, {BLAU, GRUEN, ROT}}. Diese Potenzmenge ist der Wertebereich der Variablen FARBE, d. h. FARBE kann jede der acht Mengen von der leeren Menge { } bis hin zu {BLAU, GRUEN, ROT} als Wert annehmen.

Für die Verknüpfung von Objekten vom Mengentyp sind in Pascal die Operationen Vereinigung, Durchschnitt und Differenz (+, * und -) verfügbar, die hier in der gleichen Weise wie ihre Entsprechungen in der Mengenlehre (∪, ∩ und \) benutzt werden.

Für die relationalen Operatoren Gleichheit (=), Ungleichheit (≠) und Inklusion (⊆) sind in Pascal die Operatoren =, <> und <= vorgesehen. Damit sind die Datenobjekte vom Mengentyp vergleichbar, wobei das Ergebnis einer Vergleichsoperation ein Datenobjekt vom Typ *boolean* ist.

Die Elementbeziehung (∈) wird in Pascal durch in nachgebildet. Der Operator in besitzt zwei Operanden, von denen der linke ein Element aus einem Ordinaltyp, der rechte eine Menge aus einem Mengentyp ist; in überprüft die Existenz dieses Elementes in der gegebenen Menge, wobei das Resultat einen Wahrheitswert besitzt, der genau dann *true* ist, falls das Element in der Menge vorkommt, und *false* sonst.

Beispiel:

Die Monate eines Jahres seien in Ferienmonate und Arbeitsmonate aufgeteilt. Außerdem soll die Urlaubsreise nur in bestimmten Reisemonaten möglich sein. Für jeden Monat eines Jahres soll in einer Zeile ausgedruckt werden:

- ein "U", wenn ein Reisemonat in einen Ferienmonat fällt,
- ein "F", wenn ein Ferienmonat vorliegt,
- ein "A", wenn ein Arbeitsmonat vorliegt.

```
program URLAUB(OUTPUT);
type    MONATE=(JAN,FEB,MAE,APR,MAI,JUN,JUL,AUG,SEP,OKT,NOV,DEZ);
var     MONAT: MONATE;
        FERIEN, REISEZEIT: set of MONATE;
begin   {In Pascal werden rechteckige Mengenklammern anstelle der in der
        Mathematik üblichen Akkoladen verwendet}
        FERIEN:=[JAN, JUL, AUG, DEZ];
        REISEZEIT:=[JAN, JUN .. SEP];
        ...
```

```
        for MONAT:= JAN to DEZ do
          if MONAT in FERIEN*REISEZEIT then write ('U')
          else if MONAT in FERIEN then write ('F')
               else write ('A');
        ...
end.
```

Ergebnis: UAAAAAUUAAAF

Wenn wir uns mit den Speicherungstechniken bei zusammengesetzten Datenobjekten auch erst später beschäftigen werden, wollen wir bei Objekten vom Mengentyp eine Ausnahme machen und bereits hier eine mögliche Darstellungsform von Mengen in einem Speicher präsentieren.

Es sei die endliche Menge G der Ordinaltyp eines Mengentyps. Nun ist bei Mengen die Reihenfolge der Elemente grundsätzlich irrelevant; für die Darstellung der Menge G in einem Speicher können wir aber ohne Einschränkung der Allgemeinheit voraussetzen, daß die Menge G vollständig geordnet ist.*)

Ausgehend von $G = \{g_1, g_2, \dots, g_n\}$ erhalten wir für die Teilmenge U, $U \subset G$, über die charakteristische Funktion

$$f_U: G \to \{\text{false}, \text{true}\} \qquad \text{mit} \qquad f_U(g_i) = \begin{cases} \text{true}, & \text{falls } g_i \in U \\ \text{false}, & \text{sonst} \end{cases}$$

deren charakteristischen Vektor

$$C(U) = (f_U(g_1), f_U(g_2), \dots, f_U(g_n)).$$

Mengen durch ihre charakteristischen Vektoren darzustellen, bietet den Vorteil, daß die auf ihnen definierten Mengenoperationen Vereinigung, Durchschnitt und Differenz auf entsprechende logische Operationen auf den korrespondierenden charakteristischen Vektoren zurückgeführt werden können. Und da der Befehlssatz von Rechenanlagen logische Operationen beinhaltet,

---

*) Wir können immer von der Ordnung ausgehen, in der die Elemente der Menge aufgezählt worden sind.

ist in vielen Fällen auch eine äußerst effiziente Ausführung dieser Operationen garantiert.

Beispiel:

G	= {BLAU, GRUEN, ROT}	→ $C(G)$	= (true, true, true)
U_1	= {BLAU, GRUEN}	→ $C(U_1)$	= (true, true, false)
U_2	= {GRUEN, ROT}	→ $C(U_2)$	= (false, true, true)
$U_1 \cup U_2$	= {BLAU, GRUEN, ROT}	→ $C(U_1) \vee C(U_2)$	= (true, true, true)
$U_1 \cap U_2$	= {GRUEN}	→ $C(U_1) \wedge C(U_2)$	= (false, true, false)
$U_1 \setminus U_2$	= {BLAU}	→ $C(U_1) \wedge C(\overline{U_2})$	= (true, false, false)

4.2 Die Strukturart *Feld* (array)

Im Rahmen technisch wissenschaftlicher Berechnungen werden sehr oft Vektoren oder Matrizen verarbeitet. Das sind Objekte, die aus endlich vielen (indizierten) Objekten bestehen, die vom gleichen Typ sind, und bei denen die Reihenfolge bedeutsam ist. Grundsätzlich lassen sich derartige zusammengesetzte Objekte als Elemente eines Cartesischen Produktes $T_1 \times T_2 \times \ldots \times T_n$ auffassen, für dessen Komponenten dann gilt: $T_1 = T_2 = \ldots = T_n$. Wegen der Bedeutung, die derartige Strukturen für viele Anwendungsgebiete besitzen, ist in den meisten höheren Programmiersprachen die Strukturart *Feld* vorgesehen.

In Pascal wird durch

```
type Typname = array [Indextyp] of Grundtyp;
```

ein eindimensionaler Feldtyp definiert. Der Typname ist ein frei wählbarer Name für den zu deklarierenden Feldtyp. Der Indextyp muß ein Ordinaltyp sein, häufig ist er ein Unterbereichstyp von *integer*. Die Bedeutung von "array [Indextyp] of Grundtyp" ist gleichzusetzen mit dem Cartesischen Produkt, welches für jedes Element des Indextyps eine Komponente vom Grundtyp besitzt.

Beispiel:

```
type MUENZSEITE    = (AVERS, REVERS);
type ZUFALLSFOLGE = array [1 .. 3] of MUENZSEITE;
```

Der Grundtyp MUENZSEITE ist ein Aufzählungstyp. Der Indextyp ist durch die in eckige Klammern gesetzte Indexunter- und -obergrenze festgelegt, entspricht hier also der Menge {1, 2, 3}. Somit besteht der Feldtyp ZUFALLSFOLGE aus

{(AVERS, AVERS, AVERS), (AVERS, AVERS, REVERS),
(AVERS, REVERS, AVERS), (AVERS, REVERS, REVERS),
(REVERS, AVERS, AVERS), (REVERS, AVERS, REVERS),
(REVERS, REVERS, AVERS), (REVERS, REVERS, REVERS)}.

Grundsätzlich besteht bei der Wahl des Grundtyps keinerlei Einschränkung, insbesondere braucht der Grundtyp kein einfacher Datentyp zu sein, d. h. die Komponenten des Feldtyps dürfen wieder strukturiert, also zusammengesetzte Datentypen sein. Dadurch wird die Möglichkeit geschaffen, mehrdimensionale Feldtypen zu konstruieren, indem man den Grundtyp wieder als Feldtyp mit Komponenten eines weiteren Grundtyps festlegt und in dieser Weise dann entsprechend fortfährt. In Pascal ist alternativ auch eine verkürzte Schreibweise bei der Definition von mehrdimensionalen Feldtypen anwendbar, so wird durch

```
array [1..K,1..L] of Grundtyp
```

ein zweidimensionaler Feldtyp vereinbart, wobei die Zeilen von 1 bis K und die Spalten von 1 bis L fortlaufend durchnumeriert sind.

Nun wäre es nur folgerichtig, wenn die Programmiersprachen, die über die Strukturart Feld verfügen, ebenfalls die entsprechenden Operationen für diese Strukturart als Sprachkonstrukte bereitstellen würden, zum Beispiel die Vektoraddition. Dem ist aber leider nicht so, was insofern verwundert, als es bereits sogenannte Vektorrechner gibt, deren Befehlssätze unter anderem Vektoroperationen enthalten.

Stattdessen muß eine Vektoroperation auf eine entsprechende Anzahl von Operationen zwischen den einzelnen Elementen eines Vektors zurückgeführt werden. So wird die Vektoraddition zweier n-stelliger Vektoren $A = (a_1, a_2, \ldots, a_n)$ und $B = (b_1, b_2, \ldots, b_n)$ durch n Additionen der korrespondierenden Komponenten, nämlich $c_k = a_k + b_k$ für alle $k = 1, 2, \ldots, n$, ersetzt. In entsprechender Weise müssen wir die Vektoraddition in der Programmiersprache formulieren, wenn wir die Summation zweier Vektoren einer Rechenanlage übertragen wollen. Dann muß aber auch die Möglichkeit vorgesehen sein, Einzelobjekte des zusammengesetzten Objektes ansprechen zu können. Die Programmiersprachen bedienen sich dabei desselben Selektors wie die Mathematik, nämlich des Indexes.

Beispiel:

```
      :
var WURF: ZUFALLSFOLGE;
WURF[2]:= AVERS;
      :
```

ZUFALLSFOLGE ist der im vorhergehenden Beispiel definierte Feldtyp. Der in eckige Klammern gesetzte Index ist eine Konstante, nämlich 2; mit WURF[2] wird also das 2. Element des Feldes WURF selektiert und diesem der Wert AVERS zugewiesen.

Beispiel: (Vektoraddition)

```
      :
for K:=1 to N do C[K]:=A[K]+B[K];
      :
```

Dieses Programmfragment stellt ein Äquivalent zu der Vektoraddition A+B dar, wobei A und B N-stellige Vektoren sind. Hier ist der Index K eine *integer*-Variable. Die for-Anweisung zeigt an, daß die Anweisung C[K]:=A[K]+B[K] wiederholt auszuführen ist, und zwar für jeden Indexwert K = 1, 2,..., N.

Beispiel:

```
for K := N downto 1 do
    for L := 1 to M do
        A[K+1,L-1]:=B[3*K-1,M-L]*C[K+L,sqr(L)];
      :
```

In diesem Programmfragment sind die Doppelindizes arithmetische Ausdrücke, deren Werte durch Einsetzen der entsprechenden Werte der Laufvariablen K und L berechnet werden.

4.3 Die Strukturart *Satz* (record)

Wenn auch die Strukturart Feld in vielen Fällen vorteilhaft anwendbar ist, so ist doch eine Einschränkung dadurch gegeben, daß alle Komponenten vom gleichen Grundtyp sein müssen. In vielen höheren Programmiersprachen kommt deshalb die Strukturart *Satz* vor, die es ermöglicht, viele verschiedene Datentypen zu einem einzigen Datentyp zusammenzufassen. Der Satz stellt eine Verallgemeinerung gegenüber dem Feld dar; Objekte vom Satztyp setzen sich nämlich aus einzelnen Elementen zusammen, die nicht gleichartig sein müssen, sondern vielmehr verschiedenen Datentypen angehören können. Während Felder für die numerische Datenverarbeitung bedeutsam sind, haben Sätze vornehmlich ihre Bedeutung in der nichtnumerischen Datenverarbeitung.

Ein Satztyp wird in Pascal wie folgt vereinbart:

type Typname = record b_1 : T_1; b_2 : T_2; ... ; b_n : T_n end.

Der so definierte Satztyp trägt die Bezeichnung Typname; zwischen der "öffnenden Klammer" record und der "schließenden Klammer" end sind die Bezeichnungen b_i für die einzelnen Komponenten zusammen mit den entsprechenden Grundtypen T_i, $i = 1, 2, \ldots, n$, aufgelistet. Hinsichtlich dieser Grundtypen besteht grundsätzlich keinerlei Beschränkung, sie können selbst wieder zusammengesetzte Datentypen sein. Begrifflich ist unter record b_1 : T_1; b_2 : T_2; ...; b_n : T_n end das Cartesische Produkt $T_1 \times T_2 \times \ldots \times T_n$ zu verstehen.

Die Bezeichnung Satztyp ist nicht einheitlich, zuweilen werden auch die Bezeichnungen Produkttyp oder Verbund verwendet.

Beispiel:

```
type HERSTELLER=(BMW,VW);
     FARBE=(BLAU,GRUEN,ROT);
     KFZ=record MARKE:HERSTELLER;LACKIERUNG:FARBE end;
var  AUTO:KFZ;
```

HERSTELLER und FARBE sind Aufzählungstypen, die in der Definition des Satztyps KFZ als Grundtypen Verwendung finden. Der Satztyp KFZ besteht demnach aus {(BMW,BLAU), (BMW,GRUEN), (BMW,ROT), (VW,BLAU), (VW,GRUEN), (VW,ROT)}; die Variable AUTO, die vereinbarungsgemäß dem Satztyp KFZ angehört, kann jeden der aufgeführten Werte annehmen.

Von allen Operationen, die Objekte vom Satztyp manipulieren, werden nur wenige (z. B. Zuweisung, Gleichheit) das gesamte zusammengesetzte Objekt als Operand verlangen, die meisten Operationen werden sicherlich nur mit Teilen dieser Objekte ausgeführt werden. Wir benötigen also einen Selektor, um die einzelnen Komponenten aus dem zusammengesetzten Objekt herausgreifen zu können. Sei S ein Objekt vom Satztyp Typname, so wird üblicherweise mit dem Satzselektor $S.b_i$ auf die Komponente mit der Bezeichnung b_i zugegriffen. Diese Art der Selektion ist zweckdienlicher und auch anschaulicher als die Selektion mit Hilfe eines Indexes, die ausreichend ist, wenn alle Komponenten vom gleichen Grundtyp sind.

Beispiel:

```
  :
AUTO.LACKIERUNG:=BLAU;
  :
```

Mit AUTO.LACKIERUNG wird die zweite Komponente von AUTO selektiert, ihr wird der Wert BLAU zugewiesen.

Sätze können in Pascal und Ada auch in einer Weise definiert werden, die bezüglich der Struktur Varianten zulassen. Objekte eines bestimmten Typs können nämlich durchaus unterschiedlich aufgebaut sein, also in verschiedenen Varianten auftreten. Kreis, Ellipse, Parabel und Hyperbel sind Objekte des Typs Kegelschnitt, die in ihrer definitorischen Festlegung unterschiedlich charakterisiert sind; der Kreis durch Mittelpunkt und Radius, die Ellipse durch zwei Brennpunkte und konstante Abstandssumme, die Parabel durch eine Gerade und einen Brennpunkt sowie gleiche Abstände und die Hyperbel durch zwei Brennpunkte und konstante Abstandsdifferenz.

Bei der Vereinbarung eines entsprechenden Satztyps Kegelschnitt muß der Tatsache, daß die einzelnen Objekte durch eine unterschiedliche Anzahl von verschiedenartigen Parametern festgelegt sind, Rechnung getragen werden. Die Definition der einzelnen Varianten wird mit Hilfe einer Fallunterscheidung (case...of Klausel) vorgenommen. Für jeden Wert eines sogenannten Diskriminators wird entschieden, welche Variante in einem bestimmten Fall zu verwenden ist. Im hier behandelten Beispiel sind das die Werte KREIS, ELLIPSE, PARABEL, HYPERBEL; die Kegelschnittbeschreibung könnte dann etwa wie folgt aussehen:

Beispiel:

```
type FIGUR = (KREIS, ELLIPSE, PARABEL, HYPERBEL);
type KEGELSCHNITT =
  record
   case ART: FIGUR of
     KREIS: (PUNKT: array [1..2] of real; RADIUS: real);
     ELLIPSE: (PUNKT1, PUNKT2: array [1..2] of real;
               ABSTANDSUMME: real);
     PARABEL: (PUNKT: array [1..2] of real;
               GERADE: array [1..2,1..2] of real; ABSTAND: real);
     HYPERBEL: (PUNKT1, PUNKT2: array [1..2] of real;
                ABSTANDSDIFFERENZ: real)
  end;
```

Wir werden uns noch mit Datenstrukturen beschäftigen, die sich durch Bäume oder Graphen elegant veranschaulichen lassen. Bei der Überleitung zu dieser Thematik wird uns der Satztyp dienlich sein, haben wir mit ihm doch bereits eine Datenstruktur vorliegen, die eine Interpretation als Baum erlaubt. Betrachten wir dazu die Datensätze von Studenten, wie sie das Sekretariat einer Hochschule zu Verwaltungszwecken angelegt haben mag. Die Datensätze könnten bestehen aus einer Matrikelnummer, die vom Datentyp *integer* ist, dem Namen, der dem Datentyp array [1..N] of *char* angehört, und der Semesteranschrift, die ebenfalls typenmäßig einer Zeichenkette array [1..M] of char angehört.

```
type STUDENT = record
                   MATRNR: integer;
                   NAME: array [1..30] of char;
                   ANSCHRIFT: array [1..100] of char
                 end;
```

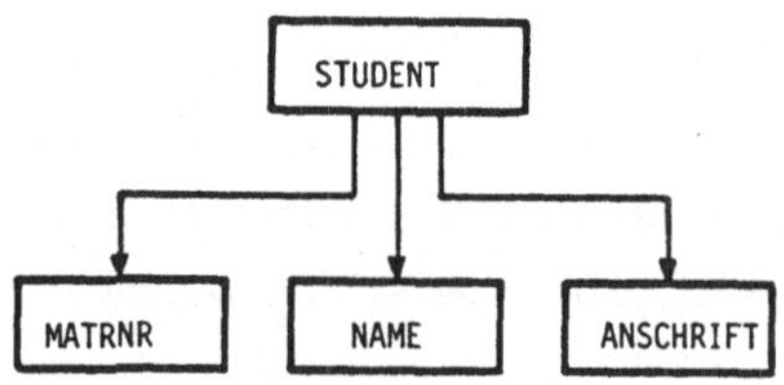

Bild 4-1 Ein einfacher Satz

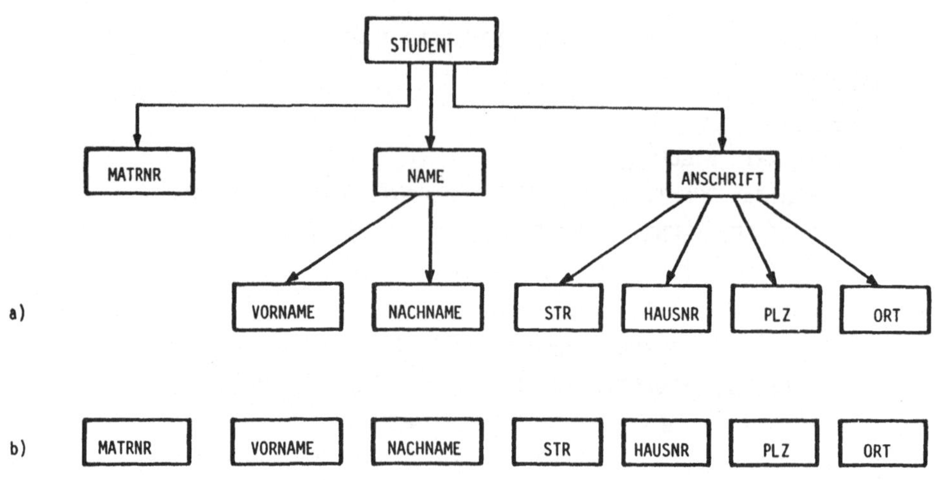

Bild 4-2 Ein "komplizierterer" Satz; a) Strukturbaum des Satzes
b) Speicherdarstellung des Satzes

Der Satztyp STUDENT setzt sich aus drei Komponenten zusammen, die in Relation zueinander stehen. Bild 4-1 veranschaulicht den Satz STUDENT in seiner

Zerlegung in die drei Komponenten MATRNR, NAME und ANSCHRIFT, wobei die Relation der Komponenten zueinander durch ihre Anordnung auf gleichem Niveau zum Ausdruck gebracht wird.

Das resultierende Gebilde stellt einen sogenannten Benennungsbaum dar. Dabei ist wichtig zu wissen, daß nur die Komponenten gespeichert werden, von denen keine Pfeile ausgehen. Jede Komponente hat die ihr zugedachte Bedeutung und kann ihrerseits wiederum unterteilt werden. Der Name kann zerlegt werden in Vorname und Nachname, während die Anschrift des Studenten sich in vier Teile gliedert: Straße, Hausnummer, Postleitzahl und Ort.

Nehmen wir an, wir hätten den in Bild 4-2 als Baum dargestellten Satz STUDENT zu vereinbaren. In diesem Falle sind NAME und ANSCHRIFT ihrerseits wieder Satztypen und wir hätten insgesamt in Pascal zu schreiben:

```
type STUDENT = record
                   MATRNR: integer;
                   NAME: record
                              VORNAME: array [1..10] of char;
                              NACHNAME: array [1..20] of char
                              end;
                   ANSCHRIFT: record
                                   STRASSE: array [1..40] of char;
                                   HAUSNR: integer;
                                   PLZ: integer;
                                   ORT: array [1..40] of char
                                   end
               end;
```

Nachdem wir auf die Baumstruktur von Sätzen hingewiesen haben, wollen wir anhand dieses Beispiels nochmals auf die Selektion von Satzkomponenten eingehen. Angenommen, man habe vereinbart

```
var ELEKTROTECHNIKER: STUDENT;
```

und wolle nun auf ORT in diesem Datensatz zugreifen, so müßte der Selektor

ELEKTROTECHNIKER.ANSCHRIFT.ORT

heißen. Dieser Selektor ist im Benennungsbaum (Bild 4-2a)) leicht wiederzufinden. Um zur Komponente mit der Bezeichnung ORT zu gelangen, müssen wir den durch die Folge STUDENT,ANSCHRIFT,ORT gekennzeichneten Pfad entlang laufen. Nun ist hier STUDENT die Bezeichnung eines Datentyps und nicht die Bezeichnung eines Datenobjektes. Da aber eine Komponente des Datenobjektes ELEKTROTECHNIKER zu selektieren ist, ist in der den Pfad kennzeichnenden Folge STUDENT durch ELEKTROTECHNIKER zu ersetzen. Grundsätzlich repräsentiert also der Selektor bei Sätzen immer einen Pfad im korrespondierenden Benennungsbaum.

In manchen Programmiersprachen ist die Baumstruktur von Sätzen aufgrund einer anderen Notation besser zu erkennen. In PL/I hätte man den Satz ELEKTROTECHNIKER wie folgt zu deklarieren:

```
DECLARE 1 ELEKTROTECHNIKER
          2 MATRNR DECIMAL FIXED (6),
          2 NAME,
            3 VORNAME CHARACTER (10),
            3 NACHNAME CHARACTER (20),
          2 ANSCHRIFT,
            3 STRASSE CHARACTER (40),
            3 HAUSNR DECIMAL FIXED (3),
            3 PLZ DECIMAL FIXED (4),
            3 ORT CHARACTER (40);
```

Die vorangestellen Zahlen geben das jeweilige Niveau an, auf dem die entsprechende Komponente im Benennungsbaum angesiedelt ist.

4.4 Zeiger (pointer)

In den beiden vorangegangenen Abschnitten haben wir das Feld und den Satz diskutiert. Beim Feld wird der Index als Selektor verwendet, um einzelne Objekte manipulieren zu können. Der Index kann ein Ausdruck sein. Da der Wert eines solchen Ausdrucks erst bei der Ausführung des Programmes ermittelt wird, kann die Selektion über einen Index äußerst flexibel und sehr wirksam sein. Andererseits ist das Feld eine beschränkte Strukturart, alle seine Komponenten müssen vom gleichen Grundtyp sein. Sätze gewähren hier eine größere Freiheit bei der Strukturierung und der Mischung verschiedener

Grundtypen. Dagegen muß die Selektion der einzelnen Komponenten eines Satzes durch entsprechende Namen bereits im Quellprogramm festgelegt werden, es besteht hier nicht die Möglichkeit, die Selektion einer Satzkomponente erst zur Ausführungszeit des Programmes zu bestimmen. In vielen Anwendungsfällen benötigen wir aber Datenstrukturen, die in der Art ihrer Zusammensetzung über die der bisher aufgezeigten Strukturarten hinausgehen und die gleichzeitig eine große Flexibilität bei der Selektion gewährleisten. Dabei möchte man die Entscheidung über die Anzahl der Komponenten und deren Beziehungen zueinander erst zur Ausführungszeit des Programmes treffen. Derartige Datenstrukturen nennt man dynamische Datenstrukturen. Beispiele für Anwendungsfälle dynamischer Datenstrukturen sind die Textverarbeitung und die graphische Datenverarbeitung. Eine Möglichkeit, dynamische Datenstrukturen einzuführen, besteht darin, entsprechende Datentypen explizit in einer Programmiersprache vorzusehen (z. B. LISP [CAR 62]). Eine andere Möglichkeit, Datenstrukturen dynamisch einzurichten, basiert auf Zeigern.

Das Zeigerkonzept bietet ein flexibles Instrumentarium zur Einrichtung komplexer Datenstrukturen und zur Selektion ihrer Komponenten.

Orientierungshilfe kann uns hier der Rechner IBM 650, eine Zweiadreßmaschine, geben. Das Befehlsformat der IBM 650 hatte folgendes Aussehen:

Befehlscode	Adresse des Operanden	Adresse des nächsten Befehls

Das Speichergerät war eine Trommel, und da die Adresse des nächsten Befehls immer explizit im Maschinenbefehl angegeben war, konnten die Befehle eines Maschinenprogramms beliebig auf der Trommel gespeichert werden. Die Befehlssequenz, d. h. die Struktur des Maschinenprogramms, wurde hier durch entsprechende Adreßverweise, mit deren Hilfe der nächste Befehl selektiert wurde, realisiert.*)

---

*) Der Grund für diese Form der Speichertechnik bei der IBM 650 war eine Frage der Optimierung. Die Befehle wurden so auf der Trommel gespeichert, daß zur Zeit der Beendigung eines in Ausführung befindlichen Befehls die Trommel gerade den "nächsten" Befehl bereitstellte.

Das Konzept der Adreßverweise oder Zeiger bei der Selektion von Befehlen eines Maschinenprogramms läßt sich in ähnlicher Weise auf die Selektion von Datenobjekten übertragen. Die grundsätzliche Idee, Zeiger einzuführen, besteht also darin, Objekte dieser Art als Selektoren verwenden zu können. Ein Datenobjekt kann dann mit Hilfe einer Zeigervariablen P folgendermaßen selektiert werden: "Datenobjekt, auf das der Wert von P verweist". Auf das Datenobjekt kann also nicht unmittelbar - etwa über einen Namen - zugegriffen werden; es ist, wie man sagt, anonym. Der Zugriff erfolgt über den Zeiger P. Wir können den Zeiger P als Pfeil veranschaulichen, der auf das Datenobjekt zeigt (Bild 4-3). Der Wert des Zeigers P ist nicht gleich dem Wert des Datenobjekts, auf das er verweist, sondern er ist die Speicheradresse, ab der das Datenobjekt gespeichert ist.

Bild 4-3 Selektion eines Datenobjektes mit Hilfe eines Zeigers

In Pascal muß jede Zeigervariable, die in einem Programm verwendet wird, von einem definierten Zeigertyp sein. Ein Zeigertyp wird durch

```
type ZEIGERTYP = ↑ Grundtyp;
```

definiert; ZEIGERTYP ist die Bezeichnung des deklarierten Zeigertyps und Grundtyp ist die Bezeichnung eines definierten Datentyps.

Eine Zeigervariable, die entsprechend

```
var P: ZEIGERTYP;
```

vereinbart wird, kann nur auf Datenobjekte des Grundtyps zeigen; der ZEIGERTYP ist also an den Grundtyp gebunden (Typbindung). Zum Wertevorrat eines jeden Zeigertyps gehört <u>nil</u>; ein Zeiger mit dem Wert <u>nil</u> zeigt auf kein Datenobjekt. Für jeden Wert der Zeigervariablen P vom ZEIGERTYP ist implizit eine <u>Bezugsvariable</u> P↑ vom Grundtyp definiert, auf die der Zeiger verweist (Bild 4-3).

Zeigertypen sind die einzigen Datentypen in Pascal, die rekursiv definiert werden dürfen. So wird durch

```
type PSTAMM          = ↑ STAMMBLATT;
     STAMMBLATT = record
                     NAME  : ZEICHENKETTE;
                     VATER : PSTAMM;
                     MUTTER: PSTAMM
                  end;
```

ein Datentyp definiert, bei dem die Zeiger VATER und MUTTER vom Zeigertyp PSTAMM Bestandteile des Datentyps STAMMBLATT sind, an den sie typgebunden sind (Bild 4-4).

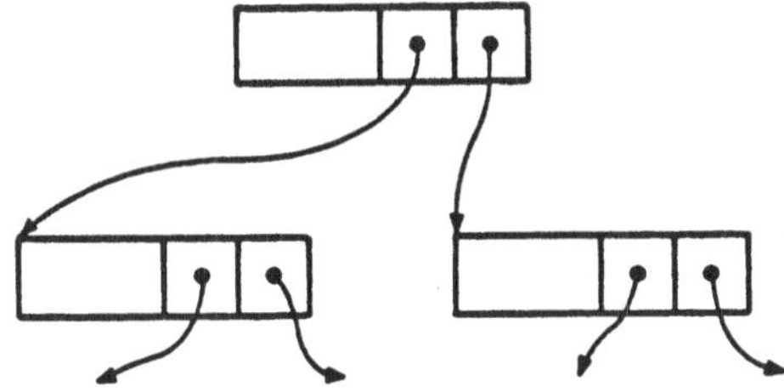

Bild 4-4   Gekettete Datenstruktur (Stammbaum)

Zeigertypen sind hinsichtlich der auf ihnen erlaubten Operationen eingeschränkt. Zeiger können in einfachen Wertzuweisungen wie P:= Q auftreten. Hierdurch wird der Wert des Zeigers Q dem Zeiger P zugewiesen, d. h., daß P jetzt auf dieselbe Bezugsvariable zeigt wie Q. Der Vergleich (=, ≠) zweier Zeiger ist erlaubt, es kann also festgestellt werden, ob zwei Zeiger auf die gleiche Bezugsvariable verweisen. Außerdem dürfen Zeiger Parameter von Prozeduren und Funktionen sein und als Ergebnis einer Funktion auftreten.

Ein weiteres Charakteristikum von Zeigern ist, daß sie eine dynamische Speicherverwaltung erlauben (Kapitel 10). Durch die Standardprozedur new(P) wird ein Speicherbereich für die Bezugsvariable P↑ reserviert und der Zeigervariablen P wird als Wert die Adresse dieses Speicherbereiches zugewiesen. Die Freigabe von belegten Speicherbereichen erfolgt durch die Standardprozedur dispose(P), indem der Speicherbereich, auf den der Zeiger P verweist, freigegeben wird. Nach dem Aufruf von dispose(P) ist die Bezugsvariable P↑ nicht mehr verfügbar, der Wert der Zeigervariablen P ist undefiniert und jede weitere Referenz auf P↑ führt zu einer Fehlersituation.

Beispiel:

```
type SYMBOLZEIGER = ↑ char;
var  P, Q: SYMBOLZEIGER;
 ...
new(P);
new(Q);
P↑:= 'F';
Q:=P;
Q↑:='R';
dispose(Q);
 ...
```

vor der Ausführung	Anweisung	nach der Ausführung
	new(P)	
	new(Q)	
	P↑:='F'	
	Q:=P	
	Q↑:='R'	
	dispose(Q)	

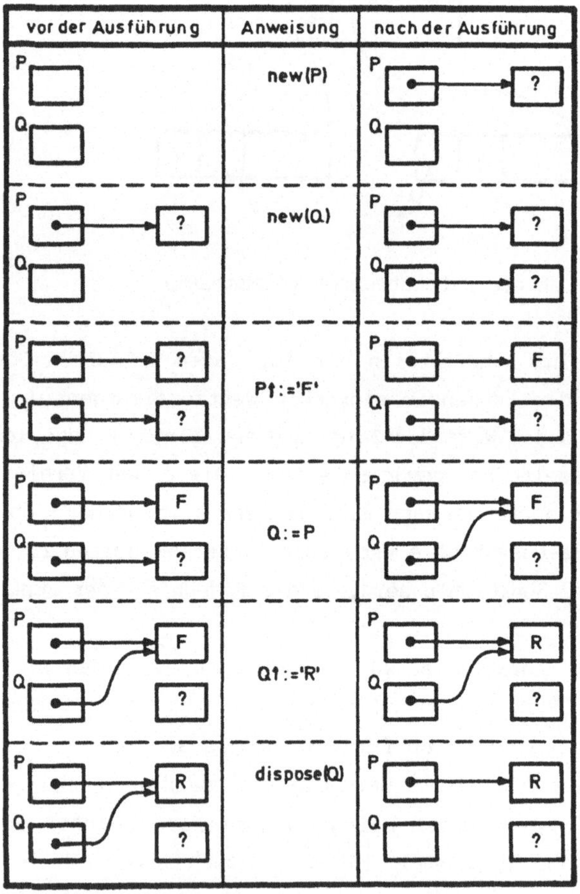

Bild 4-5 Zum Umgang mit Zeigern

In Bild 4-5 sind die Situationen vor und nach Ausführung der einzelnen Anweisungen skizziert.

Bei Zuweisungen von Zeigern muß man Sorgfalt walten lassen, es können sich leicht Fehler einschleichen. Obgleich die Bezugsvariable P↑ in den letzten Zuweisungen nicht mehr auf der linken Seite aufgetreten ist, hat sich der Wert von P↑ geändert.

Ein Zeigertyp ist selbst kein zusammengesetzter Datentyp, er hilft aber dem Programmierer, zusammengesetzte Datenobjekte nach Belieben dynamisch zu konstruieren (Kapitel 7 und 8).

5 GRUNDLAGEN DER GRAPHENTHEORIE

In den beiden vorangegangenen Kapiteln haben wir einfache und zusammengesetzte Datentypen kennengelernt. Zur Beschreibung der Struktur zusammengesetzter Datentypen haben wir uns mengen- und relationentheoretischer Begriffe bedient und zu deren Vereinbarung bestimmte Formalismen verwendet. Für die Darstellung komplexerer Datenstrukturen in den folgenden Kapiteln reichen diese begrifflichen Werkzeuge nicht mehr aus; wir müssen uns nach einem geeigneten, allgemeiner verwendbaren Hilfsmittel umsehen. Ein derartiges Hilfsmittel ist die Graphentheorie. Ein Graph dient als mathematisches Modell für jede Struktur mit einer zweistelligen Relation. Demzufolge hat die Graphentheorie in vielen Bereichen Anwendung gefunden, insbesondere in der Informatik. Zur Darstellung von Datenstrukturen ist sie nahezu unverzichtbar. Aus diesem Grund werden wir hier einen Auszug aus der Graphentheorie der weiteren Behandlung von Datenstrukturen voranstellen. Wir wollen damit erreichen, daß der mit diesem Hilfsmittel nicht vertraute Leser ohne Rückgriff auf die graphentheoretische Fachliteratur die späteren Ausführungen nachvollziehen kann. Ein weiterer Grund ist der, daß die in der Graphentheorie verwendete Terminologie nicht einheitlich ist.

Bei der Verwendung von Graphen als Modellen zweistelliger Relationen ist zu berücksichtigen, daß die Relationen symmetrisch oder nicht symmetrisch sein können. In diesem Sinne kann man Graphen entweder als ungerichtete oder als gerichtete Graphen einführen. Die Art der Einführung ist aber insofern irrelevant, als beide Typen ihre Vorteile und ihre Nachteile bei der Definition bestimmter Eigenschaften von Graphen besitzen. Da die Strukturierung von Daten im allgemeinen nicht auf symmetrische Relationen zurückgreift, werden wir die Grundbegriffe der Graphentheorie über die Definition des gerichteten Graphen einführen.

5.1 Graphen

Man kann gerichtete Graphen auf unterschiedliche Arten definieren, die dann auch inhaltlich nicht gleichwertig sein müssen. Wir wählen die folgende

Definition: Gerichteter Graph (directed graph, Digraph)

Ein gerichteter Graph G ist ein Paar G = (N,E). Hierbei bedeutet N eine nichtleere, endliche Menge von Knoten (nodes) und $E \subset N \times N$ eine zweistellige Relation in N, d. h. E ist eine Menge geordneter Paare von Knoten, die gerichtete Kanten (edges) genannt werden.*)

Zur Veranschaulichung der hier eingeführten Begriffe verwendet man Punkte zur Darstellung der Knoten und Pfeile zwischen Knoten zur Darstellung der gerichteten Kanten. Ein gerichteter Graph G = (N,E) mit der Knotenmenge $N = \{n_1, n_2, n_3, n_4, n_5\}$ und der Menge gerichteter Kanten $E = \{(n_2, n_1), (n_2, n_2), (n_2, n_3), (n_2, n_4), (n_3, n_4), (n_4, n_3)\}$ ist in Bild 5-1 dargestellt.

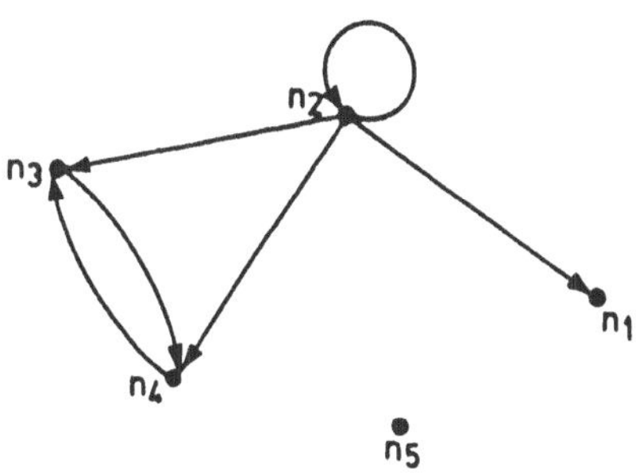

Bild 5-1 Gerichteter Graph G

Man nennt die erste Komponente n_i des geordneten Paares (n_i, n_j) den Anfangsknoten und die zweite Komponente n_j den Endknoten der gerichteten Kante. Man sagt, Anfangsknoten n_i und Endknoten n_j der gerichteten Kante (n_i, n_j) sind adjazent. Der Anfangsknoten n_i bzw. der Endknoten n_j und die gerichtete Kante (n_i, n_j) sind inzident. Die zwei gerichteten Kanten (n_i, n_j) und (n_j, n_i) heißen antiparallel. Die Definition des gerichteten Graphen läßt als gerichtete Kante auch das geordnete Paar (n_i, n_i) zu; man bezeichnet eine gerichtete Kante, bei der Anfangsknoten und Endknoten gleich sind, mit Schlinge.

---

*) Die hier gegebene Definition läßt parallele gerichtete Kanten nicht zu. Man nennt derartige Graphen auch Graphen ohne Parallelen.

Beispiele:

Im gerichteten Graphen G in Bild 5-1 sind die Knoten n_2 und n_3 adjazent, die Knoten n_3 und n_1 sind dagegen nicht adjazent.
Sowohl der Knoten n_2 als auch der Knoten n_1 ist mit der gerichteten Kante (n_2, n_1) inzident.
Die gerichteten Kanten (n_3, n_4) und (n_4, n_3) sind antiparallel.
Die gerichtete Kante (n_2, n_2) ist eine Schlinge.

Definition: Außengrad, Innengrad, Grad

Mit Außengrad $g^+(n)$ des Knotens n wird die Anzahl der gerichteten Kanten (n, n_i) aus E bezeichnet, d. h. die Anzahl der gerichteten Kanten, die aus n herausführen.
Mit Innengrad $g^-(n)$ des Knotens n wird die Anzahl der gerichteten Kanten (n_j, n) aus E bezeichnet, d. h. die Anzahl der gerichteten Kanten, die in n hineinführen.
Der Grad des Knotens n ist die Summe $g(n) = g^+(n) + g^-(n)$.

Besitzt ein Knoten n den Grad $g(n) = 0$, so ist er ein isolierter Knoten.

Beispiele:

Im gerichteten Graphen G in Bild 5-1 besitzt der Knoten n_3 den Außengrad $g^+(n_3) = 1$, den Innengrad $g^-(n_3) = 2$ und den Grad $g(n_3) = 1 + 2 = 3$.
Für den Knoten n_2 gilt $g^+(n_2) = 4$, $g^-(n_2) = 1$ und $g(n_2) = 5$.
Der Knoten n_5 ist ein isolierter Knoten.

Definition: Nachfolger, Vorgänger

Der Endknoten n_j der gerichteten Kante (n_i, n_j) heißt Nachfolger des Knotens n_i.
Der Anfangsknoten n_i der gerichteten Kante (n_i, n_j) heißt Vorgänger des Knotens n_j.

Beispiele:

Der Knoten n_4 im Graphen G aus Bild 5-1 besitzt den Nachfolger n_3 und

die Vorgänger n_2 und n_3.
Der Knoten n_2 besitzt die Nachfolger n_1, n_2, n_3, n_4 und den Vorgänger n_2.

Definition: Pfad, Zyklus

Existiert in einem gerichteten Graphen G = (N,E) eine Kantenfolge $P = ((n_{i1}, n_{i2}), (n_{i2}, n_{i3}), \ldots, (n_{i(l-1)}, n_{il}), (n_{il}, n_{i(l+1)}), \ldots, (n_{i(k-1)}, n_{ik}))$, so daß je zwei aufeinanderfolgende gerichtete Kanten mit einem Knoten inzident sind, so nennt man P einen Pfad von n_{i1} nach n_{ik}. Falls der Anfangsknoten des Pfades gleich dem Endknoten ist ($n_{i1} = n_{ik}$), heißt der Pfad Zyklus.

Ein Pfad (Zyklus), dessen gerichtete Kanten alle untereinander verschieden sind, heißt einfacher Pfad (Zyklus). Ein elementarer Pfad ist ein Pfad, in dem alle Knoten $n_{i1}, n_{i2}, \ldots, n_{il}, \ldots, n_{ik}$ verschieden sind. Ein elementarer Zyklus ist ein Zyklus, in dem bis auf die Knoten n_{i1} und n_{ik} alle Knoten $n_{i1}, n_{i2}, \ldots, n_{il}, \ldots, n_{i(k-1)}$ verschieden sind.

Die Anzahl der Kanten in einem Pfad P bezeichnet man als die Länge p(P) des Pfades P.

Ein Knoten m heißt von einem Knoten n aus erreichbar, wenn es einen Pfad P von n nach m gibt.

Wir nehmen an, daß jeder Knoten von sich selbst aus auf einem Pfad der Länge 0 erreichbar ist.

Ist der Knoten m vom Knoten n aus erreichbar, so nennt man die kleinste Länge aller Pfade von n nach m den Abstand zwischen den Knoten n und m.

Beispiele:

Wir betrachten den Graphen G in Bild 5-2.
Die Kantenfolge $P_1 = ((n_3, n_5), (n_5, n_6), (n_6, n_5), (n_5, n_6))$ ist ein Pfad der Länge $p(P_1) = 4$. P_1 ist nicht einfach und somit auch nicht elementar.

Die Kantenfolge $P_2 = ((n_6, n_5), (n_5, n_4), (n_4, n_3), (n_3, n_5), (n_5, n_6))$ ist ein einfacher Zyklus der Länge $p(P_2) = 5$.
Der Pfad $P_3 = ((n_1, n_2), (n_2, n_6), (n_6, n_7), (n_7, n_8))$ ist ein elementarer Pfad der Länge $p(P_3) = 4$. Der Knoten n_8 ist also vom Knoten n_1 aus erreichbar.
Der Abstand zwischen den Knoten n_1 und n_8 ist 2.
Vom Knoten n_8 aus ist keiner der anderen Knoten des Graphen erreichbar.

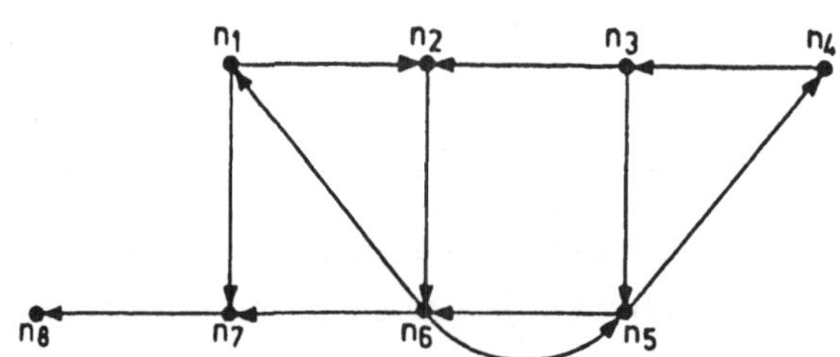

Bild 5-2 Graph G

Eine globale Eigenschaft von Graphen ist der Zusammenhang. Einen Graphen, der z. B. einen isolierten Knoten besitzt, bezeichnet man als nicht zusammenhängend. In gerichteten Graphen lassen sich drei Stufen des Zusammenhangs unterscheiden:

<u>Definition</u>: Stark zusammenhängender gerichteter Graph

Ein gerichteter Graph $G = (N,E)$ ist stark zusammenhängend, wenn für alle $n,m \in N$ gilt: es existiert sowohl ein Pfad von n nach m als auch ein Pfad von m nach n.

<u>Definition</u>: Einseitig zusammenhängender gerichteter Graph

Ein gerichteter Graph $G = (N,E)$ ist einseitig zusammenhängend, wenn für alle $n,m \in N$ gilt: es existiert ein Pfad von n nach m <u>oder</u> ein Pfad von m nach n.

An dieser Stelle müssen wir noch den Begriff der symmetrischen Hülle einführen, den wir bei der Definition des schwachen Zusammenhangs benötigen:

Man bezeichnet $G_{sym} = (N,E_{sym})$ als <u>symmetrische Hülle</u> des gerichteten Graphen $G = (N,E)$, wenn gilt:

$$E_{sym} = E \cup \{(m,n);\ (m,n) \notin E,\ (n,m) \in E,\ m \neq n\}.$$

Bild 5-3 zeigt einen Graphen G und dessen symmetrische Hülle G_{sym}.

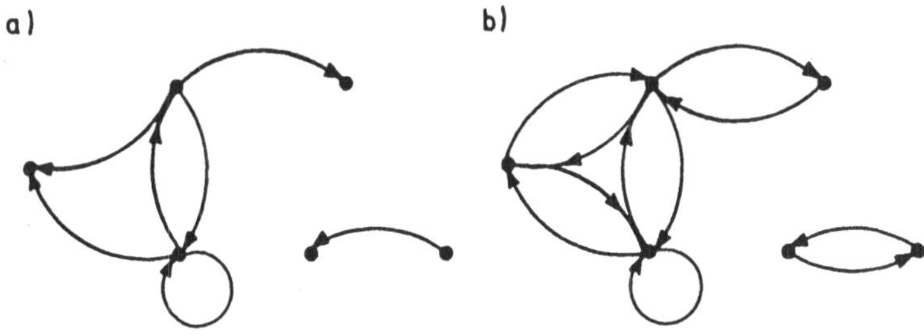

Bild 5-3 a) Gerichteter Graph G; b) Symmetrische Hülle G_{sym} des gerichteten Graphen G

Wir können nunmehr die dritte Stufe des Zusammenhangs eines gerichteten Graphen definieren.

<u>Definition</u>: Schwach zusammenhängender gerichteter Graph

Ein gerichteter Graph ist schwach zusammenhängend, wenn die symmetrische Hülle des Graphen stark zusammenhängend ist.

Ein stark zusammenhängender gerichteter Graph ist also stets auch einseitig zusammenhängend und dieser stets auch schwach zusammenhängend; die umgekehrte Schlußfolge ist jedoch nicht zulässig!

<u>Beispiele</u>:

In Bild 5-4 ist der gerichtete Graph G_1 stark zusammenhängend, G_2 einseitig zusammenhängend und G_3 schwach zusammenhängend.

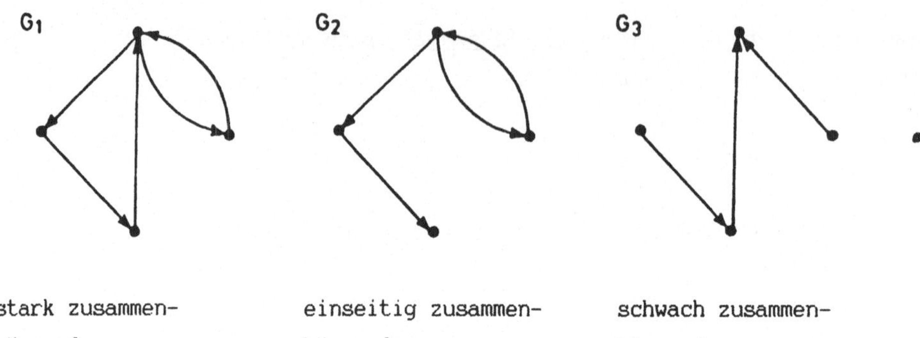

stark zusammenhängend — einseitig zusammenhängend — schwach zusammenhängend

Bild 5-4 Stufen des Zusammenhangs eines gerichteten Graphen

5.2 Baume

Eine einfache und wichtige Klasse von Graphen ist die der Bäume. Bäume besitzen wegen ihrer vielseitigen Anwendung in verschiedenen Gebieten über die Graphentheorie hinaus eine große Bedeutung. Wir werden noch sehen, daß gerade Bäume bei der Behandlung von Datenstrukturen eine wesentliche Rolle spielen. In der Informatik werden Bäume sehr häufig verwendet, z. B. zur Darstellung von Sätzen und Hierarchien, zum Suchen und Sortieren von Datenobjekten, zur Darstellung von Entscheidungsmöglichkeiten und bei vielen weiteren Problemen.

5.2.1 Definitionen

Es gibt mehrere Möglichkeiten, gerichtete Bäume zu definieren. Wir beginnen bei unseren Ausführungen über Bäume mit der

Definition: Gerichteter Baum

Sei G = (N,E) ein gerichteter Graph. G ist ein gerichteter Baum genau dann, wenn gilt:

1. G ist schwach zusammenhängend.
2. $\|N\| = \|E\| + 1$. *)

---

*) Mit $\|M\|$ wird die Kardinalzahl der Menge M bezeichnet, sie gibt die Anzahl der Elemente der Menge M an.

Beispiel:

Die in Bild 5-5a) und b) gezeigten Graphen sind gerichtete Bäume, sie sind offensichtlich schwach zusammenhängend und erfüllen die Bedingung, daß die Anzahl der Knoten um 1 größer ist als die Anzahl der gerichteten Kanten.

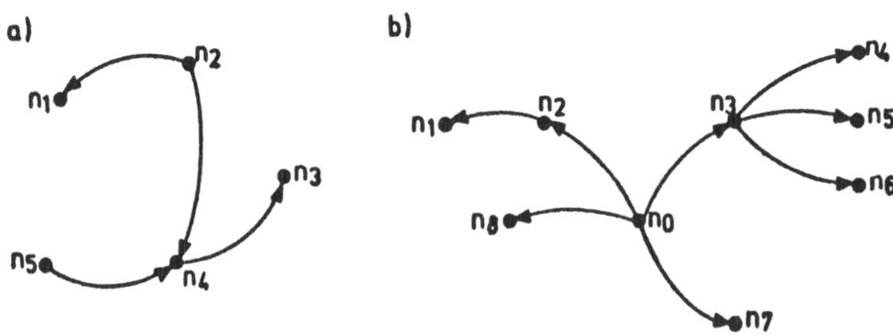

Bild 5-5 Gerichtete Bäume

Vergleicht man die beiden Bäume in Bild 5-5, so erkennt man, daß der Baum b) im Gegensatz zum Baum a) genau einen Knoten besitzt, nämlich n_0, von dem aus jeder andere Knoten des Baumes auf genau einem Pfad erreichbar ist. Mit derartigen Bäumen, bei denen sozusagen von einer Wurzel alle Verzweigungen ausgehen, werden wir uns im weiteren beschäftigen. Dabei ist es hilfreich, wenn wir diese speziellen gerichteten Bäume mit einem eigenen Namen bezeichnen.

Definition: Wurzelbaum

Ein Wurzelbaum ist ein gerichteter Baum mit der Eigenschaft, daß für alle Knoten $n_i \in N$ gilt: $g^-(n_i) \leq 1$.

Wir haben hier die Wurzelbäume über die gerichteten Bäume eingeführt. Eine andere Möglichkeit, einen Wurzelbaum zu definieren, geht von einem gerichteten Graphen aus, der frei von Zyklen ist. Für ihn wird gefordert, daß genau ein Knoten, die Wurzel des Baumes, den Innengrad 0 besitzt und alle anderen Knoten des gerichteten Graphen den Innengrad 1 besitzen.

Die Knoten eines Wurzelbaumes, die den Außengrad 0 besitzen, heißen Endknoten oder Blätter, die übrigen Knoten des Wurzelbaumes werden innere Knoten genannt. Knoten, die denselben Vorgänger besitzen, heißen Nachbarn. Sei p(P) die Länge eines Pfades P von der Wurzel zu einem Knoten n_i, dann ist $l = p(P) + 1$ das Niveau (level) des Knotens n_i. Als Höhe h(T) des Wurzelbaumes T bezeichnet man das Maximum der Längen aller Pfade in diesem Wurzelbaum.

Beispiel:

> In Bild 5-5b) ist n_0 genau der eine Knoten mit Innengrad 0, alle anderen Knoten n_1, n_2, ..., n_8 besitzen den Innengrad 1. Die Knoten n_1, n_4, n_5, n_6, n_7, n_8 mit Außengrad 0 sind die Endknoten oder Blätter. Die Knoten n_0, n_2 und n_3 sind innere Knoten. Die Wurzel besitzt das Niveau 1, die Knoten n_2, n_3, n_7, n_8 besitzen das Niveau 2 und die Knoten n_1, n_4, n_5, n_6 das Niveau 3. Nachbarn sind die Knoten n_2, n_3, n_7, n_8, ebenso sind die Knoten n_4, n_5, n_6 Nachbarn. Der Wurzelbaum hat die Höhe 2.

Es ist üblich, Wurzelbäume so zu zeichnen, daß die Wurzel des Baumes (Niveau 1) den Gipfelpunkt bildet, die Knoten mit Niveau 2 horizontal unterhalb der Wurzel angeordnet werden, die Knoten mit Niveau 3 horizontal unterhalb von Niveau 2 angeordnet werden usf. Bild 5-6 zeigt den Wurzelbaum aus Bild 5-5b) in dieser kanonischen Darstellung.

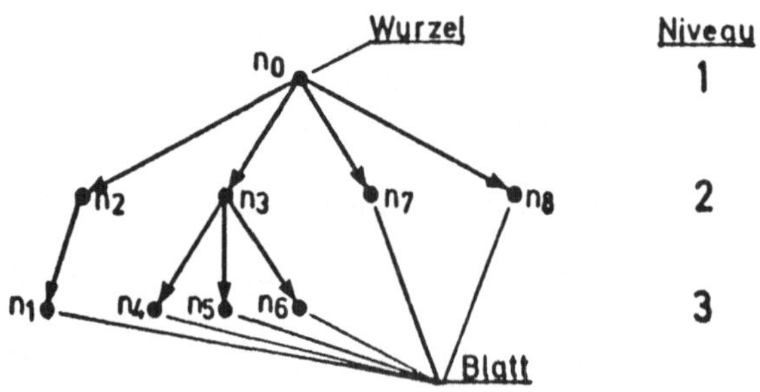

Bild 5-6 Wurzelbaum

In der Definition für den Wurzelbaum fällt auf, daß nichts über die Anzahl der Nachfolger eines Knotens ausgesagt worden ist. Für viele praktische Anwendungen hat sich die folgende Definition als brauchbar erwiesen:

Definition: Ordnung eines Knotens, Ordnung des Wurzelbaums

Die Ordnung eines Knotens n in einem gerichteten Wurzelbaum ist gleich dem Außengrad $g^+(n)$ (gleich der Anzahl Nachfolger) dieses Knotens. Das Maximum der in einem Wurzelbaum vorkommenden Ordnungen von Knoten heißt Ordnung des Wurzelbaums.

Beispiel:

Der Knoten n_0 des Wurzelbaums in Bild 5-6 besitzt die Ordnung 4, der Knoten n_2 hat die Ordnung 1, der Knoten n_1 die Ordnung 0 und der Knoten n_3 die Ordnung 3. Die Ordnung des Wurzelbaumes beträgt $\max\{0, 1, 3, 4\} = 4$.

Mit den bisher eingeführten Begriffen ist man aber noch immer nicht in der Lage, einen bestimmten Nachfolger eines Knotens zu selektieren. Abhilfe schafft hier die folgende

Definition: Geordneter Wurzelbaum

Ein Wurzelbaum der Ordnung k heißt geordnet, wenn für jeden Nachfolger n_i eines Knotens n zusätzlich festgelegt ist, ob n_i der erste, zweite, ..., k-te Nachfolger von n ist. *)

Eine andere Möglichkeit, geordnete Wurzelbäume zu definieren, beruht auf dem Prinzip der Rekursion.

Definition: Geordneter Wurzelbaum

N sei eine nichtleere Menge von Knoten.
Ein geordneter Wurzelbaum T in N (mit der Wurzel n_0) ist ein Paar $T = (n_0, (T_1, T_2, \ldots, T_k))$, $k \geq 0$. Dabei sind $T_1, T_2, \ldots, T_k$ geordnete

---

*) Die Festlegung einer Reihenfolge wird sich jeweils zwangsläufig aus der Darstellung von Wurzelbäumen in Datenverarbeitungsanlagen ergeben. In der bildlichen Darstellung soll fortan die Reihenfolge durch die gegebene "von links nach rechts"-Anordnung festgelegt sein.

Wurzelbäume über paarweise disjunkten Knotenmengen N_1, N_2, ..., N_k, wobei $N_1 \cup N_2 \cup ... \cup N_k = N \setminus \{n_0\}$ ist.

Für $k = 0$ ist das k-Tupel leer, so daß der Wurzelbaum $(n_0, (\emptyset,...,\emptyset))$ in diesem Fall nur aus einem Knoten, der Wurzel n_0, besteht.

Die von der Wurzel n_0 ausgehenden geordneten Wurzelbäume T_1, T_2, ..., T_k heißen der 1., der 2., ..., der k-te Teilbaum.

Beispiele:

$(n_1, (\emptyset,...,\emptyset))$, $(n_2, (\emptyset,...,\emptyset))$, $(n_3, (\emptyset,...,\emptyset))$ sind Wurzelbäume, die nur aus der Wurzel bestehen, siehe Bild 5-7a).
Dann ist nach der rekursiven Definition auch $(n_0, ((n_1, (\emptyset,...,\emptyset)), (n_2, (\emptyset,...,\emptyset)), (n_3, (\emptyset,...,\emptyset))))$ ein geordneter Wurzelbaum mit der Wurzel n_0, dessen Darstellung in Bild 5-7b) zu sehen ist.

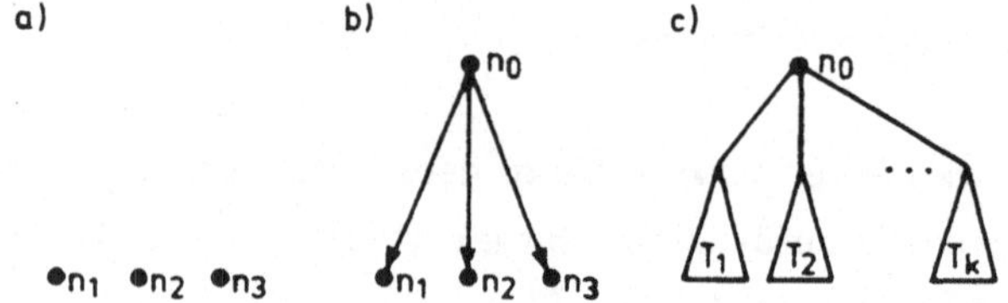

Bild 5-7 Geordnete Wurzelbäume

Einen geordneten Wurzelbaum $T = (n_0, (T_1, T_2, ..., T_k))$ stellen wir wie in Bild 5-7c) gezeigt dar.

Man bezeichnet geordnete Wurzelbäume der Ordnung k auch als k-näre Wurzelbäume.

Eine herausragende Rolle gerade im Zusammenhang mit Datenstrukturen spielen binäre Wurzelbäume (auch Binärbäume genannt), also geordnete Wurzelbäume der Ordnung 2. Das hat u. a. damit zu tun, daß sich Wurzelbäume beliebiger Ordnung in einfacher Weise auf Wurzelbäume der Ordnung 2 zurückführen lassen (Abschn. 8.2.2).

Bei binären Wurzelbäumen bietet es sich an, den 1. bzw. 2. Nachfolger eines Knotens als <u>linken</u> bzw. <u>rechten</u> Nachfolger zu bezeichnen. Analog dazu sprechen wir von einem <u>linken</u> bzw. <u>rechten</u> Teilbaum.

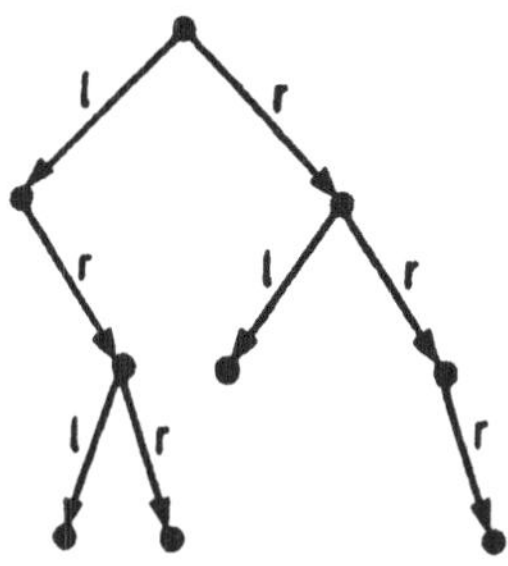

Bild 5-8 Binärer Wurzelbaum (Binärbaum)

<u>Beispiel</u>:

Der Wurzelbaum in Bild 5-8 ist ein geordneter Wurzelbaum der Ordnung 2 (Binärbaum). Dadurch, daß die Kanten mit l für links und r für rechts bewertet worden sind, läßt sich für jeden Knoten - mit Ausnahme der Blätter - feststellen, wer sein linker oder sein rechter Nachfolger ist.

Wir wollen uns jetzt mit Wurzelbäumen befassen, die sich hinsichtlich bestimmter Eigenschaften durch eine gewisse "Vollendung" auszeichnen. Diese "Vollendung" eines Wurzelbaumes kommt bei seiner bildlichen Darstellung in einer Regelmäßigkeit des Aussehens zum Ausdruck.

<u>Definition</u>: Voller k-närer Wurzelbaum

Ein k-närer Wurzelbaum (maximales Niveau $l = m$) heißt voll, wenn er auf jedem Niveau $l = 1, 2, \ldots, m-1$ k^{l-1} Knoten besitzt.

Das maximale Niveau $l = m$ eines vollen k-nären Wurzelbaumes muß also nicht vollständig mit Knoten besetzt sein. Ist jedoch das maximale Niveau mit k^{m-1} Knoten vollständig besetzt, so spricht man von einem <u>vollständigen</u> k-nären Wurzelbaum.

Die Strukturierung von Daten ist kein Selbstzweck, sie soll vielmehr die Verarbeitung der Daten optimal unterstützen. So erweist sich für ein bestimmtes Suchverfahren (binäre Suche) die Strukturierung der Daten in Form eines vollen Binärbaumes als optimal.

In der Praxis sind Datenstrukturen nicht statisch, durch Einfügen und Entfernen von Datenobjekten unterliegen sie einer gewissen Dynamik. Es kann daher leicht geschehen, daß die Eigenschaft "voller Binärbaum" verloren geht. Man hätte dann zwar die Möglichkeit, durch Umstrukturierung diese Eigenschaft aufs neue zu erzwingen, was aber sehr aufwendig sein könnte. Unter gewissen Umständen ist es dann besser, mit weniger rigorosen Strukturen als den vollen Binärbäumen, nämlich höhenbalancierten Wurzelbäumen, zu operieren.

Definition: Höhenbalancierter Binärbaum

> Ein Binärbaum heißt höhenbalanciert, wenn für jeden Knoten n aus der Knotenmenge N des binären Wurzelbaumes gilt: ist n die Wurzel des (Teil-)Baumes $T = (n,(T_l,T_r))$, dann ist $|h(T_l)-h(T_r)| \leq 1$.
> Diese Bedingung wird Balancekriterium genannt.

Jeder volle Binärbaum ist ein höhenbalancierter Binärbaum, aber ein höhenbalancierter Binärbaum muß kein voller Binärbaum sein.

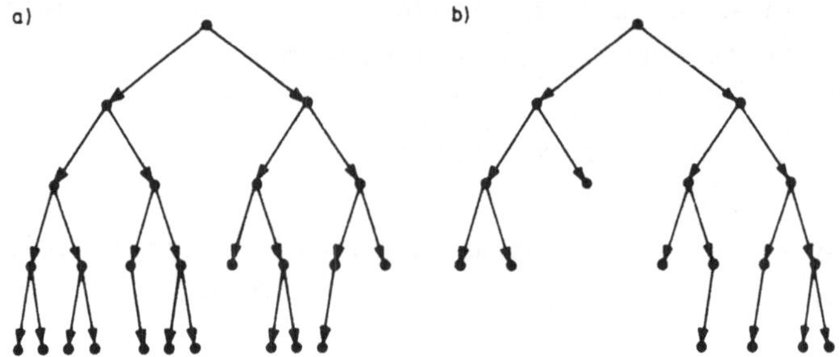

Bild 5-9 a) Voller Binärbaum
b) Höhenbalancierter Binärbaum

Beispiele:

Der Wurzelbaum in Bild 5-9a) ist ein voller Binärbaum, bis auf das letzte Niveau sind alle übrigen Niveaus besetzt. Außerdem ist dieser Wurzelbaum ein höhenbalancierter Binärbaum. Ebenso ist der Wurzelbaum in Bild 5-9b) höhenbalanciert. Im Gegensatz dazu ist der Wurzelbaum in Bild 5-8 nicht höhenbalanciert.

5.2.2 Pfadlängen und Höhen in Binärbäumen

Für die Analyse von Algorithmen, die auf Baumstrukturen operieren, ist die Kenntnis der maximalen Pfadlänge (Höhe) sowie der mittleren Pfadlänge in Binärbäumen insofern bedeutsam, als diese Größen die Ausführungszeit dieser Algorithmen bestimmen. Diese Größen hängen von der konkreten Gestalt des Binärbaumes ab.

Lineare und volle Binärbäume

Auf einer gegebenen Knotenmenge N mit $\nu = \|N\|$ Knoten lassen sich eine Vielzahl von strukturell verschiedenen Binärbäumen*) konstruieren. Es bezeichne $T(\nu)$ einen Binärbaum T mit ν Knoten. Unter allen Binärbäumen stellen die sog. linearen Binärbäume $T_l(\nu)$ - sie bestehen aus einem einzigen Ast der Pfadlänge $(\nu-1)$ - und die vollen Binärbäume $T_v(\nu)$ bezüglich der Baumhöhen Extremfälle dar.

Die linearen Binärbäume $T_l(\nu)$ (Bild 5-10a)) besitzen die maximale Höhe

$$h(T_l(\nu)) = \nu-1. \tag{5.1}$$

Mittelt man die Längen der Pfade, die von der Wurzel zu den einzelnen Knoten der linearen Binärbäume laufen, so erhält man als mittlere Pfadlänge

$$\bar{p}_\nu(T_l(\nu)) = \frac{1}{\nu} \sum_{i=0}^{\nu-1} i = \frac{\nu-1}{2}. \tag{5.2}$$

---

*) Es gibt genau $t_\nu = \frac{1}{\nu+1}\binom{2\nu}{\nu}$ verschiedene Binärbäume mit ν Knoten [Knu 69, Vol. 1]; für $\nu=0$ erhält man den leeren Baum T(0).

Da sich für eine gegebene Knotenanzahl $\nu>1$ immer ein Intervall $[2^h, 2^{h+1})$ mit geeignetem $h \in \mathbb{N} \cup \{0\}$ finden läßt, so daß $2^h \leq \nu < 2^{h+1}$ erfüllt ist, besitzen die vollen Binärbäume $T_V(\nu)$ (Bild 5-10b)) die minimale Höhe

$$h(T_V(\nu)) = \lfloor \mathrm{ld}\, \nu \rfloor \text{ *)} . \qquad (5.3)$$

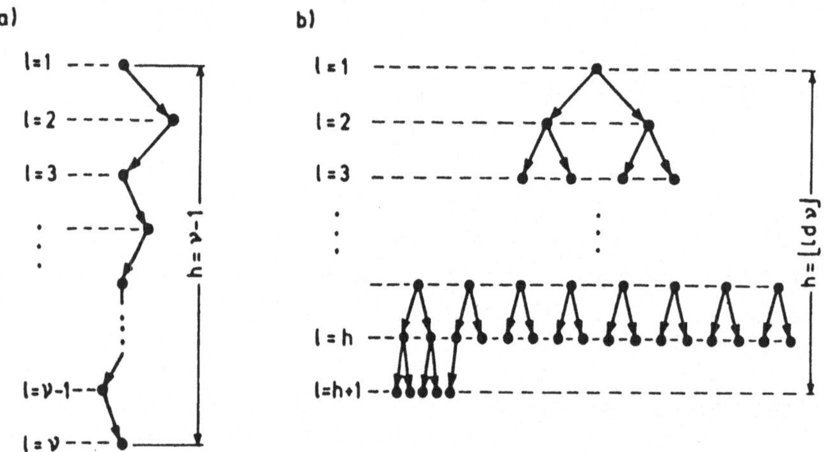

Bild 5-10 Binärbäume über der Knotenmenge N, $\nu = \|N\|$

a) linearer Binärbaum

b) voller Binärbaum

Die mittlere Pfadlänge in einem vollen Binärbaum berechnet sich zu

$$\overline{p}_\nu(T_V(\nu)) = \frac{1}{\nu} \{ \underbrace{\sum_{i=0}^{\lfloor \mathrm{ld}\nu \rfloor -1} i2^i}_{\mathrm{I}} + \underbrace{\lfloor \mathrm{ld}\, \nu \rfloor \, (\nu - [2^{\lfloor \mathrm{ld}\nu \rfloor} - 1])}_{\mathrm{II}} \}.$$

Der Ausdruck I

$$\sum_{i=0}^{\lfloor \mathrm{ld}\nu \rfloor -1} i2^i = (\lfloor \mathrm{ld}\nu \rfloor -2)*2^{\lfloor \mathrm{ld}\nu \rfloor} + 2$$

---

*) $\lfloor x \rfloor$ bedeutet die größte ganze Zahl a, so daß $a \leq x$ ist.

gibt dabei die Summe aller Längen der Pfade von der Wurzel zu den einzelnen Knoten auf den Niveaus $l = 1, 2, \ldots, \lfloor ld\nu \rfloor$ an, der Ausdruck II stellt die Summe der Längen der Pfade von der Wurzel zu den Knoten auf dem höchsten Niveau $\lfloor ld\nu \rfloor + 1$ dar. Insgesamt ergibt sich

$$\overline{p}_\nu(T_V(\nu)) = \frac{1}{\nu} \{ \lfloor ld\nu \rfloor (\nu+1) - 2^{\lfloor ld\nu \rfloor + 1} + 2 \} \approx ld\nu - 2 \qquad (5.4)$$

Die Höhen der Binärbäume über der Knotenmenge N besitzen also Werte, die zwischen $\lfloor ld\nu \rfloor$ und $\nu-1$ liegen; diese Spanne ist für große ν natürlich erheblich. Entsprechendes trifft auf die mittleren Pfadlängen der einzelnen Binärbäume zu. Eine alle Binärbäume über der Knotenmenge N charakterisierende Größe ergibt sich, wenn wir den Mittelwert der mittleren Pfadlängen aller Binärbäume berechnen.

Binäre Sortierbäume

Im Hinblick auf die Analyse von binären Sortierbäumen (Abschn. 8.4) hilft es nur wenig, wenn wir die Mittelwertbildung über alle $\binom{2\nu}{\nu}(\nu+1)^{-1}$ strukturell verschiedenen Binärbäume vornehmen würden. Die Menge aller binären Sortierbäume über der Knotenmenge N ist nämlich nicht gleich der Menge aller strukturell verschiedenen Binärbäume über der Knotenmenge N.

Bei binären Sortierbäumen wird vorausgesetzt, daß die Knoten der Knotenmenge N untereinander vergleichbar sind und daß keine zwei Knoten gleich sind. Ohne Einschränkung der Allgemeinheit dürfen wir deshalb die Knoten $n_i \in N$ mit den ganzen Zahlen $1, 2, \ldots, i-1, i, \ldots, \nu$ identifizieren. Nun gibt es $\nu!$ Permutationen dieser ν Zahlen und zu jeder dieser Permutationen existiert ein binärer Sortierbaum mit folgender Eigenschaft: Sei der Knoten i die Wurzel des Sortierbaumes, dann sind alle Knoten $j<i$ im linken Teilbaum und alle Knoten $j>i$ im rechten Teilbaum angeordnet (Bild 5-11). Diese Eigenschaft trifft, dem Rekursionsprinzip folgend, ebenfalls auf die Teilbäume zu.

Da die Anzahl der Sortierbäume mit $\nu>1$ Knoten größer ist als die Anzahl der strukturell verschiedenen Binärbäume mit $\nu>1$ Knoten, müssen unter den Sortierbäumen strukturell gleiche Binärbäume vorkommen.

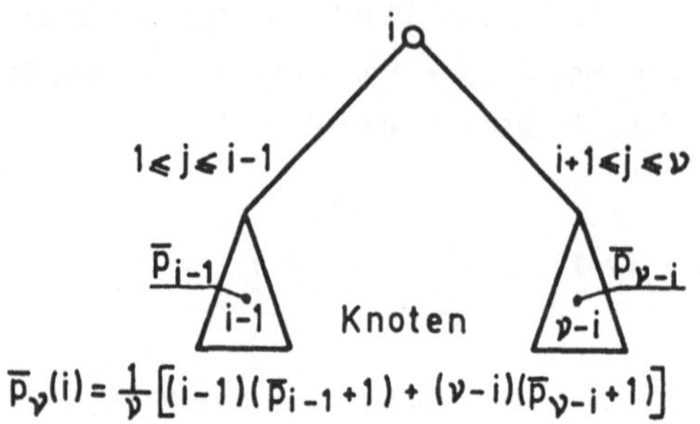

Bild 5-11 Binärer Sortierbaum

Die Berechnung des Mittelwertes der mittleren Pfadlängen aller Sortierbäume stützt sich auf die Rekursionsformel

$$\overline{p}_\nu(i) = \frac{1}{\nu}\,[(i-1)(\overline{p}_{i-1}+1) + (\nu-i)(\overline{p}_{\nu-i}+1)], \tag{5.5}$$

in der $\overline{p}_\nu(i)$ die mittlere Pfadlänge aller Sortierbäume mit ν Knoten und gegebener Wurzel i bedeutet und $\overline{p}_{i-1}$ bzw. $\overline{p}_{\nu-i}$ die mittlere Pfadlänge aller Sortierbäume mit (i-1) bzw. (ν-i) Knoten bezeichnen. Die mittlere Länge aller Pfade von der Wurzel i zu den einzelnen Knoten des linken Teilbaumes mit (i-1) Knoten bzw. des rechten Teilbaumes mit (ν-i) Knoten beträgt demnach $\overline{p}_{i-1}+1$ bzw. $\overline{p}_{\nu-i}+1$. Durch entsprechende Wichtung dieser mittleren Pfadlängen ergibt sich dann die Rekursionsformel (5.5).

Die mittlere Pfadlänge aller Sortierbäume mit ν Knoten und Wurzel i muß jetzt noch über alle i = 1, 2, ..., ν gemittelt werden, und man erhält als mittlere Pfadlänge aller Sortierbäume mit ν Knoten

$$\overline{p}_\nu = \frac{1}{\nu}\sum_{i=1}^{\nu}\overline{p}_\nu(i) = \frac{1}{\nu^2}\,[\underbrace{\sum_{i=1}^{\nu}(i-1)(\overline{p}_{i-1}+1)}_{\text{I}} + \underbrace{\sum_{i=1}^{\nu}(\nu-i)(\overline{p}_{\nu-i}+1)}_{\text{II}}] \tag{5.6}$$

Man überlege sich, daß die beiden Summenausdrücke I und II gleich sind; folglich gilt

$$\overline{p}_\nu = \frac{2}{\nu^2} \sum_{i=1}^{\nu} (i-1)(\overline{p}_{i-1}+1) = \frac{2}{\nu^2} \left(\sum_{i=1}^{\nu}(i-1)\overline{p}_{i-1} + \frac{\nu(\nu-1)}{2} \right). \qquad (5.7)$$

Offensichtlich läßt sich $\overline{p}_\nu$ rekursiv aus all seinen Vorgängern $\overline{p}_{\nu-1}$, $\overline{p}_{\nu-2}$, ..., $\overline{p}_1$, $\overline{p}_0$ berechnen. Wir können die Rekursionsformel (5.7) aber auch so umformen, daß sich $\overline{p}_\nu$ bereits ermitteln läßt, wenn nur $\overline{p}_{\nu-1}$ bekannt ist. Dazu schreiben wir Gl.(5.7) wie folgt

$$\overline{p}_\nu = \frac{2}{\nu^2} \left(\underbrace{\sum_{i=1}^{\nu-1}(i-1)\overline{p}_{i-1}}_{III} + (\nu-1)\overline{p}_{\nu-1} + \frac{\nu(\nu-1)}{2} \right), \qquad (5.8)$$

wobei wir den Ausdruck III aus Gl.(5.7) gewinnen können, wenn wir ν durch ν-1 ersetzen:

$$\overline{p}_{\nu-1} = \frac{2}{(\nu-1)^2} \left(\underbrace{\sum_{i=1}^{\nu-1}(i-1)\overline{p}_{i-1}}_{III} + \frac{(\nu-1)(\nu-2)}{2} \right).$$

Das führt uns letztendlich auf die Rekursionsformel

$$\overline{p}_\nu = \frac{\nu^2-1}{\nu^2} \overline{p}_{\nu-1} + \frac{2(\nu-1)}{\nu^2} . \qquad (5.9)$$

Man überzeuge sich, daß

$$\overline{p}_\nu = 2 \frac{\nu+1}{\nu} H_\nu - 4 \qquad (5.10)$$

mit der harmonischen Funktion

$$H_\nu = \frac{1}{1} + \frac{1}{2} + \frac{1}{3} + \ldots + \frac{1}{\nu}$$

die Lösung der Rekursionsformel (5.9) darstellt.

Wir haben damit die mittlere Pfadlänge aller Sortierbäume mit ν Knoten berechnet. Um diesen Wert (Gl.(5.10)) besser mit den Extremwerten der Gl.(5.4) und der Gl.(5.2) vergleichen zu können, benutzen wir die asymptotische Beziehung [ABR 64]

$$H_\nu = C + \ln \nu + \frac{1}{2\nu} - \frac{1}{12\nu^2} \pm \ldots, \qquad C = 0{,}57721\ldots \text{ (Euler-Konstante).}$$

Demzufolge läßt sich für hinreichend große ν die Lösung $\overline{p}_\nu$ (Gl.(5.10)) durch

$$\overline{p}_\nu \approx 2 \ln \nu - 2.84557 = 1.38629 \text{ ld } \nu - 2.84557 \qquad (5.11)$$

approximieren.

Die mittlere Pfadlänge aller Sortierbäume mit ν Knoten (Gl.(5.11)) ist also nur um den Faktor 1.38... größer als die mittlere Pfadlänge aller vollen Sortierbäume mit ν Knoten (Gl.(5.4)).

Höhenbalancierte Binärbäume

Im Sinne der Anwendung besitzen sortierte höhenbalancierte Binärbäume (Abschn. 8.5) gewisse Vorteile gegenüber den zuvor erwähnten Sortierbäumen. Hier interessiert uns aber zunächst nur die Höhen-Knoten-Relation bei höhenbalancierten Binärbäumen mit ν Knoten.

Ohne zusätzliche Kenntnisse über den höhenbalancierten Binärbaum ist eine genaue Berechnung seiner Höhe nicht möglich. Wir können uns aber dadurch behelfen, daß wir die Höhe durch Angabe einer unteren Schranke und einer oberen Schranke abschätzen.

Als untere Schranke läßt sich Gl.(5.3) verwenden; jeder volle Binärbaum ist ein höhenbalancierter Binärbaum und besitzt als solcher die minimale Höhe $\lfloor \text{ld } \nu \rfloor$. Demnach gilt für die Höhe h höhenbalancierter Binärbäume die Abschätzung

$$\lfloor \text{ld } \nu \rfloor \leq h \qquad (5.12)$$

Bei der Berechnung der oberen Schranke gehen wir von höhenbalancierten Binärbäumen $T_b(\nu_h)$ der Höhe h mit minimaler Knotenanzahl ν_h aus, so daß es keinen höhenbalancierten Binärbaum der Höhe h mit weniger als ν_h Knoten gibt. Für die Höhen h = 0, 1, 2 und 3 sind die höhenbalancierten Binärbäume minimaler Knotenanzahl in Bild 5-12 dargestellt. Hieraus läßt sich bereits das allgemeine (rekursive) Konstruktionsprinzip höhenbalancierter Binärbäume minimaler Knotenzahl erkennen:

$$T_b(\nu_h) = (n_0, (T_b(\nu_{h-1}), T_b(\nu_{h-2}))), \qquad h \geq 2. \tag{5.13}$$

h	$T_b(\nu_h)$	ν_h
0	•	1
1		2
2		4
3	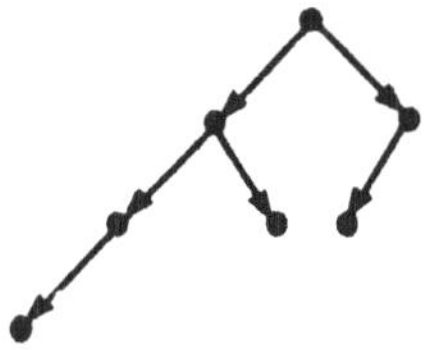	7

Bild 5-12 Höhenbalancierte Binärbäume der Höhe h mit minimaler Knotenanzahl ν_h

Dementsprechend läßt sich auch die minimale Knotenanzahl ν_h rekursiv berechnen; für $h \geq 2$ gilt

$$\nu_h = 1 + \nu_{h-1} + \nu_{h-2} \tag{5.14}$$
mit den Anfangswerten $\nu_0 = 1$ und $\nu_1 = 2$.

Die durch diese Rekursionsgleichung generierte Zahlenfolge steht in enger Beziehung zu der Fibonacci-Folge, die der Rekursionsgleichung

$$F_{h+3} = F_{h+2} + F_{h+1}, \qquad h \geq -1 \tag{5.15}$$
mit $F_0 = 0$ und $F_1 = 1$

genügt. Der Zusammenhang zwischen den Zahlen ν_h und F_{h+3} wird aus Tabelle 5-1 ersichtlich, es gilt für $h \geq 0$

$$\nu_h = F_{h+3} - 1. \quad (5.16)$$

Tabelle 5-1 Zusammenhang zwischen den Zahlen ν_h und F_{h+3}

h	-3	-2	-1	0	1	2	3	4	5	6	...
ν_h				1	2	4	7	12	20	33	...
F_{h+3}	0	1	1	2	3	5	8	13	21	34	...

Bei der Ermittlung einer oberen Schranke für die Höhe höhenbalancierter Binärbäume geht man von der für Fibonacci-Zahlen geltenden Ungleichung

$$F_{h+3} \geq [\frac{1}{2}(1+\sqrt{5})]^{h+1} = \phi^{h+1}, \quad h \geq -1 \quad (5.17)$$

aus. Zu einem höhenbalancierten Binärbaum mit gegebener Knotenanzahl ν läßt sich dann ein ν_h finden, so daß

$$\nu \geq \nu_h = F_{h+3} - 1 \geq \phi^{h+1} - 1 \quad (5.18)$$

gilt. Hieraus gewinnt man durch Logarithmieren zunächst

$$h + 1 \leq \log_\phi(\nu+1) = \log_\phi 2 \cdot \mathrm{ld}(\nu+1)$$

und schließlich die Abschätzung

$$h \leq 1{,}44043 \cdot \mathrm{ld}(\nu+1) - 1.$$

Höhenbalancierte Binärbäume über der Knotenmenge N mit $\nu=\|N\|$ besitzen also die Eigenschaft, daß für ihre Höhe stets $h=O(\mathrm{ld}\nu)$*) gilt.

*) Landau-Symbol O; $g(\nu) = O(f(\nu))$ bedeutet, es existiert eine reelle Zahl $c > 0$, so daß gilt $\lim_{\nu\to\infty} \frac{|g(\nu)|}{|f(\nu)|} \leq c$.

6 SPEICHERTECHNIKEN ZUR DARSTELLUNG VON DATENSTRUKTUREN

Im Kapitel 4 über zusammengesetzte Datenstrukturen haben wir Möglichkeiten der logischen Beschreibung von Datenstrukturen kennengelernt. Im folgenden wollen wir uns mit den Möglichkeiten der Darstellung von Datenstrukturen in Speichern befassen.

Definition: Datenstruktur

> Eine Datenstruktur S ist ein Paar (D, R), worin D eine nichtleere endliche Menge von Datenobjekten d und R eine Menge von Relationen r über D ist.

Eine Relation $r \in R$ ist eine Teilmenge des Cartesischen Produktes $\overset{n}{\underset{i=1}{X}} D = D^n$, $n \in \mathbb{N}$, also eine Menge von (geordneten) n-Tupeln von Datenobjekten.

Jede n-stellige Relation r kann mit Hilfe von binären Relationen dargestellt werden (aber nicht umgekehrt). Hinsichtlich einer binären Relation r' läßt sich die Datenstruktur S durch einen Graphen G = (N, E) veranschaulichen; die Menge N der Knoten repräsentiert die Menge D der Datenobjekte und die Menge E der gerichteten Kanten die Menge r' der geordneten Paare von Datenobjekten.

Um eine Datenstruktur in einem Speicher darzustellen, müssen einerseits die Datenobjekte gespeichert und anderseits ihre Relationen in irgendeiner Form festgehalten werden.

Ein Speicher besteht aus einer nichtleeren endlichen Menge Z von Speicherzellen z. Wir wollen den Begriff "Speicherzelle" abweichend von DIN 44300 so verstehen, daß eine Speicherzelle eine Einheit des Speichers darstellt, die einen Wert aufnehmen und auf die physisch zugegriffen werden kann. Nun ist technologisch bedingt die Menge von Speicherzellen eines Speichers mit einer Struktur versehen. Grundsätzlich läßt sich die Struktur eines beliebigen technischen Speichers auffassen als sequentielle Anordnung seiner Speicherzellen. In diesem Sinne definieren wir einen Speicher wie folgt:

Definition: Speicher

Ein Speicher ist ein Paar (Z, r_s), bei der die Menge Z aus m Speicherzellen $z_1, z_2, \ldots, z_m$ besteht und die Relation $r_s = \{(z_{i-1}, z_i);\ i = 2, 3, \ldots, m\}$ die sequentielle Anordnung der Speicherzellen festlegt.

Anmerkung

Diese Definition erlaubt es, einen Speicher auch als Folge $(z_1, z_2, \ldots, z_m)$ seiner Speicherzellen zu betrachten.

Da also die zur Verfügung stehenden Speicher von höchst einfacher Struktur sind, gelingt die Darstellung von komplexen Datenstrukturen unmittelbar im Speicher nur bruchstückhaft. Häufig muß die vorliegende Datenstruktur um einfache, im Speicher darstellbare Strukturen ergänzt werden, und die Informationen darüber, wie aus diesen vereinfachten Strukturen die eigentlich darzustellende Datenstruktur zu gewinnen ist, in Form von zusätzlichen Daten und Algorithmen festgehalten werden.

Alle Festlegungen, die es gestatten, den logischen Zugriff auf ein Datenobjekt zu beschreiben, nennt man anschaulich den logischen Zugriffspfad. Ein einfaches Beispiel hierfür ist der Index einer Variablen vom Feldtyp, um auf ein Feldelement zugreifen zu können. Alle Daten und Algorithmen, die unter Einbeziehung der physischen Speicherorganisation den Zugriff auf ein Datenobjekt im Speicher ermöglichen, bezeichnet man zusammenfassend als den physischen Zugriffspfad.

6.1 Formale Beschreibung der Speicherung von Datenobjekten

Für den Inhalt w einer Speicherzelle z gilt zu einem gegebenen Zeitpunkt

$$w = \omega(z), \tag{6.1}$$

worin ω eine eindeutige Abbildung (Funktion) ist. Die Funktion ω ist nicht injektiv. Zwischen der Menge W der Werte und der Menge Z der Speicherzellen besteht also zu einem Zeitpunkt eine "eins-zu-viele Abbildung", d. h. ein

Wert W kann in mehreren Speicherzellen vorhanden sein, aber jede Speicherzelle besitzt genau einen Wert als Inhalt.

Definition: Gespeichertes Datenobjekt

Ein Datenobjekt d heißt gespeichert, wenn es zum Inhalt w einer Speicherzelle z geworden ist, d. h. wenn gilt:

$$w = \omega(z) = d. \tag{6.2}$$

Hierbei haben wir zunächst vorausgesetzt, daß das Datenobjekt in *einer* Speicherzelle gespeichert werden kann. Ist dies nicht der Fall, so muß das Datenobjekt in entsprechend vielen Speicherzellen gespeichert werden. Die zur Speicherung eines Datenobjektes benötigte Anzahl s von Speicherzellen nennt man die Spanne s; man sagt, das Datenobjekt wird mit der Spanne s gespeichert. So werden in einigen Rechenanlagen Gleitkommazahlen mit der Spanne 2 gespeichert.

Die Menge D der Datenobjekte einer Datenstruktur bezeichnet man auch als Datenbestand. Wir nennen einen Datenbestand D gespeichert, wenn gemäß Gl.(6.2) für jedes $d \in D$ gilt: $d = \omega(z)$.

Der Zugriff auf eine Speicherzelle kann ortsorientiert oder inhaltsorientiert erfolgen. Für den ortsorientierten Zugriff wird jeder Speicherzelle eine Adresse zugeordnet, die die Speicherzelle identifiziert. Beim inhaltsorientierten Zugriff wird die Speicherzelle aufgrund ihres Inhalts oder eines Teils davon identifiziert.

Ortsorientierter Zugriff

Für den ortsorientierten Zugriff wird jeder Speicherzelle z durch die injektive Funktion α eine Adresse

$$a = \alpha(z) \tag{6.3}$$

zugeordnet. Zwischen der Menge Z der Speicherzellen und der Menge A der Adressen besteht also eine "eins-zu-eins Abbildung".

Ohne Einschränkung der Allgemeinheit setzen wir voraus, daß die Speicherzellen gemäß ihrer sequentiellen Anordnung im Speicher fortlaufend durchnumeriert werden, so daß gilt

$$a_i = \alpha(z_i) = i-1, \qquad i = 1, 2, \ldots, m.$$

Es ist allerdings anzumerken, daß die physischen Adressen bei einigen Speichern nicht lückenlos aufeinander folgen. So weisen die Spuradressen bei Magnetplattenspeichern beim Übergang von einem zum nächsten Zylinder technisch bedingt Sprünge auf.

Der Inhalt einer Speicherzelle ergibt sich mit Gl.(6.1) und (6.3) zu

$$w = \omega(\alpha^{-1}(a)). \qquad (6.4)$$

Diese Gleichung läßt sich vereinfachen, wenn man die Abbildungen α^{-1} und ω zu einer eindeutigen Abbildung C (C steht für "content") zusammenfaßt; der Inhalt der Speicherzelle mit der Adresse a ist dann gegeben durch

$$w = C(a). \qquad (6.5)$$

Zusammen mit Gl.(6.2) zeigen die Gln.(6.4) bzw. (6.5), daß auf ein gespeichertes Datenobjekt d über die Adresse a der Speicherzelle zugegriffen werden kann.

Nun greift man in Programmen, die in einer höheren Programmiersprache geschrieben sind, auf Datenobjekte nicht über Adressen von Speicherzellen zu, sondern über Namen von Variablen oder Konstanten. Der Name einer Programmgröße und deren Typ werden im Quellprogramm deklariert.

Die umkehrbar eindeutige Zuordnung des Namens zu der Adresse einer Speicherzelle geschieht im allgemeinen in zwei Stufen. Der Übersetzer weist dem Namen zunächst eine programmrelative Adresse zu, die dann von der Speicherverwaltung des Betriebssystems in eine absolute physische Adresse abgebildet wird (Kapitel 10).

Ist x der Name einer Variablen oder Konstanten, so wird ihm durch die injektive Funktion L (L steht für "location") eine Adresse

$$a = L(x) \tag{6.6}$$

zugeordnet. Zwischen der Menge X der Namen und der Menge A der Adressen besteht also eine "eins-zu-eins Abbildung".

Nun sollen aber durch ein Programm Datenobjekte verarbeitet werden. Für diese hat der Name x einer Programmgröße die Funktion eines Platzhalters. Mit dem Namen x korrespondiert (über eine Adresse) eine Speicherzelle z, die innerhalb der Datenverarbeitungsanlage als Platzhalter für Datenobjekte fungiert. Durch Initialisierung oder Wertzuweisung wird dieser Zelle statisch oder dynamisch das jeweilige Datenobjekt (Wert) zugewiesen.

Für den ortsorientierten Zugriff auf ein Datenobjekt d im Speicher bei gegebenem Namen x erhält man mit Gl.(6.2) und den Gln.(6.5) und (6.6)

$$d = C(L(x)). \tag{6.7}$$

Eine weitere Möglichkeit, auf ein gespeichertes Datenobjekt zuzugreifen, besteht darin, das Datenobjekt aufgrund (eines Teils) seines Inhaltes aufzufinden. Dieser Teil wird <u>Schlüssel</u> (genauer: Schlüsselwert*) k des Datenobjektes d genannt. Man unterscheidet Primär- und Sekundärschlüssel. <u>Primärschlüssel</u> dienen zur Identifikation von Datenobjekten in einem Datenbestand. Ein Beispiel hierfür ist die Verwendung einer Personalnummer zur Identifizierung der Daten eines Mitarbeiters. Bei Verwendung eines <u>Sekundärschlüssels</u> können sich ein Datenobjekt oder mehrere Datenobjekte qualifizieren. Hat man zum Beispiel die Daten von Mitarbeitern einer Firma gespeichert und sucht nach allen Mitarbeitern, die an einem bestimmten Projekt beteiligt sind, so stellt "Projekt" einen Sekundärschlüssel dar (Abschn. 9.3).

Bei der Speicherung eines Datenobjektes d wird diesem mit Hilfe des Schlüssels k durch eine eindeutige Abbildung ε die Adresse

$$a = \varepsilon(k) \tag{6.8}$$

---

*) Soweit sich die Deutung des jeweiligen Begriffes aus dem Zusammenhang ergibt, wird auf die Unterscheidung verzichtet.

einer Speicherzelle zugeordnet. Die Funktion ε kann injektiv sein. Ist sie injektiv, so läßt sich k als Primärschlüssel verwenden, und die Umkehrabbildung ist eindeutig. Ist die Funktion ε nicht injektiv, so läßt sich k nur als Sekundärschlüssel verwenden. Zwischen der Menge K der Schlüssel und der Menge A der Adressen liegt im ersten Fall eine "eins-zu-eins Abbildung" und im zweiten Fall eine "eins-zu-viele Abbildung" vor.

Für den ortsorientierten Zugriff auf ein Datenobjekt d im Speicher bei gegebenem Schlüssel k erhält man mit Gl.(6.2) und den Gln.(6.5) und (6.6):

$$d = C(\varepsilon(k)). \tag{6.9}$$

In Speichern mit ortsorientiertem Zugriff kann der Schlüssel nur mittelbar zum Zugriff auf ein Datenobjekt herangezogen werden. Ihm muß nach Gl.(6.8) eine Adresse zugeordnet werden. Dies ist eine der wesentlichen Aufgaben der Dateiverwaltung eines Betriebssystems (Kapitel 9) oder eines Datenbankverwaltungssystems. Werden bei der Abbildung des Schlüssels in eine Adresse Methoden verwendet, bei denen die Adresse durch Manipulation eines Primärschlüssels ermittelt wird, so spricht man von <u>gestreuter Speicherung</u> (Abschn. 6.4).

Die im Zusammenhang mit der Speicherung von Datenobjekten bei ortsorientiertem Zugriff besprochenen Relationen sind in Bild 6-1 dargestellt; darin

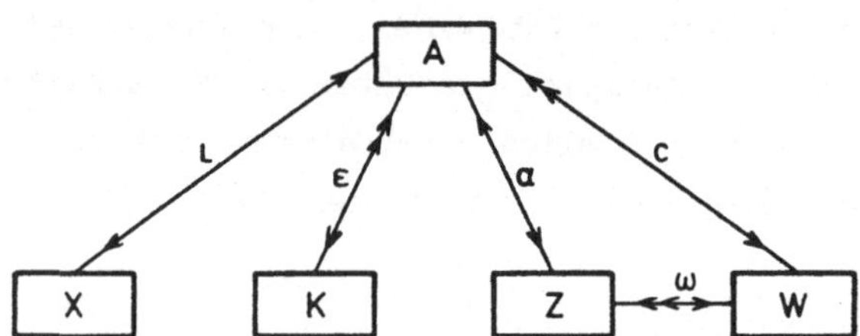

X : Menge der Namen x
K : Menge der Schlüssel k
A : Menge der Adressen a
Z : Menge der Speicherzellen z
W : Menge der Inhalte w von Speicherzellen
—<—>— : eins-zu-eins Abbildung
—<—>>— : eins-zu-viele Abbildung (schließt eins-zu-eins Abbildung ein)

Bild 6-1 Zur Speicherung von Datenobjekten bei ortsorientiertem Zugriff

repräsentieren die Kästchen die jeweiligen Mengen und die gepfeilten Kanten die Relationen. Bei Datenbankanwendungen sind derartige Darstellungen unter dem Namen Bachmann-Diagramm [BAC 69] bekannt.

Inhaltsorientierter Zugriff

Der inhaltsorientierte Zugriff auf eine Speicherzelle ist bei Assoziativspeichern möglich. Dazu wird jeder Speicherzelle z durch eine eindeutige Abbildung α^* ein sie kennzeichnender Inhalt

$$w^* = \alpha^*(z) \tag{6.10}$$

zugeordnet, wobei w^* i. allg. nicht den gesamten Inhalt der Speicherzelle darstellt. Ist α^* injektiv, so ist auch die Umkehrabbildung eindeutig, und bei Vorgabe eines Wertes w^* qualifiziert sich genau eine Zelle z.

Analog der Vorgehensweise beim ortsorientierten Zugriff könnte man z. B. dem Namen x einer Programmgröße im Quellprogramm durch eine injektive Funktion L^* ein die Speicherzelle z eindeutig kennzeichnenden Inhalt w^* zuordnen. Im einfachsten Fall könnte $w^* = x$ gewählt werden, so daß sich die Speicherzelle unmittelbar über den Namen der Programmgröße qualifiziert.

Im Gegensatz zur entsprechenden injektiven Funktion α (Gl. 6.3) bei ortsorientiertem Zugriff, die einer Speicherzelle eine Adresse zuordnet, muß die Funktion α^* (Gl. 6.10) nicht injektiv sein. Damit bieten Assoziativspeicher eine interessante Zugriffsmöglichkeit: Ist nämlich α^* nicht injektiv, so können sich bei Vorgabe eines Wertes w^* mehrere Speicherzellen qualifizieren, auf die dann nacheinander zugegriffen werden kann.

Das Auffinden eines gespeicherten Datenobjektes mit Hilfe seines Primärschlüssels und insbesondere das Auffinden mehrerer Datenobjekte mit Hilfe eines Sekundärschlüssels ist dadurch in Assoziativspeichern auf einfachste Weise möglich. Bei der Speicherung eines Datenobjektes wird seinem Schlüssel k durch eine Abbildung ε^* ein die Speicherzelle kennzeichnender Inhalt

$$w^* = \varepsilon^*(k) \tag{6.11}$$

zugeordnet. Im einfachsten Fall kann $w^* = k$ gewählt werden. Zusammen mit

Gl.(6.10) ergibt sich dann, daß bei inhaltsorientiertem Zugriff unmittelbar über den Schlüssel auf die Speicherzelle und damit auf das Datenobjekt zugegriffen werden kann. Im Gegensatz dazu findet beim ortsorientierten Zugriff zunächst eine Abbildung des Schlüssels in eine Adresse statt, obwohl der Schlüssel Bestandteil des gespeicherten Datenobjektes ist - er also auch die Speicherzelle kennzeichnet, in der das Datenobjekt zu finden ist.

Insbesondere bei Datenbankanwendungen wird auf Datenobjekte nach den unterschiedlichsten Kriterien (Schlüsseln) zugegriffen. Der Aufwand für die entsprechenden Abbildungen ist bei ortsorientiertem Zugriff daher sehr groß; in diesen Anwendungsfällen würde der Einsatz von Assoziativspeichern von großem Nutzen sein.

Da Assoziativspeicher zur Zeit nur sehr wenig Anwendung finden, wollen wir für die weiteren Ausführungen - falls nicht ausdrücklich anders erwähnt - Speicher mit ortsorientiertem Zugriff voraussetzen.

6.2 Sequentielle Speicherung

6.2.1 Speichertechnik

Bei der Darstellung einer Datenstruktur S=(D,R) in einem Speicher genügt es nicht, allein den Datenbestand D zu speichern, es müssen zusätzlich auch die Relationen $r \in R$ in irgendeiner Form dargestellt werden. In diesem Zusammenhang stellt sich als Teilproblem die Aufgabe, eine der Relationen $r \in R$ darzustellen. Wie zu Anfang dieses Kapitels bereits ausgeführt wurde, dürfen wir bei der Relation r ohne Einschränkung der Allgemeinheit von einer binären Relation ausgehen. Die Problemstellung, die Datenstruktur S=(D,R) in einem Speicher darzustellen, reduziert sich damit auf das Teilproblem der Repräsentation eines Graphen G = (D,r). Dazu sind neben den Knoten d (Datenobjekten) auch die Kanten $e \in r$ zu speichern.

Nun läßt sich ein Speicher als Folge von jeweils adjazenten Speicherzellen z_{i-1}, z_i auffassen. Wenn man jetzt die Kanten eines Graphen als geordnete Paare (d_j, d_k) entsprechender adjazenter Knoten d_j, d_k beschreibt, so lassen sich Kanten in einem Speicher äußerst einfach darstellen, indem adjazente Knoten in adjazenten Speicherzellen gespeichert werden. Die hier entwickelten Vorstellungen der Speicherung von Kanten wollen wir in folgender Weise präzisieren:

Definition: Sequentiell gespeicherte Kante

Eine Kante $e = (d_j, d_k) \in r$ heißt sequentiell gespeichert genau dann, wenn die adjazenten Knoten d_j, d_k in den adjazenten Speicherzellen z_{i-1}, z_i gespeichert sind, so daß gilt: $d_j = \omega(z_{i-1})$ und $d_k = \omega(z_i)$.

Anmerkung

Diese Definition impliziert, daß die Knoten d_j und d_k mit der Spanne $s = 1$ speicherbar sind. Bei einer Spanne $s > 1$ müßte die Definition entsprechend modifiziert werden.

Definition: Sequentiell gespeicherte Relation

Eine binäre Relation $r \in R$ heißt sequentiell gespeichert genau dann, wenn alle Kanten $e \in r$ sequentiell gespeichert sind.

Damit hätten wir eine Möglichkeit gefunden, den Graphen $G = (D,r)$ in einem Speicher zu repräsentieren:

1. Jeder Knoten d des Datenbestandes D wird gespreichert - man beachte, daß der Graph G auch isolierte Knoten besitzen kann -, und
2. die Relation r wird sequentiell gespeichert.

Bei dieser Form der Speichertechnik von Graphen ist aber häufig eine Mehrfachspeicherung (redundante Speicherung) einzelner Knoten gegeben; insgesamt kann ein Knoten d maximal $(1+g(d))$-mal gespeichert sein, einmal bei der Speicherung des Datenbestandes D und entsprechend seinem Grad $g(d)$-mal bei der sequentiellen Speicherung der Relation r. Somit hat diese Speichertechnik eine wenig effiziente Speicherplatzausnutzung zur Folge.

Eine Möglichkeit, die redundante Speicherung der Knoten eines Graphen zu vermeiden, ist dann gegeben, wenn der Graph ein linearer binärer Wurzelbaum $T_l=(D,r_l)$ ist, so daß $D = \{d_1, d_2, \ldots, d_n\}$ und $r_l = \{(d_{i-1}, d_i); i = 2, 3, \ldots, n\}$ ist. In diesem Falle läßt sich der Graph T_l auch als Folge $(d_1, d_2, \ldots, d_n)$ interpretieren. Wenn jetzt die Elemente d_i der

Folge (d_1, d_2, ..., d_n) in die korrespondierenden Speicherzellen z_{k+i} der Folge (z_{k+1}, z_{k+2}, ..., z_{k+n}) abgelegt werden, so ist jeder Knoten des Datenbestandes D nur einmal gespeichert und zugleich die Relation r_l sequentiell gespeichert. Wir wollen diese Form der Speicherung von $T_l = (D,r_l)$ als <u>sequentielle Speicherung des Datenbestandes D (bez. r_l)</u> bezeichnen.

Ist nun in einer gegebenen Datenstruktur S = (D,R) ein linearer Binärbaum T_l=(D,r_l) enthalten, so kann man sich das gegebenenfalls zunutze machen und den Datenbestand D bez. r_l sequentiell speichern. In den Fällen, in denen a priori kein linearer Binärbaum als Teilstruktur vorliegt, kann es für die Speicherung des Dabenbestandes D zweckmäßig sein, eine Relation r_l auf dem Datenstand D zusätzlich einzuführen, so daß er damit sequentiell (bez. r_l) gespeichert werden kann. So kann z. B. durch Einrichten eines Primärschlüssels für einen Datenbestand D eine solche Relation r_l auf D induziert werden. Dazu wählt man eine total geordnete Menge aus, macht sie zur Menge K der Schlüsselwerte und weist jedem Datenobjekt d_i einen Schlüsselwert $k_i \in K$ zu, der das Datenobjekt identifiziert. Damit Läßt sich für den Datenbestand D eine Folge (d_1, d_2, ..., d_n) konstruieren, die bezüglich der Ordnung r auf K so sortiert ist, daß für alle i=2, 3, ..., n $(d_{i-1}, d_i) \in r_l$ genau dann gilt, wenn $(k_{i-1}, k_i) \in r$ ist. In diesem Fall sagt man, daß der Datenbestand <u>(bez. der Ordnung r) sortiert</u> ist.

Mit der Zunahme an struktureller Gliederung eines Datenbestandes und der damit verbundenen effizienten sequentiellen Speicherung geht ein Teil der Flexibilität hinsichtlich seiner Verarbeitung verloren.

6.2.2 Grundoperationen auf sequentiell gespeicherten Datenbeständen

Bei der Behandlung der Grundoperationen: Auffinden, Einfügen und Entfernen von Datenobjekten bei sequentieller Speicherung des Datenbestandes ist es zweckmäßig, zwischen Speichern mit sequentiellem und solchen mit direktem Zugriff zu unterscheiden.

Grundoperationen bei sequentiellem Zugriff

Um bei gegebenem Suchargument die Speicherzelle eines Datenobjektes mit diesem Wert aufzufinden, müssen die Speicherzellen starr fortlaufend durchsucht werden. Man nennt dieses Verfahren sequentielle oder sukzessive Suche. Die Wahrscheinlichkeit, daß ein Datenobjekt d_i, $i = 1, 2, \ldots, n$, mit dem Schlüsselwert k_i gesucht wird, sei P_i. Die mittlere Anzahl S der benötigten Zugriffe bei erfolgreicher Suche - das gesuchte Datenobjekt befindet sich im Datenbestand - beträgt

$$S = \sum_{i=1}^{n} P_i \cdot i, \qquad \text{wobei} \sum_{i=1}^{n} P_i = 1. \tag{6.12}$$

Werden alle Datenobjekte mit gleicher Wahrscheinlichkeit $P_i = 1/n$ gesucht, so ergibt sich

$$\overline{S} = \frac{1}{n} \sum_{i=1}^{n} i = \frac{n+1}{2}. \tag{6.13}$$

Bei erfolgloser Suche - zu einem gegebenen Suchargument k gibt es kein Datenobjekt $d_i \in D$ mit $k_i = k$ - beträgt die Anzahl der Zugriffe

$$S' = n. \tag{6.14}$$

Man beachte, daß bei einem (bez. r_l) sequentiell gespeicherten Datenbestand D zwischen der mittleren Anzahl $\overline{S}$ von Zugriffen und der mittleren Pfadlänge $p(T_l)$ (Gl. 5.2) des entsprechenden linearen Binärbaumes $T_l=(D,r_l)$ folgender Zusammenhang besteht:

$$\overline{S} = \overline{p}(T_l) + 1. \tag{6.15}$$

Dies ist dadurch begründet, daß genau die eine Kante, die dem Zugriff auf das erste Datenobjekt d_1 (Wurzel des Binärbaumes) entsprechen würde, in dem Binärbaum nicht vorkommt. Entsprechend gilt bei erfolgloser Suche für S' und die Höhe $h(T_l)$ (Gl. 5.1) des linearen Binärbaumes

$$S' = h(T_l) + 1. \tag{6.16}$$

Das Einfügen eines Datenobjektes bei einem sequentiell gespeicherten Datenbestand in die Speicherzelle, die ihm bez. der Relation r_l zukommt, ist i. allg. mit Hilfe eines zeitaufwendigen Kopiervorganges möglich (Bild 6-2). Ist das Datenobjekt am Anfang oder Ende des sequentiell gespeicherten

Datenbestandes einzufügen, so kann der Kopiervorgang u. U. entfallen, nämlich wenn die entsprechenden Speicherzellen nicht belegt sind.

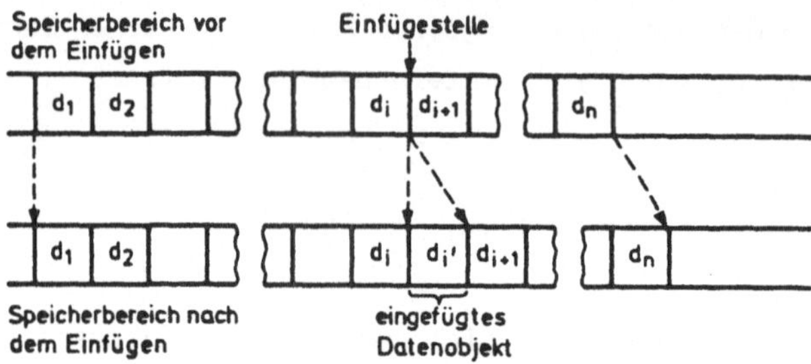

Bild 6-2 Einfügen eines Datenobjektes bei Speichern mit sequentiellem Zugriff

Das Entfernen von Datenobjekten ist nur dann in einfacher Weise möglich, wenn die sequentielle Speicherung der Relation r_1 aufgegeben wird, indem die im Speicher frei gewordene Speicherzelle (Lücke) nicht wieder entsprechend belegt wird. Das hat jedoch bei häufigem Entfernen eine ungünstige Speicherausnutzung zur Folge. Die Lücken können wieder durch Kopieren des Datenbestandes eliminiert werden (Packen, Komprimieren).

Grundoperationen bei direktem Zugriff

Generell lassen sich die Grundoperationen bei Speichern mit direktem Zugriff in der gleichen Weise wie bei Speichern mit sequentiellen Zugriff durchführen. Die dort notwendigen Kopiervorgänge beim Einfügen und Entfernen von Datenobjekten können hier jedoch durch Verschieben eines Teiles des Datenbestandes im Speicher ersetzt werden. Das Verschieben erfolgt durch sukzessives Umspeichern des Inhaltes der adressierbaren Speicherzellen (Bild 6-3).

Zum Auffinden eines Datenobjektes bei Speichern mit direktem Zugriff bieten sich auch effizientere Verfahren an, nämlich dann, wenn es sich um einen sortierten Datenbestand handelt und alle Datenobjekte mit gleicher Spanne s gespeichert sind.

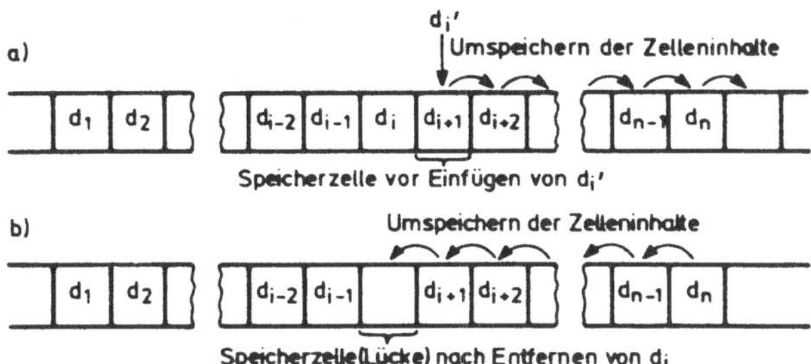

Bild 6-3 Umspeichern a) beim Einfügen eines Datenobjektes
b) beim Entfernen eines Datenobjektes

Sprungsuche

Bei dem Verfahren der Sprungsuche - auch schrittweise Suche oder m-Wege-Suche genannt - werden die n Datenobjekte in g Gruppen zu je n_g Datenobjekten eingeteilt. Die Vorgehensweise ist in Bild 6-4 dargestellt. Die Suche wird so durchgeführt, daß zunächst in jedem Schritt auf das letzte Datenobjekt der nächsten Gruppe zugegriffen wird, bis der Vergleich zwischen Suchargument und entsprechendem Schlüsselwert ergibt, daß das gesuchte Datenobjekt in der zuletzt aufgesuchten Gruppe liegen muß. Sodann werden die Datenobjekte dieser Gruppe rückwärts schreitend sequentiell durchsucht.

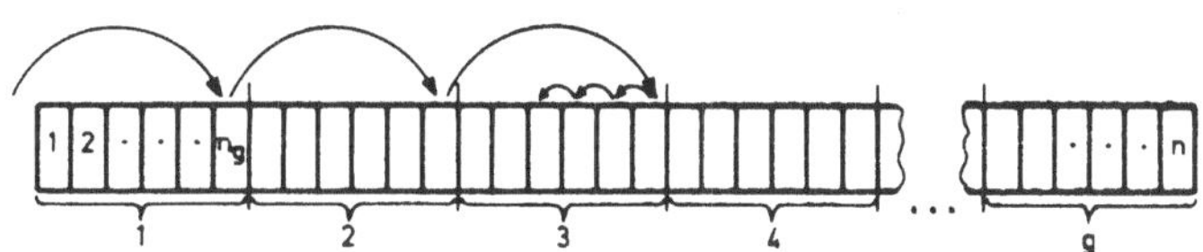

$n = g \cdot n_g$, g Gruppen zu je n_g Datenobjekten

Bild 6-4 Sprungsuche in einem sortierten Datenbestand bei direktem Zugriff

Wird jedes Datenobjekt d_i mit der Wahrscheinlichkeit $P_i = \frac{1}{n}$ gesucht und ist die Suche immer erfolgreich, so läßt sich die mittlere Anzahl $\bar{S}$ von Zugriffen einfach berechnen; sie setzt sich additiv zusammen aus der mittleren Anzahl $(g+1)/2$ von Zugriffen beim Auffinden der entsprechenden Gruppe und der mittleren Anzahl $(n_g+1)/2$ von Zugriffen beim Auffinden des gesuchten Datenobjektes in der zuletzt übersprungenen Gruppe:

$$\bar{S} = \frac{g+1}{2} + \frac{n_g+1}{2} = \frac{n}{2n_g} + \frac{n_g}{2} + 1 \,. \qquad (6.17)$$

Das Minimum von $\bar{S}$ bei gegebener Anzahl n von Datenobjekten erhält man, wenn man den Datenbestand in $g = \sqrt{n}$ Gruppen zu $n_g = \sqrt{n}$ Datenobjekten einteilt, es ist dann

$$\bar{S}_{min} = \sqrt{n}+1. \qquad (6.18)$$

Anmerkungen

1. Die mittlere Anzahl $\bar{S}$ von Zugiffen läßt sich gegenüber $\bar{S}_{min} = \sqrt{n}+1$ noch weiter - wenn auch nicht erheblich - minimieren, wenn man auf eine Gruppeneinteilung des Datenbestandes in gleich große Gruppen verzichtet [NOL 72].

2. Eine Variante der m-Wege-Suche wird zur Suche in indexsequentiell gespeicherten Datenbeständen (Kapitel 9) auf Externspeichern mit quasidirektem Zugriff verwendet.

Binäre Suche

Ein noch effizienteres Verfahren als die Sprungsuche ist die binäre Suche. Bild 6-5 illustriert dieses Verfahren für den Fall, daß der sortierte Datenbestand aus $n = 2^l-1$ Datenobjekten besteht.

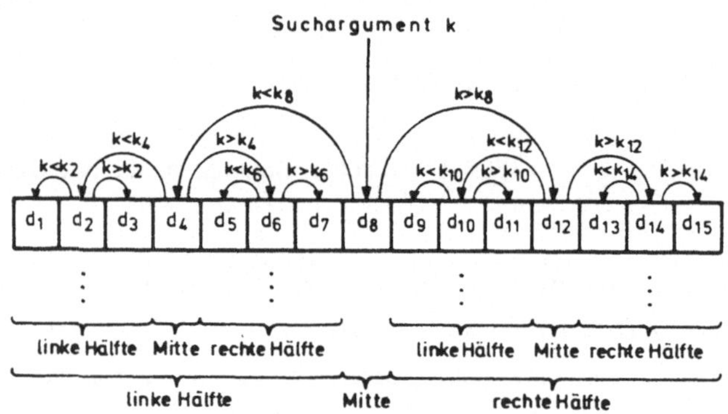

Bild 6-5 Binäre Suche in einem sortierten Datenbestand bei direktem Zugriff

Die binäre Suche läßt sich am einfachsten beschreiben in Form eines rekursiven

<u>Algorithmus</u>: Binäre Suche [1)]

Der Bereich, auf den sich die binäre Suche bei gegebenem Suchargument erstreckt, ist der sortierte Datenbestand.

(1) Greife auf das Datenobjekt in der "Mitte" des Bereiches zu.

(2) Wenn der Vergleich des Suchargumentes mit dem Schlüsselwert des aufgefundenen Datenobjektes ergibt:

(2.1) "=", dann ist das gesuchte Datenobjekt aufgefunden worden. Breche die binäre Suche ab.

(2.2) "<", dann reduziert sich die weitere Suche auf die "linke Hälfte des Bereiches". Ist die "linke Hälfte des Bereiches" leer, gehe nach (3), andernfalls ersetze "Bereich" durch "linke Hälfte des Bereiches" und gehe nach (1).

(2.3) ">", dann reduziert sich die weitere Suche auf die "rechte Hälfte des Bereiches". Ist die "rechte Hälfte des Bereiches" leer, gehe nach (3), andernfalls ersetze "Bereich" durch "rechte Hälfte des Bereiches" und gehe nach (1).

(3) Das gesuchte Datenobjekt befindet sich nicht im Datenbestand. Beende die binäre Suche.

Für den Fall $n + 1 = 2^l$ veranschaulicht Bild 6-5 exemplarisch, daß mit Ausnahme des ersten Zugriffs auf den Datenbestand die Gesamtheit der übrigen Zugriffe auf die "Mitten" bei binärer Suche einem vollständigen Binärbaum entspricht. Für $n + 1 \neq 2^l$ sind aber die "linke Hälfte" und die "rechte Hälfte" eines Bereiches nicht immer gleich groß, so daß in diesem Falle der Graph der Zugriffe auf die jeweiligen "Mitten" ein voller Binärbaum ist. Diese Betrachtungsweise erlaubt es, die mittlere Anzahl $\overline{S}$ der Zugriffe bei binärer Suche über die mittlere Pfadlänge $\overline{p}_n(T_V)$ (Gl.5.4) eines vollen Binärbaumes mit n Knoten zu bestimmen. Wenn jedes Datenobjekt d_i mit gleicher Wahrscheinlichkeit $P_i = 1/n$ gesucht wird und die Suche immer erfolgreich verläuft, beträgt

$$\overline{S} = \overline{p}_n(T_V) + 1 \approx \mathrm{ld}n - 1 \, . \tag{6.19}$$

Bei erfolgloser binärer Suche läßt sich die Anzahl S' der Zugriffe aus der Länge des Pfades von der Wurzel bis zu einem Blatt im entsprechenden vollen Binärbaum T_V ermitteln; diese Pfadlänge ist entweder gleich der Höhe $h(T_V)$ oder gleich $h(T_V) - 1$. Mit Gl.(5.3) ergibt sich

$$\lfloor \mathrm{ld}n \rfloor \leq S' \leq \lfloor \mathrm{ld}n \rfloor + 1. \tag{6.20}$$

Anmerkung

> Da die binäre Suche den Direktzugriff auf jedes Datenobjekt erfordert, ist dieses Suchverfahren bei sequentiell gespeicherten Datenbeständen auf Speichern mit quasidirektem Zugriff nicht realisierbar.

Wie wir gesehen haben, kann die Suche in sequentiell gespeicherten Datenbeständen sehr effizient durchgeführt werden, wenn die Datenbestände sortiert sind. Hingegen erfordert das Einfügen und Entfernen von Datenobjekten bei sequentiell gespeicherten Datenbeständen - sei es durch Kopieren, sei es durch Umspeichern - in der Regel einen enormen Aufwand. Abhilfe schafft erst die Methode der Kettung von Datenobjekten, auf die im folgenden Abschnitt eingegangen wird.

6.3 Gekettete Speicherung

6.3.1 Speichertechnik

Wie zu Beginn von Abschnitt 6.2.1 dargelegt, tritt bei der Darstellung einer Datenstruktur $S = (D,R)$ in einem Speicher das Teilproblem der Repräsentation eines Graphen $G = (D,r)$, $r \in R$, auf. Dazu sind neben den Knoten $d \in D$ auch die Kanten $e \in r$ zu speichern. Bei der Darstellung einer Kante im Speicher ist man nun nicht an die sequentielle Speicherstruktur gebunden. Wenn man jedem Knoten d_j einen Relationsteil p_j zuordnet, so läßt sich die Kante (d_j, d_k) zweier adjazenter Knoten d_j und d_k dadurch darstellen, daß man im Relationsteil des Anfangsknotens d_j die Beziehung zum Endknoten d_k beschreibt. Da der Relationsteil selbst ein Datenobjekt ist, entsteht so ein neues, zusammengesetztes Datenobjekt (d_j, p_j). Es besteht aus dem "eigentlichen" Datenobjekt d_j, das wir fortan als Wertteil des zusammengesetzten Datenobjektes bezeichnen, und dem Relationsteil p_j.

Wertteil d_j	Relationsteil p_j

Wertteil und Relationsteil können wiederum zusammengesetzte Datenobjekte sein. Die Datenobjekte des Wertteils werden auch als Primärdaten bezeichnet, die Datenobjekte des Relationsteils werden zu den Sekundärdaten gezählt.

Der Relationsteil p_j enthält einen Verweis auf ein anderes Datenobjekt, genauer gesagt, auf die Speicherzelle z_r, in der dieses andere Datenobjekt gespeichert ist. Dieser Verweis wird Zeiger (pointer) oder auch Referenz (reference) genannt (Abschn. 4.4). Über den Relationsteil wird also eine Abbildung $z_r = \varrho(p_j)$ realisiert. In Speichern mit ortsorientiertem Zugriff enthält der Relationsteil häufig die Adresse einer Speicherzelle ($z_r = \alpha^{-1}(p_j)$). Die hier entwickelte Vorstellung der Speicherung von Kanten können wir nun wie folgt präzisieren:

Definition: Gekettet gespeicherte Kante

Eine Kante $e = (d_j, d_k) \in r$ heißt gekettet gespeichert genau dann, wenn die adjazenten Knoten d_j, d_k in den Speicherzellen z_s, z_t gespeichert sind, so daß mit $(d_j, p_j) = \omega(z_s)$ und $(d_k, p_k) = \omega(z_t)$ gilt: $z_t = \varrho(p_j)$.

Somit wird die Darstellung einer Kante im Speicher unabhängig davon, in welchen Speicherzellen die adjazenten Knoten gespeichert sind.

Definition: Gekettet gespeicherte Relation

Eine binäre Relation $r \in R$ heißt gekettet gespeichert genau dann, wenn alle Kanten $e \in r$ gekettet gespeichert sind.

Damit hätten wir eine weitere Möglichkeit gefunden, einen Graphen G = (D,r) in einem Speicher zu repräsentieren:

1. Jeder Knoten d des Datenbestandes D wird gespeichert - man beachte, daß der Graph G auch isolierte Knoten besitzen kann -, und
2. die Relation r wird gekettet gespeichert.

Bild 6-6 zeigt die gekettete Speicherung des Graphen G = (D,r_1) mit $D = \{d_1,d_2, \ldots,d_6\}$ und $r_1 = \{(d_1,d_2),(d_2,d_3),(d_3,d_4),(d_4,d_5),(d_5,d_6)\}$. Wie zu erkennen ist, sind die Datenobjekte entsprechend der Relation r_1 über die Adreßverweise gekettet. Diese Form der Speicherung bezeichnen wir als <u>linear gekettete Speicherung des Datenbestandes D (bez. r_1)</u>.

Weitere Beispiele gekettet gespeicherter Graphen sind in Bild 6-7 dargestellt, wobei der Übersichtlichkeit wegen auf die Anordnung der Datenobjekte im Speicher verzichtet worden ist.

Zur Unterstützung der Verarbeitung von gekettet gespeicherten Datenstrukturen wird vielfach noch ein <u>Anker</u> eingerichtet; das ist ein Zeiger, der auf ein ausgezeichnetes Datenobjekt (Kopfelement) der Datenstruktur verweist und damit von "außen" einen Zugang zur Datenstruktur ermöglicht.

Adresse	Speicherzelle	
0		
1		
2	d_1	$p_1(=6)$
3	d_3	$p_3(=11)$
4		
5		
6	d_2	$p_2(=3)$
7		
8		
9		
10		
11	d_4	$p_4(=m-2)$
12		
13	d_6	$p_6(=\circ)$
14		
⋮		
m-3		
m-2	d_5	$p_5(=13)$
m-1		

$\circ$ ≙ <u>nil</u>

Bild 6-6 Linear gekettete Speicherung eines Datenbestandes

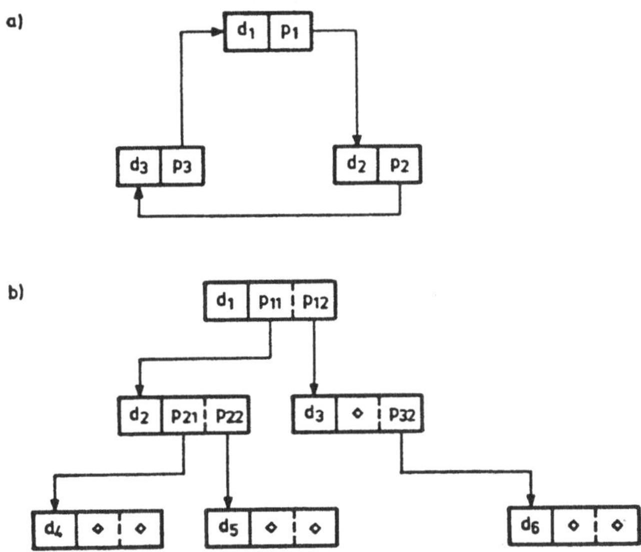

Bild 6-7 Gekettete Speicherung von Graphen
a) Zyklus, b) Binärer Wurzelbaum

6.3.2 Grundoperationen auf linear gekettet gespeicherten Datenbeständen

Ein Datenobjekt innerhalb eines linear gekettet gespeicherten Datenbestandes kann nur in der Weise aufgefunden werden, daß - beginnend mit dem Anker - die Kette sukzessiv durchsucht wird (lineare Suche). Unter der Voraussetzung, daß jedes Datenobjekt d_i mit der gleichen Wahrscheinlichkeit $P_i = \frac{1}{n}$ gesucht wird und die Suche erfolgreich verläuft, beträgt die mittlere Anzahl $\overline{S}$ der Zugriffe

$$\overline{S} = \frac{n+1}{2} , \qquad (6.21)$$

und zwar unabhängig davon, ob der Datenbestand bez. des Suchargumentes sortiert oder unsortiert ist. Bei großen Datenbeständen ist die lineare Suche ineffizient. Techniken, die durch den zusätzlichen Aufbau geeigneter Zugriffspfade die Suche in großen Datenbeständen effizienter gestalten, werden in Kapitel 8 und 9 behandelt.

Die Kettung von Datenobjekten bietet den großen Vorteil, daß beim Einfügen und Entfernen die Datenobjekte nicht umgespeichert werden müssen, sondern daß lediglich die Zeiger zu aktualisieren sind. In Bild 6-8a) ist das

Einfügen eines Datenobjektes d_2 zwischen die Datenobjekte d_1 und d_3 dargestellt. Bild 6-8b) zeigt das Entfernen eines Datenobjektes d_2 aus der Folge (d_1, d_2, d_3).

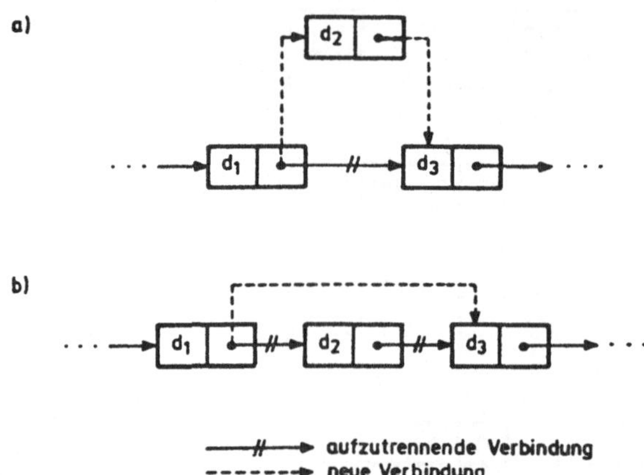

Bild 6-8 Änderungen in linear gekettet gespeicherten Datenbeständen
a) Einfügen eines Datenobjektes
b) Entfernen eines Datenobjektes

Die beim Entfernen von Datenobjekten im Speicher entstehenden Lücken können der Freispeicherverwaltung zugeführt und bei Einfügungen aufs Neue verwendet werden. Die freien Speicherzellen können zum Beispiel dadurch verwaltet werden, daß aus ihnen ebenfalls eine gekettete Folge gebildet wird, deren Anfang freie Speicherzellen entnommen bzw. frei gewordene Speicherzellen hinzugefügt werden (Kapitel 7).

6.3.3 Formen der Kettung

Die Speichertechnik mit Hilfe von Zeigern bezeichnet man als Kettung (chaining). Neben der bisher besprochenen einfach geketteten Speicherung von Datenobjekten gibt es einige erweiterte Formen. Bei der Ringkettung (zyklische Kettung) weist der Zeiger im letzten Datenobjekt der Kette auf den Anfang der Kette. Der Vorteil besteht darin, daß, von einem beliebigen Datenobjekt in der Kette ausgehend, der Zugriff auf jedes andere Datenobjekt möglich ist. Bei der Doppelkettung weist ein Zeiger auf den Nachfolger, ein weiterer Zeiger auf den Vorgänger des Datenobjektes. Die Kette kann also in beiden Richtungen durchsucht werden. Der Algorithmus für das

Einfügen und Entfernen von Datenobjekten gestaltet sich dadurch etwas einfacher, weil beim Aufsuchen der entsprechenden Stelle in der Kette die sonst notwendige Zwischenspeicherung der Vorgänger-Adresse entfällt. Bei der Ankerkettung enthält jedes Datenobjekt einen Verweis auf den Anker der Kette. Ähnlich wie bei der Ringkettung und Doppelkettung kann, ausgehend von einem beliebigen Datenobjekt, jedes andere erreicht werden. Der Zugriffspfad zum Anker ist kürzer.

Werden Ring- und Doppelkettung kombiniert, kann bei Verlust eines Zeigers dennoch jedes Datenobjekt der Kette erreicht werden und die Kette rekonstruiert werden (recovery).

6.4 Gestreute Speicherung

Bei der gestreuten Speicherung (scatter storage) wird nach Gl.(6.8) aus dem Schlüssel k eines Datenobjektes mit Hilfe der Funktion ε die Speicheradresse a bestimmt. Diese Speichertechnik ist daher nur bei Speichern mit Direktzugriff anwendbar.

6.4.1 Methoden

Man unterscheidet:

- Direkte Adressierung *)
  Der Schlüssel wird umkehrbar eindeutig auf eine Speicheradresse abgebildet.

- Indirekte Adressierung *)
  Der Schlüssel wird nicht umkehrbar eindeutig auf eine Speicheradresse abgebildet. Es treten Mehrfachbelegungen (Kollisionen) auf.

Man nennt die Verfahren der indirekten Adressierung auch Hash-Verfahren (hashing; hash coding). Die Sprachregelung ist allerdings nicht einheitlich. Der Bedeutung des Wortes "hash" (zerhacken) entsprechend werden

---

*) Nicht zu verwechseln mit den Adressierungsarten bei Befehlen (direkt: Der Operandenteil des Befehls enthält den Operanden; indirekt: Der Operandenteil enthält die Adresse des Operanden).

häufig im engeren Sinne solche Verfahren als Hash-Verfahren bezeichnet, bei denen durch Manipulation von Teilen des Schlüssels die Adresse ermittelt wird. Im weiteren Sinn werden dagegen die Verfahren der gestreuten Speicherung insgesamt als Hash-Verfahren angesprochen.

Die gestreute Speicherung dient nicht zur Darstellung einer Datenstruktur im Speicher, sondern zur bloßen Speicherung von Datenobjekten in einem bestimmten Adreßbereich. Sie ermöglicht aber über den Schlüssel den quasi-inhaltsorientierten Zugriff auf ein Datenobjekt.

Nennen wir die Menge der vorgesehenen möglichen Schlüssel K'. Häufig wird nur eine Teilmenge $K \subset K'$ aktuell zur Identifizierung von Datenobjekten benötigt (z. B. Menge der aktuellen Kundennummern als Teilmenge aller möglichen Kundennummern). Das Problem besteht nun darin, die Menge K der Schlüsselwerte in die Menge A (Adreßbereich) der Speicheradressen abzubilden.

Die Funktion

$$a = \sigma(k), \; k \in K \text{ und } a \in A \qquad (6.22)$$

wird <u>Schlüsseltransformation</u> (auch "Speicherfunktion" oder "Streufunktion") genannt. Die Adresse a bezeichnet man als <u>Hausadresse</u> des Schlüsselwertes k.

Bei der <u>direkten Adressierung</u> ist σ injektiv. Sie wird vorteilhaft dann angewendet, wenn sich die Menge der Schlüsselwerte auf einen Adreßbereich so abbilden läßt, daß die transformierten Schlüsselwerte (Adressen) nahezu lückenlos aufeinanderfolgen. Mit ihr werden unter allen Speicherungsformen die kürzesten Zeiten für das Auffinden der Datenobjekte bei gegebenem Primärschlüssel bei wahlfreier Verarbeitung und für die Datenpflege (Ändern, Entfernen) erreicht. Ebenso ist eine schnelle logisch fortlaufende Verarbeitung der Datenobjekte möglich, wenn durch geeignete Wahl der Schlüsseltransformation die Datenobjekte in der Sortierfolge ihrer Schlüssel gespeichert sind. Häufig wird eine lineare Schlüsseltransformation verwendet:

$$a = s \cdot k + d \qquad (6.23)$$

Beispiel:

Die Menge der Schlüssel sei K = {500,501,...,1000}. Die Datenobjekte sollen mit der Spanne s = 2 ab der Speicheradresse 6000 gespeichert werden. Damit ergibt sich d = 5000; es werden die Speicherzellen mit den Adressen 6000 bis 7001 belegt.

Bei der indirekten Adressierung ist die Schlüsseltransformation σ nicht injektiv und σ wird Hash-Funktion genannt. Werden außerdem die Adressen a als Indizes eines eindimensionalen Feldes aufgefaßt, so wird der adressierte Speicherbereich als Hash-Tabelle (oder Streutabelle) bezeichnet. Zwei unterschiedliche Schlüssel k_i und k_j können auf dieselbe Adresse abgebildet werden, so daß $\sigma(k_i) = \sigma(k_j)$ ist. Man bezeichnet diese Situation als Kollision. Die Schlüssel k_i und k_j heißen dann Synonyme. Bei indirekter Adressierung ist somit neben der Schlüsseltransformation auch ein Verfahren zur Behandlung von Kollisionen anzugeben.

Die indirekte Adressierung wendet man dann an, wenn bei direkter Adressierung die transformierten Schlüsselwerte (Adressen) nicht nahezu lückenlos aufeinanderfolgen würden. Ein solcher Fall kann z. B. bei nichtnumerischen Schlüsseln vorliegen, wenn man sie als numerische Schlussel interpretiert (das Bitmuster der Zeichenkette des Schlüsselwertes wird als duale Festkommazahl aufgefaßt). Die Hash-Funktion ist so zu wählen, daß sich die ermittelten Adressen möglichst gleichmäßig über den Adreßbereich verteilen und möglichst keine Kollisionen vorkommen.

Eine Methode, die Anzahl der Kollisionen von vornherein zu reduzieren, besteht darin, mehr Speicherzellen zur Verfügung zu stellen als zur Speicherung der Datenobjekte benötigt werden. Führt man hier den Speicherbelegungsfaktor

$$\beta = \frac{\text{Anzahl der benötigten Speicherzellen}}{\text{Anzahl der zur Verfügung gestellten Speicherzellen}} \tag{6.24}$$

ein, so wird man $\beta < 1$ wählen. In der Praxis hat sich ein Wert $\beta \approx 0{,}8$ bewährt.

Die logisch fortlaufende Verarbeitung der Datenobjekte ist bei indirekter Adressierung nur möglich, wenn eine Liste mit den sortierten Schlüsselwerten vorliegt.

Im folgenden werden einige Schlüsseltransformationen für die indirekte Adressierung angegeben.

Divisionsrest-Methode

Der Schlüssel k (positive ganze Zahl) wird durch eine ganze Zahl p (in der Regel eine Primzahl) dividiert, wobei der Divisionsrest zur Ermittlung der Adresse a herangezogen wird. Der Divisor p muß in etwa dem Quotienten aus der Anzahl der zur Verfügung gestellten Speicherzellen und der Spanne s entsprechen. Als Hash-Funktion verwendet man dann

$$a = \sigma(k) = s \cdot (k \bmod p) + d. \tag{6.25}$$

Beispiel:

Es seien 8000 Datenobjekte mit der Spanne $s = 2$ zu speichern. Bei einem Speicherbelegungsfaktor $\beta = 0{,}8$ sollten somit etwa 20000 Speicherzellen zur Verfügung gestellt werden. Der Speicherbereich sei ab Adresse 5000 verfügbar. Es gilt dann mit $p = 9973 \approx 10000$

$$a = \sigma(k) = 2 \cdot (k \bmod 9973) + 5000.$$

Basistransformation

Der Schlüssel k wird als Stellenwertcodierung zur Basis B mit Wert $\sum_{i=0}^{j-1} z_i B^i$ interpretiert. Bei der Basistransformation wird nun die Ziffernfolge $(z_{j-1}, \ldots, z_1, z_0)$ zur Berechnung der Adresse

$$a = \sigma(k) = \sum_{i=0}^{j-1} z_i \tilde{B}^i, \qquad \tilde{B} \neq B, \tag{6.26}$$

herangezogen. Eine Basis $\tilde{B} < B$ bedeutet dabei eine Komprimierung des Wertebereiches, während $\tilde{B} > B$ eine Expandierung des Wertebereichs zur Folge hat. Dabei kann es durchaus sinnvoll sein, $\tilde{B} > B$ zu wählen, um ungleichmäßig dicht belegte Schlüsselbereiche in weitgehend gleichmäßig belegte abzubilden. Um aus dem Ergebnis eine Adresse im vorgesehenen Adreßbereich zu gewinnen, schließt man an die Basistransformation eine weitere geeignete Schlüsseltransformation (z. B. Divisionsrest-Methode) an.

Beispiel:

Gegeben sei k = 264; 264 werde als Oktalzahl interpretiert (B = 8). Zur Komprimierung des Wertebereiches wird $\tilde{B} = 4$ gewählt. Damit ist

$a = \sigma(k) = 2 \cdot 4^2 + 6 \cdot 4^1 + 4 \cdot 4^0 = 74_8.$

Beispiel:

Gegeben sei k = 3264; 3264 werde als Dezimalzahl interpretiert (B = 10). Mit $\tilde{B} = 11$ erhält man zunächst

$k^* = 3 \cdot 11^3 + 2 \cdot 11^2 + 6 \cdot 11 + 4 = 4305_{10}.$

Der Schlüssel k^* wird nun in eine Adresse abgebildet. Soll der Adreßbereich z. B. alle dreistelligen Dezimalzahlen umfassen, so ist

$a = \sigma(k) = k^* \bmod 1000 = 305_{10}.$

Ziffernauswahl (Ziffernanalyse)

Das Prinzip besteht darin, aus den Ziffernstellen der Gesamtheit der Schlüsselwerte (ganze positive Zahlen) diejenigen auszuwählen, in denen die Ziffern möglichst gleichverteilt auftreten. Die Ziffern in diesen ausgewählten Stellen werden zur Bildung der Adresse in Stellenschreibweise herangezogen.

Beispiel:

Der Schlüssel bestehe aus den Ziffernstellen $s_5\ s_4\ s_3\ s_2\ s_1\ s_0$. Eine statistische Untersuchung ergibt für die Ziffernstellen s_4, s_2 und s_1 eine annähernde Gleichverteilung der möglichen Ziffern. In diesem Fall würde man die Adresse aus den Ziffern in den Stellen $s_4\ s_2\ s_1$ bilden.

Faltung

Der Schlüssel (ganze positive Zahl) wird in mehrere Teile zerlegt. Durch arithmetische Verknüpfung der Teile sowie Ausblenden bestimmter Spalten wird eine zulässige Adresse bestimmt.

Beispiel:

```
Schlüssel:   5 4|2 4 2 2|2 4 1
             └┘          └───┘
              └→|+   5 4|  │
                |+ 2 4 1|←─┘
                ├───────┤
Adresse:        |2 7 1 7|
```

Was die Behandlung von Kollisionen betrifft, so kann die Speicherung von kollidierenden Datenobjekten im Adreßbereich selbst - dem Hauptbereich - erfolgen oder aber in einem eigenen Adreßbereich - dem Überlaufbereich. Dabei können die kollidierenden Datenobjekte im Haupt- oder im Überlaufbereich gekettet gespeichert werden (Kettung), oder es wird auf eine Kettung verzichtet und mit Hilfe des Schlüssels eine Folge von Speicheradressen im Hauptbereich festgelegt, die im Falle einer Kollision als Ausweichadressen in Frage kommen (offene Adressierung; open adressing oder open hash). Die festgelegte Adreßfolge - sie sei a_0, a_1, a_2, ... - muß für einen gegebenen Schlüssel natürlich stets dieselbe bleiben. Von den zahlreichen Verfahren der Kollisionsbehandlung [MAU 75], [MOR 69] werden im folgenden einige exemplarisch erläutert.

Dabei wollen wir ohne Einschränkung der Allgemeinheit voraussetzen, daß
- {0,1,2,...,m-1} der Adreßbereich des zur Verfügung stehenden Speicherbereiches ist und
- die Datenobjekte mit der Spanne s = 1 speicherbar sind.

Offene Adressierung

Ist beim Speichern eines Datenobjektes eine Speicherzelle bereits belegt, so wird versucht, das Datenobjekt in der Speicherzelle mit der nächsten Ausweichadresse unterzubringen.

Um eine vollständige Belegung des Adreßbereiches zu ermöglichen, muß jede Adresse des Adreßbereiches genau einmal in der Adreßfolge auftreten (d. h. die Folge muß eine Permutation aller Adressen des Adreßbereiches sein). Beim Auffinden eines Datenobjektes wird ebenfalls, ausgehend von der Hausadresse, die Folge der Adressen durchsucht. Die Suche ist beendet, wenn das Datenobjekt gefunden wird, oder eine freie Speicherzelle erreicht wird, oder die gesamte Adreßfolge durchlaufen worden ist.

Das einfachste Verfahren ist die <u>lineare Sondierung</u> (linear probing), bei der die Adreßfolge folgendermaßen berechnet wird:

$$a_i = (\sigma(k) + i) \bmod m; \quad \text{oder} \quad a_i = (\sigma(k) - i) \bmod m; \qquad i = 0,1, \ldots, m-1. \tag{6.27}$$

<u>Beispiel</u>:

Es sei ein Speicherbereich mit $m = 16$ Speicherzellen gegeben, in dem schon einige Datenobjekte gespeichert sind (Bild 6-9). Es soll nun ein Datenobjekt mit der Hausadresse $\sigma(k) = 3$ eingefügt werden.

Da die Speicherzelle mit der Adresse 3 belegt ist, wird mit $a_i = (\sigma(k)+i) \bmod m$ die Ausweichadresse $a_1 = 4$ bestimmt. Diese ist ebenfalls belegt, und so wird als nächste Ausweichadresse $a_2 = 5$ bestimmt und das Datenobjekt dort gespeichert.

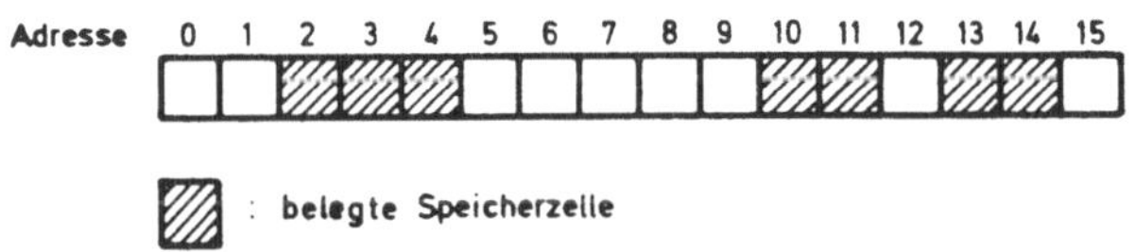

Bild 6-9 Zur linearen Sondierung

Die lineare Sondierung hat den Nachteil, daß sie zu einer <u>Kollisionshäufung</u> (clustering) führt. Soll zum Beispiel in den Speicherbereich gemäß Bild 6-9 ein Datenobjekt mit der Hausadresse $\sigma(k)$ eingefügt werden, so ist der Eintrag in eine der freien Speicherzellen nicht für alle Zellen gleich wahrscheinlich. Der Eintrag in die Speicherzelle 5 erfolgt nämlich, wenn $2 \leq \sigma(k) \leq 5$ ist, der Eintrag in die Speicherzelle 6, wenn $\sigma(k) = 6$ ist. Das bedeutet, daß in der gegebenen Situation ein Eintrag in die Speicherzelle 5 viermal wahrscheinlicher ist als ein Eintrag in die Speicherzelle 6. Der Effekt der Kollisionshäufung wird noch verstärkt, wenn sich im Speicher kleinere, bisher getrennte Bereiche mit belegten Zellen zu größeren Bereichen vereinigen (z. B. in Bild 6-9 durch Belegung der Speicherzelle mit der Adresse 12). Durch die Kollisionshäufung wird die Anzahl der notwendigen Zugriffe in der Adreßfolge erhöht (Abschn. 6.4.2).

Eine Möglichkeit, die Kollisionshäufung zu reduzieren, besteht darin, die Schrittweite zwischen den Ausweichadressen der Adreßfolge von deren Stellung i in der Folge abhängig zu machen:

$$a_i = (\sigma(k) \pm \delta(i)) \bmod m;$$

oder auch $\qquad i = 0,1,\ldots,m-1. \qquad (6.28)$

$$a_i = (\sigma(k) \pm \delta(i,a_0)) \bmod m;$$

Beispiele für derartige Verfahren sind die <u>zufällige Sondierung</u> (random probing), die als Schrittweite $\delta(i)$ Pseudo-Zufallszahlen aus dem Intervall $[1,m-1]$ benutzt, und die <u>quadratische Sondierung</u>, die als Schrittweite $\delta(i) = i^2$ benutzt. Die Verfahren nach Gl.(6.28) haben hinsichtlich der Kollisionshäufung den Nachteil, daß die Schrittweite für beliebige Schlüssel bzw. für synonyme Schlüssel stets nach der gleichen Gesetzmäßigkeit berechnet werden.

Die Kollisionshäufung kann weiter verringert, praktisch sogar beseitigt werden, wenn die Schrittweite zwischen den Ausweichadressen der Adreßfolge vom Schlüsselwert k des Datenobjektes abhängig gemacht wird. Diese Methode wird <u>Doppel-Hashing</u> (double hashing) genannt.

Es wird eine zweite Hash-Funktion σ' benutzt, um die Schrittweite zu berechnen. Für die Adreßfolge gilt:

$$a_i = (\sigma(k) \pm i \cdot \sigma'(k)) \bmod m, \qquad i = 0,1,\ldots,m-1. \qquad (6.29)$$

Um eine vollständige Belegung des Adreßbereiches zu garantieren, muß die Adreßfolge $a_0, a_1, \ldots, a_{m-1}$ eine Permutation der Adressen $0,1, \ldots, m-1$

des Adreßbereiches sein. Das ist dann der Fall, wenn $\sigma'(k)$ und m teilerfremd sind für alle $k \in K$. Die geforderte Teilerfremdheit ist dann gegeben, wenn $\sigma'(k) \in \{1,2, \ldots, m-1\}$ und m eine Primzahl ist. Wendet man zur Berechnung von $\sigma(k)$ und $\sigma'(k)$ die Divisionsrest-Methode nach Gl.(6.25) an, so liegt es nahe, Primzahl-Zwillinge m und $(m-2)$ zu wählen und die Berechnung folgendermaßen durchzuführen:

$$\sigma(k) = k \bmod m$$
$$\sigma'(k) = 1 + (k \bmod (m-2)). \tag{6.30}$$

Setzt man diese Gleichungen in Gl.(6.29) zur Bestimmung der Adreßfolge ein, so zeigen empirische Tests [KNU 75, Vol. 3], daß praktisch keine Kollisionshäufungen auftreten. Dies gilt unabhängig von dem speziellen Verfahren nach Gl.(6.30) immer dann, wenn $\sigma(k)$ und $\sigma'(k)$ derart unabhängig voneinander sind, daß die Wahrscheinlichkeit, daß für $k_i \neq k_j$ sowohl $\sigma(k_i) = \sigma(k_j)$ als auch $\sigma'(k_i) = \sigma'(k_j)$ ist, von der Ordnung $1/m^2$ ist.

Kettung der kollidierenden Datenobjekte

Für die Kettung kollidierender Datenobjekte im Adreßbereich - dem Hauptbereich - gibt es zwei Varianten:

Bei der Kettung ohne Überschneidung (overlap) werden jeweils die Datenobjekte mit synonymen Schlüsseln linear gekettet gespeichert. Unter der Hausadresse wird der Anker der Kette von Datenobjekten mit dieser Hausadresse abgelegt. Aus diesem Verfahren resultiert, daß beim Einfügen eines Datenobjektes eine Umspeicherung eines bereits gespeicherten Datenobjektes notwendig werden kann, nämlich dann, wenn die Hausadresse des einzufügenden Datenobjektes bereits durch ein nicht synonymes Datenobjekt belegt ist (Abschn. 6.4.3).

Bei der Kettung mit Überschneidung sind solche Umspeicherungen nicht notwendig, weil jedes kollidierende Datenobjekt in die Kette eingefügt wird, in die seine Hausadresse eingebunden ist. In derartigen Ketten können sich also nichtsynonyme Datenobjekte befinden.

Ein Nachteil der gestreuten Speicherung ist, daß aufgrund der Schlüsseltransformation die Größe des Adreßbereiches (Hash-Tabelle) von vornherein festgelegt werden muß. Nicht immer ist jedoch die maximale Anzahl der zu speichernden Datenobjekte bekannt. Wählt man dann einen großen Adreßbereich, so führt das unter Umständen zu einer schlechten Speicherbelegung. Ist der Adreßbereich zu klein gewählt, kann ein Teil der Datenobjekte nicht gespeichert werden. Dies läßt sich durch die gekettete Speicherung kollidierender Datenobjekte außerhalb des Adreßbereiches in einem besonderen Überlaufbereich vermeiden (Kettung im Überlaufbereich). Ein zu knapp bemessener Hauptbereich führt dann lediglich zu einer steigenden Anzahl von Kollisionen; die Speicherung der Datenobjekte ist aber sichergestellt. Im Bedarfsfall kann der Überlaufbereich vergrößert werden (Kapitel 10), ohne daß hiervon die Schlüsseltransformation berührt wird. Bei dem Verfahren der Kettung im Überlaufbereich wird zweckmäßig jeweils der Anker einer Kette synonymer Datenobjekte unter der Hausadresse im Hauptbereich abgelegt.

Die Kettung erfordert wegen des notwendigen Relationsteiles im Datenobjekt zusätzlichen Speicherplatz gegenüber der offenen Adressierung. Die Vor- und Nachteile der verschiedenen Verfahren werden bei der Behandlung der Grundoperationen ersichtlich.

6.4.2 Grundoperationen auf gestreut gespeicherten Datenbeständen

Bevor wir auf die Ausführung der Grundoperationen bei den oben dargestellten Techniken der gestreuten Speicherung eingehen, wollen wir ein Modell für die offene Adressierung diskutieren, das uns eine Abschätzung der Leistungsfähigkeit der Verfahren der offenen Adressierung bezüglich der Grundoperationen Einfügen und Auffinden erlaubt. Das Modell wird gleichmäßiges Hashing genannt und geht von folgenden idealisierenden Voraussetzungen aus: Die Werte k des Primärschlüssels treten gleichwahrscheinlich auf, und bei jedem Zugriff auf eine Speicherzelle gemäß der durch Hausadressen und Ausweichadressen gegebenen Adreßfolge wird auf die noch nicht aufgesuchten Speicherzellen mit gleicher Wahrscheinlichkeit zugegriffen. Es tritt also keine Kollisionshäufung auf.

Es soll zunächst die zu erwartende Anzahl von Zugriffen ermittelt werden, die nötig sind, um bei n bereits gespeicherten Datenobjekten ein (n+1)-tes Datenobjekt einzufügen. Ein Zugriff ist mindestens notwendig. Die Wahrscheinlichkeit, daß die Speicherzelle beim ersten Zugriff belegt ist und ein zweiter Zugriff notwendig ist, beträgt $P_1 = n/m$ (m: Anzahl der Speicherzellen bzw. der Adressen). Da in den m-1 noch nicht aufgesuchten Speicherzellen noch n-1 belegte Speicherzellen vorhanden sind, beträgt die Wahrscheinlichkeit, nunmehr eine belegte Speicherzelle anzutreffen und somit einen dritten Zugriff zu benötigen, $P_2 = (n-1)/(m-1)$. Die Wahrscheinlichkeit, daß die Speicherzelle beim i-ten Zugriff belegt ist und ein (i+1)-ter Zugriff benötigt wird, beträgt

$$P_i = \frac{n - i + 1}{m - i + 1}, \qquad i = 1,2,\ldots,n. \tag{6.31}$$

Der Erwartungswert für die Anzahl der Zugriffe, die nötig sind, um bei n gespeicherten Datenobjekten ein weiteres einzufügen, beträgt daher

$$\begin{aligned} E_n &= 1 + P_1(1+P_2(1+P_3(1+ \ldots \cdot(1+P_i(1+ \ldots +P_{n-1}(1+P_n) \ldots) \\ &= 1 + \frac{n}{m}(1 + \frac{n-1}{m-1}(1 + \frac{n-2}{m-2}(1 + \ldots \\ &\quad \cdot(1 + \frac{n-i+1}{m-i+1}(1 + \ldots + \frac{2}{m-n+2}(1 + \frac{1}{m-n+1}) \ldots). \end{aligned} \tag{6.32}$$

Da die Folge der Speicherzellen durchsucht wird, bis eine freie Speicherzelle gefunden wird, stellt E_n auch die mittlere Anzahl S' der Zugriffe bei erfolgloser Suche dar:

$$S' = E_n. \tag{6.33}$$

Multipliziert man in Gl.(6.32) die Ausdrücke der Form $P_i(1 + A_{i+1})$, beginnend mit der innersten Klammer, so erhält man rekursiv

$$A_i = P_i(1 + A_{i+1}) \text{ mit } i = n-1,\ n-2,\ \ldots,\ 2,1 \text{ und } A_n = P_n. \tag{6.34}$$

Es ist

$$A_i = \frac{n - i + 1}{m - n + 1} \tag{6.35}$$

und somit

$$E_n = S' = 1 + A_1 = 1 + \frac{n}{m - n + 1} = \frac{m + 1}{m + 1 - n}. \tag{6.36}$$

Wir wollen nun die mittlere Anzahl S von Zugriffen ermitteln, die bei erfolgreicher Suche benötigt werden, um ein Datenobjekt aufzufinden. Dazu ersetzen wir in Gl.(6.36) die Anzahl n der gespeicherten Datenobjekte durch den Laufindex j. E_j stellt also den Erwartungswert für die Anzahl von Zugriffen bei j gespeicherten Datenobjekten und erfolgloser Suche, d. h. für das Auffinden einer freien Speicherzelle, dar. Der Erwartungswert für die erfolgreiche Suche bei j gespeicherten Datenobjekten ist E_{j-1}, weil der jeweils letzte Zugriff auf die freie Speicherzelle nicht berücksichtigt werden darf. Die mittlere Anzahl $\bar{S}$ von Zugriffen bei erfolgreicher Suche ist gleich dem Mittelwert über alle E_{j-1} für $j = 1,\ldots,n$:

$$\bar{S} = \frac{1}{n} \sum_{j=1}^{n} E_{j-1} = \frac{m+1}{n} \sum_{j=1}^{n} \frac{1}{m+2-j}$$

$$= \frac{m+1}{n} \left(H(m+1) - H(m+1-n)\right), \tag{6.37}$$

worin H(x) die harmonische Funktion ist.

Somit erhält man näherungsweise

$$\bar{S} \approx \frac{m+1}{n} \left(\ln(m+1) - \ln(m+1-n)\right) = -\frac{m+1}{n} \ln\left(1 - \frac{n}{m+1}\right) . \tag{6.38}$$

Der Speicherbelegungsfaktor ist $\beta = n/m$, so daß wir für $m \gg 1$ näherungsweise für die Anzahl der Zugriffe bei erfolgreicher Suche angeben können:

$$\bar{S} \approx -\frac{1}{\beta} \ln(1 - \beta). \tag{6.39}$$

Entsprechend erhalten wir aus Gl.(6.36) für die Anzahl der Zugriffe bei erfolgloser Suche

$$S' \approx \frac{1}{1-\beta}. \tag{6.40}$$

Interessant an diesen Ergebnissen ist, daß $\bar{S}$ und S' ausschließlich von β abhängen. In Tabelle 6-1 sind einige Werte für $\bar{S}$ und S' in Abhängigkeit von β angegeben.

Tabelle 6-1 $\bar{S}(\beta)$ und $S'(\beta)$ bei gleichmäßigem Hashing

β	0,5	0,6	0,7	0,8	0,9	0,95
$\bar{S}$	1,39	1,53	1,72	2,01	2,56	3,15
S'	2,00	2,50	3,33	5,00	10,0	20,0

Bei den folgenden Ausführungen wird stets vorausgesetzt, daß alle Schlüssel gleichwahrscheinlich auftreten und daß die Hash-Funktion die Schlüssel auf die Adressen des Adreßbereichs gleichverteilt abbildet.

Grundoperationen bei offener Adressierung

Durch die Kollisionshäufung wird die mittlere Anzahl der Zugriffe beim Auffinden und Einfügen eines Datenobjektes erhöht. Für die Anzahl $\bar{S}$ bzw. S' der Zugriffe für die erfolgreiche bzw. erfolglose Suche bei linearer Sondierung gilt [KNU 75, Vol. 3]:

$$\bar{S} \approx \frac{1}{2}\left(1 + \frac{1}{1-\beta}\right) \tag{6.41}$$

und

$$S' \approx \frac{1}{2}\left(1 + \frac{1}{(1-\beta)^2}\right) . \tag{6.42}$$

Tabelle 6-2 zeigt einige Werte. Man erkennt die starke Zunahme von $\bar{S}$ bzw. S' für $\beta \to 1$ infolge der Kollisionshäufung.

Tabelle 6-2 $\bar{S}(\beta)$ und $S'(\beta)$ bei linearer Sondierung

β	0,5	0,6	0,7	0,8	0,9	0,95
$\bar{S}$	1,50	1,75	2,17	3,00	5,50	10,50
S'	2,50	3,63	6,06	13,00	50,50	200,5

Das Entfernen von Datenobjekten ist bei linearer Sondierung nicht ohne weiteres möglich. Denn würde man ein Datenobjekt entfernen, das unter der Adresse a_i gespeichert ist, so könnte auf alle Datenobjekte mit Ausweichadressen a_j, $j > i$, nicht mehr zugegriffen werden. Eine einfache Möglichkeit, dieses Problem zu umgehen, besteht darin, das Datenobjekt zwar zu entfernen, die Speicherzelle aber als gelöscht zu markieren, so daß die Suche bei ihr nicht abgebrochen wird. Bei häufigem Einfügen und Entfernen von Datenobjekten nimmt jedoch durch derart markierte Speicherzellen auch bei günstiger Speicherbelegung die Anzahl der Zugriffe zu. Ein besseres, aber aufwendigeres Verfahren besteht darin, gewisse Datenobjekte in der Suchfolge sukzessiv umzuspeichern, so daß die durch Entfernen entstandene Lücke in der Suchfolge geschlossen wird. Welche Datenobjekte umzuspeichern sind, wollen wir uns anhand von Bild 6-10 klarmachen. Ein Datenobjekt in der Speicherzelle mit der Adresse a_i sei entfernt worden. Die aktuell untersuchte Speicherzelle habe die Adresse a_j, der Schlüssel des darin gespeicherten Datenobjektes d_j sei k_j. Ist $\sigma(k_j) = a_j$, so ist d_j unter seiner Hausadresse gespeichert, eine Umspeicherung ist nicht möglich. Liegt $\sigma(k_j)$ im Bereich B_1, so ist eine Umspeicherung ebenfalls nicht möglich, weil dann die Adresse a_i in der Suchfolge für das Auffinden des Datenobjektes d_j weiter hinten liegt als die Adresse a_j.

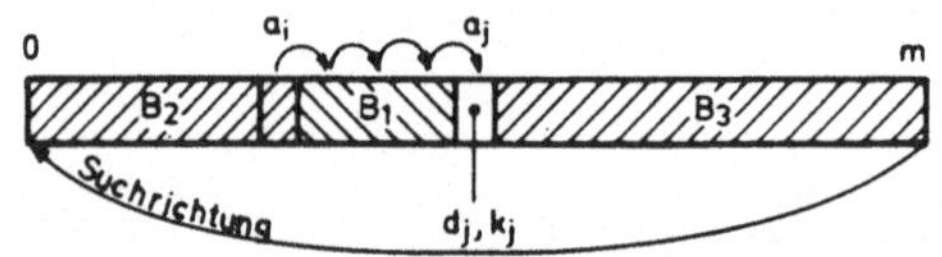

Bild 6-10 Zur Umspeicherung von Datenobjekten beim Entfernen

Liegt dagegen die Hausadresse $\sigma(k_j)$ in den Bereichen B_2 oder B_3, so liegt die Adresse a_i in der Suchfolge weiter vorne als die Adresse a_j. Das Datenobjekt d_j wird umgespeichert, es wird $i = j$ gesetzt und das Verfahren sukzessiv fortgesetzt.

Bei den Verfahren des Doppel-Hashing (zum Beispiel nach Gl.(6.30)) tritt praktisch keine Kollisionshäufung auf, wenn $\sigma(k)$ und $\sigma'(k)$ unabhängig voneinander sind. Empirische Tests zeigen, daß die mittlere Anzahl $\bar{S}$ bzw. S' der Zugriffe bei erfolgreicher bzw. erfolgloser Suche eine gute Übereinstimmung mit den theoretischen Ergebnissen des gleichmäßigen Hashing nach den Gln.(6.39), (6.40) und Tabelle 6.1 aufweisen. Das Entfernen von Datenobjekten ist jedoch mit vertretbarem Aufwand nur in der Weise möglich, daß die entsprechende Speicherzelle als gelöscht markiert wird - mit den oben beschriebenen Nachteilen bei häufigem Einfügen und Entfernen.

Grundoperationen bei Kettung im Hauptbereich

Zuerst sollen die Grundoperationen bei der Kettung ohne Überschneidung behandelt werden. Das Einfügen eines Datenobjektes wird folgendermaßen vorgenommen: Es wird die Hausadresse $\sigma(k)$ bestimmt. Ist die entsprechende Speicherzelle frei, so wird das Datenobjekt dort gespeichert. Ist die Speicherzelle bereits mit einem synonymen Datenobjekt belegt, so folgt man der hier beginnenden Kette synonymer Datenobjekte bis an deren Ende, ermittelt nach einem geeigneten Verfahren eine freie Speicherzelle im Hauptbereich, speichert das Datenobjekt und fügt diese Speicherzelle an das Ende der Kette an. Ist die Speicherzelle unter der Hausadresse jedoch mit einem nicht synonymen Datenobjekt belegt, so muß dieses in eine freie Speicherzelle umgespeichert und dessen eventuell vorhandene Verkettung entsprechend korrigiert werden. Das einzufügende Datenobjekt wird dann unter seiner Hausadresse gespeichert. Ein geeignetes Verfahren zum Auffinden eines freien Speicherplatzes im Hauptbereich besteht zum Beispiel darin, den Hauptbereich von einem Ende her linear zu ketten und bei Bedarf dieser Kette ein Element zu entnehmen. Beim Auffinden eines gewünschten Datenobjektes beginnt die Suche bei der Hausadresse und erfolgt dann entlang der Kette.

Für die Anzahl $\bar{S}$ bzw. S' der Zugriffe bei erfolgreicher bzw. erfolgloser Suche gilt nach [KNU 75, Vol. 3]:

$$\bar{S} \approx 1 + \frac{\beta}{2}, \qquad (6.43)$$

$$S' \approx e^{-\beta} + \beta. \qquad (6.44)$$

Hierin ist β wieder der Speicherbelegungsfaktor. Einige Werte von $\bar{S}$ und S' zeigt Tabelle 6-3. Bemerkenswert ist, daß $\bar{S} > S'$ ist.

Die Werte lassen sich jedoch in dieser Form nicht unmittelbar mit denen der offenen Adressierung vergleichen, und auch absolut betrachtet, müssen sie sorgfältig interpretiert werden. Dies hat drei Gründe:

Tabelle 6-3 $\overline{S}(\beta)$ und $S'(\beta)$ bei Kettung im Hauptbereich ohne Überschneidung

β	0,5	0,6	0,7	0,8	0,9	0,95
$\overline{S}$	1,25	1,30	1,35	1,40	1,45	1,48
S'	1,11	1,15	1,20	1,25	1,31	1,34

1. Es entsteht bei der Kettung durch den Relationsteil im Datenobjekt ein Speichermehraufwand. Ist r der Quotient aus dem Speicherplatzbedarf des Relationsteils und dem des Wertteils, so entspricht im Vergleich dem Speicherbelegungsfaktor β bei der offenen Adressierung ein Faktor

$$\beta_k = \beta(1 + r) \qquad (6.45)$$

bei der Kettung (wohlgemerkt: die Berechnung von $\overline{S}$ bzw. S' erfolgt in jedem Fall mit β). Man beachte, daß $\beta_k > 1$ werden kann.

2. In der Anzahl S' der Zugriffe sind die Zugriffe nicht enthalten, die beim Einfügen eines Datenobjektes notwendig sind, um nach Erreichen des Endes der Kette von synonymen Datenobjekten eine freie Speicherzelle im Hauptbereich zu finden.

3. Die Anzahl S' der Zugriffe beim Einfügen eines Datenobjektes sagt nichts über die eventuell notwendige und zeitaufwendige Umspeicherung eines nichtsynonymen Datenobjektes aus. Die Anzahl der notwendigen Umspeicherungen kann verringert werden, wenn die Speicherung der Datenobjekte im Hauptbereich in zwei Stufen erfolgt: Zunächst werden nur diejenigen Datenobjekte gespeichert, für die unter ihrer Hausadresse eine noch nicht belegte Speicherzelle angetroffen wird, danach werden alle übrigen Datenobjekte gespeichert (zweistufiges Laden).

Das Entfernen von Datenobjekten ist wegen der Kettung leicht durchzuführen. Inwieweit allerdings die frei werdende Speicherzelle in den Freispeicherbereich eingefügt werden kann, hängt von dem gewählten Verfahren für die Freispeicherverwaltung ab.

Bei der Kettung mit Überschneidung wird das Einfügen eines Datenobjektes wie folgt vorgenommen: Es wird die Hausadresse $\sigma(k)$ bestimmt. Ist die entsprechende Speicherzelle frei, wird das Datenobjekt dort gespeichert. Ist die Speicherzelle bereits belegt, so folgt man der Kette, in der die belegte Speicherzelle eingegliedert ist, bis an deren Ende, ermittelt eine freie Speicherzelle im Hauptbereich, speichert das Datenobjekt und fügt diese Speicherzelle an das Ende der Kette an. Dies geschieht unabhängig davon, ob die belegte Speicherzelle ein synonymes oder nicht synonymes Datenobjekt enthält. Beim Auffinden eines Datenobjektes beginnt die Suche bei der Hausadresse und erfolgt dann entlang der Kette. Für die Anzahl $\overline{S}$ bzw. S' der Suchschritte gilt nach [KNU 75, Vol. 3]:

$$\overline{S} \approx 1 + \frac{1}{8\beta}(e^{2\beta} - 1) - \frac{1}{4}(1 - \beta), \qquad (6.46)$$

$$S' \approx 1 + \frac{1}{4}(e^{2\beta} - 1 - 2\beta). \qquad (6.47)$$

Tabelle 6-4 zeigt einige Werte. Die Anmerkungen, die oben zur Interpretation der Ergebnisse bei der Kettung ohne Überschneidung gemacht worden sind, gelten auch hier - mit der Ausnahme, daß keine Umspeicherungen erfolgen.

Tabelle 6-4 $\overline{S}(\beta)$ und $S'(\beta)$ bei Kettung im Hauptbereich mit Überschneidung

β	0,5	0,6	0,7	0,8	0,9	0,95
$\overline{S}$	1,30	1,38	1,47	1,57	1,68	1,74
S'	1,18	1,28	1,41	1,59	1,81	1,95

Das Entfernen von Datenobjekten kann wie bei der Kettung ohne Überschneidung vorgenommen werden.

Grundoperationen bei Kettung im Überlaufbereich

Ist beim Einfügen eines Datenobjektes die Speicherzelle unter der Hausadresse $\sigma(k)$ im Hauptbereich frei, so wird das Datenobjekt dort gespeichert. Ist die Speicherzelle belegt, so folgt man der eventuell hier beginnenden Kette synonymer Datenobjekte bis an das Ende der Kette, ermittelt im Überlaufbereich eine freie Speicherzelle (freie Speicherzellen sind dort linear gekettet), speichert das Datenobjekt und fügt es dem Ende der Kette an.

Beim Auffinden eines Datenobjektes beginnt die Suche bei der Adresse im Hauptbereich und führt eventuell entlang der Kette im Überlaufbereich. Mit einem Faktor $\beta^* = \frac{n}{m}$ (n: Anzahl der gespeicherten Datenobjekte; m: Anzahl der Speicherzellen im Hauptbereich), der hier nicht den Speicherbelegungsfaktor darstellt, gilt analog den Gln.(6.43) und (6.44) für die mittlere Anzahl der Zugriffe $\bar{S}$ bzw. S' bei erfolgreicher bzw. erfolgloser Suche:

$$\bar{S} \approx 1 + \frac{\beta^*}{2}, \qquad (6.48)$$

$$S' \approx e^{-\beta^*} + \beta^*. \qquad (6.49)$$

Von den n gespeicherten Datenobjekten ist ein Teil im Hauptbereich und der Rest im Überlaufbereich gespeichert. Die Anzahl m der bei diesem Verfahren insgesamt benötigten Speicherzellen setzt sich aus den n Speicherzellen für die Datenobjekte und den im Hauptbereich nicht belegten Speicherzellen zusammen. Diese lassen sich wie folgt ermitteln: Die Wahrscheinlichkeit, daß für einen gegebenen Schlüssel eine bestimmte Hausadresse ermittelt wird, ist 1/m; die Wahrscheinlichkeit, daß die entsprechende Speicherzelle im Hauptbereich bei bereits n gespeicherten Datenobjekten noch frei ist, beträgt somit $(1 - 1/m)^n$. Der Erwartungswert für die Anzahl freier Speicherzellen im Hauptbereich ist daher $m(1 - 1/m)^n$. Damit ist

$$\bar{m} = n + m\,(1 - \frac{1}{m})^n. \qquad (6.50)$$

Für den Speicherbelegungsfaktor gilt dann

$$\beta = \frac{n}{\bar{m}} = \frac{n/m}{n/m + (1 - 1/m)^n} \approx \frac{\beta^*}{\beta^* + e^{-\beta^*}}. \qquad (6.51)$$

In Tabelle 6-5 sind einige Werte für $\overline{S}$ bzw. S′ als Funktion von β angegeben. Sollen diese Werte mit den entsprechenden Werten bei den Verfahren der offenen Adressierung verglichen werden, so muß der durch die Kettung entstehende Speichermehraufwand entsprechend Gl.(6.45) berücksichtigt werden.

Tabelle 6-5 $\overline{S}(\beta)$ und $S'(\beta)$ bei Kettung im Überlaufbereich

β	0,5	0,6	0,7	0,8	0,9	0,95
$\overline{S}$	1,28	1,36	1,46	1,60	1,84	2,08
S′	1,13	1,21	1,32	1,50	1,87	2,28

Das Entfernen von Datenobjekten ist wegen der Kettung im Überlaufbereich recht einfach. Die frei gewordene Speicherzelle wird wieder in die Kette der freien Speicherzellen im Überlaufbereich eingegliedert.

6.4.3 Bewertung und Anwendung

Wie wir gesehen haben, sind die Verfahren der Schlüsseltransformation besonders gut geeignet, Datenobjekte in einem Adreßbereich wieder aufzufinden, wenn deren Primärschlüssel bekannt ist. Bei direkter Adressierung kann auf jedes Datenobjekt unmittelbar zugegriffen werden. Aber auch bei indirekter Adressierung ist die Größenordung der mittleren Anzahl von Zugriffen unabhängig von der Anzahl der gespeicherten Datenobjekte. Dies wird von keiner anderen Speichertechnik bzw. von keinem anderen Suchverfahren erreicht. Gerade deshalb ist es wichtig, sich auch über die Nachteile der Schlüsseltransformation im klaren zu sein:

- Im ungünstigsten Fall müssen alle Speicherzellen durchsucht werden. Ist eine definierte Reaktionszeit beim Auffinden von Datenobjekten gefordert, so scheiden die Verfahren der Schlüsseltransformation aus. Ausnahme: direkte Adressierung.

Die Größe des Adreßbereiches bzw. der Hash-Tabelle muß von vornherein festgelegt werden. Ausnahme: indirekte Adressierung mit Kettung im Überlaufbereich.

- Bei den meisten Verfahren ist das Entfernen von Datenobjekten aufwendig. Ausnahme: direkte Adressierung oder indirekte Adressierung mit Kettung im Überlaufbereich.

- Eine logisch fortlaufende Verarbeitung ist zumindest bei den Verfahren der indirekten Adressierung nicht ohne beträchtlichen Mehraufwand (Sortierung der Datensätze) möglich.

- Beruht die Speicherverwaltung in einem Rechensystem auf dem Konzept der virtuellen Speicherung (Abschn. 10.2), so werden bei gestreuter Speicherung der Datenobjekte in einem großen virtuellen Adreßbereich häufige Ein- und Auslagerungen von Teilen dieses Adreßbereiches in den bzw. aus dem Hauptspeicher notwendig.

Ein wichtiges Anwendungsgebiet der gestreuten Speicherung ist die direkte Suche in Tabellen (table lookup), die in vielen Programmier-Anwendungen benötigt wird. So sind z. B. bei der Übersetzung von Programmen durch Assembler oder Kompilierer Symbol-Tabellen anzulegen. Die Effizienz des Übersetzers hängt unter anderem von einer kurzen Zugriffszeit auf die Symbole in der Tabelle und die ihnen zugeordneten Werte ab (zum Beispiel Variablenname und zugeordnete Speicheradresse).

Die gestreute Speicherung kann auch dazu benutzt werden, eine gegebene Menge von Datenobjekten nach einem Ordnungskriterium (Sortierschlüssel) zu sortieren [KNU 75, Vol.3].

7 LINEARE DATENSTRUKTUREN

Die Mächtigkeit einer Programmiersprache und ihr Komfort sind eng verknüpft mit der Art und der Anzahl der in ihr vordefinierten Datenstrukturen. Die Wahl der richtigen Datenstruktur gehört zu den kritischen Entscheidungen, die beim Programmentwurf zu treffen sind. Mitunter wird der Programmierer gezwungen sein, Datenstrukturen selbst zu definieren, wenn sie in den Programmiersprachen nicht verfügbar sind.

Man überlege sich, daß strukturierte Datenobjekte in einer Rechenanlage nicht a priori existent sind, sondern daß sie erst erzeugt worden sein müssen, bevor sie manipuliert werden können; der eigentlichen Verarbeitung der Daten im Sinne der Anwendung geht also eine Strukturierung (Vorverarbeitung; preprocessing) der Daten voraus. Die Strukturierung der Daten wird man dabei so vornehmen, daß die nachfolgende Verarbeitung elegant und effizient durchführbar ist. Die Art der Vorverarbeitung legt nun eine ganz bestimmte Datenstruktur fest. Im Hinblick auf die eigentliche Verarbeitung wird man sich also überlegen müssen, ob eine in der benutzten Programmiersprache vordefinierte Datenstruktur die Verarbeitung hinreichend unterstützt oder ob man sich beim Programmieren die Datenstruktur erst selbst schaffen muß.

Um eine Programmierer-definierte Datenstruktur manipulieren zu können, stellt man üblicherweise einen Satz von Prozeduren und Funktionen bereit, die die Operationen auf diesem Datentyp darstellen. Dadurch wird eine Spracherweiterung induziert, die Formulierungen höherer Komplexität erlaubt.

Felder und Sätze, so wie wir sie bisher kennengelernt haben, sind <u>statische Datenstrukturen</u>. Operationen, die man z. B. auf einem Feld ausführen kann, betreffen auf Elementebene ausschließlich das Ändern von Werten eines oder mehrerer Elemente. Die Anzahl der Elemente und ihre Beziehung zueinander bleibt erhalten. Es ist nicht möglich, in einem Feld neue Elemente einzufügen oder vorhandene Elemente zu entfernen. Nun kann es durchaus wünschenswert sein, daß während der Programmausführung Elemente eingefügt oder entfernt werden sollen; in diesem Fall würde sich die Struktur der Daten ändern. Eine Datenstruktur, die strukturell geändert werden kann, nennt man <u>dynamisch</u>. Der Mengentyp in Pascal könnte als dynamische Datenstruktur betrachtet werden; Vereinigung, Durchschnitt und Differenz von Mengen erzeugen neue Mengen, bei denen die Anzahl der Elemente unterschiedlich ausfallen kann. Ob eine Datenstruktur statischer oder dynamischer Natur ist, hängt entscheidend von den erlaubten Operationen auf dieser Datenstruktur ab.

Im folgenden werden wir uns mit einer bedeutsamen Art von Datenstrukturen, den linearen Datenstrukturen, auseinandersetzen. Dabei werden nicht nur die statischen und dynamischen Eigenschaften, die Möglichkeiten der Speicherplatzzuteilung sowie ihre Darstellung behandelt, sondern auch die Operationen, die auf ihnen ausgeführt werden können.

Definition: Lineare Datenstruktur

> Eine lineare Datenstruktur (der Ordnung $n \geq 0$) ist eine Datenstruktur $L = (D, r_l)$, bei der die Menge D aus n Datenobjekten $d_1, d_2, \ldots, d_n$ besteht und die Relation $r_l = \{(d_{i-1}, d_i);\ i = 2, 3, \ldots, n\}$ die lineare eindimensionale Anordnung der Datenobjekte festlegt.

Im Fall $n = 0$ spricht man von einer leeren linearen Datenstruktur.

Der einzige Zusammenhang zwischen den Datenobjekten einer linearen Datenstruktur besteht also darin, daß jedes Datenobjekt d_i bis auf das letzte Datenobjekt d_n genau einen Nachfolger *und* jedes Datenobjekt d_i bis auf das erste Datenobjekt d_1 genau einen Vorgänger besitzt (Bild 7-1).

Anmerkung

> Der Begriff "lineare Datenstruktur" wird nicht einheitlich verwendet; sowohl in der Literatur als auch in verschiedenen Programmiersprachen wird diese Datenstruktur häufig lineare Liste (*list*) genannt. Die lineare Liste als geordnete Menge von Komponenten, die als elementare oder zusammengesetzte Datenobjekte vom gleichen Datentyp sein dürfen, aber nicht müssen, deckt sich mit der oben gegebenen Definition einer linearen Datenstruktur und wird daher von uns synonym verwendet werden. Wir machen aber darauf aufmerksam, daß der Name Liste bzw. *list*, wenn er bei anderen Autoren verwendet wird, nicht immer in diesem Sinne interpretiert werden darf; bei sorgfältigen Studium der Literatur [KNU 75,

Bild 7-1 Graphische Darstellung einer linearen Datenstruktur

Vol. 3], [BER 75], [CAR 62] entdeckt man, daß sich unter der Bezeichnung Liste (*list*) eine Vielfalt von Bedeutungen verbirgt.

<u>Beispiel</u>:

Viele Rechenmaschinen sind sogenannte Einadreßmaschinen, bei denen die Maschinenbefehle im allgemeinen folgendes Format besitzen:

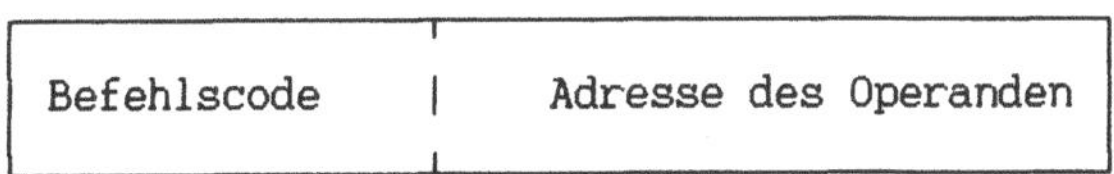

Ein Maschinenprogramm kann dann als eine lineare Datenstruktur aufgefaßt werden, bei der die Datenobjekte Maschinenbefehle darstellen und bei der die sequentielle Anordnung der Maschinenbefehle dazu führt, daß grundsätzlich Maschinenbefehl d_i nach Maschinenbefehl d_{i-1} ausgeführt wird, solange nicht durch einen Sprungbefehl eine Ausnahme von dieser Reihenfolge erzwungen wird.

Wichtige Operationen, die auf linearen Datenstrukturen ausgeführt werden können, sind:

1. Auffinden des i-ten Datenobjektes, um den Wert zu bestimmen oder den Wert zu ändern,
2. Einfügen eines Datenobjektes vor oder hinter dem i-ten Datenobjekt,
3. Entfernen des i-ten Datenobjektes,
4. Suchen eines Datenobjektes mit einem ganz bestimmten Wert,
5. Umordnen (Sortieren) der Datenobjekte bezüglich eines vorzugebenden Kriteriums.

Die Effizienz der einzelnen Operationen wird dabei weitgehend von der für die lineare Datenstrukturen festzulegenden Speichertechnik beeinflußt. Hierbei kommt dem Anfang und dem Ende der linearen Datenstruktur besondere Bedeutung zu, da das erste und das letzte Element leichter zugänglich sind.

Die 5. Operation ist komplexer Natur, sie wird hier nicht weiter behandelt; effiziente Sortierverfahren sind inhaltlich in die Algorithmentheorie einzuordnen. Ausgezeichnete Darstellungen dieses Themenkomplexes findet man u. a. in [KNU 75, Vol. 3].

Bei der Wahl der Speichertechnik für eine lineare Datenstruktur wird man sich von zwei Gesichtspunkten leiten lassen, der eine betrifft die effiziente Ausführung der Operationen, der andere den Speicherplatzbedarf. Als einfachste Speichertechnik bietet sich offensichtlich die sequentielle Speicherung an, die topologische Anordnung der Datenobjekte im Speicher wird damit bedeutsam. Diese Speichertechnik macht sparsamen Gebrauch vom Speicherplatz. Hinsichtlich der Verarbeitung impliziert diese Technik für einige Operationen ernsthafte Probleme (Abschn. 6.2).

Eine andere Form der Speichertechnik für lineare Datenstrukturen ist die gekettete Speicherung, die topologische Anordnung der Datenobjekte im Speicher ist bedeutungslos. Diese Speichertechnik erfordert neben dem Speicherplatz für die Datenobjekte zusätzlichen Speicherplatz für die Adreßverweise (Abschn. 6.3).

Hinsichtlich der Operationen sind die Vor- und Nachteile der beiden Speichertechniken für lineare Datenstrukturen nahezu komplementär. Die Diskussion, welcher Speichertechnik für welche Verabeitung der Vorzug zu geben ist, wird an entsprechender Stelle geführt werden.

7.1 Felder

Wie wir sehen werden, stellen Felder eine Sonderform linearer Datenstrukturen dar. Betrachten wir zunächst statische Felder, also solche Felder, deren Struktur zur Kompilierzeit festliegt und sich durch die auf ihnen ausgeführten Operationen nicht ändert.

7.1.1 Statische Felder

In Pascal sind grundsätzlich nur statische Felder vorgesehen; hier müssen die Indexgrenzen eines Feldes zur Zeit der Kompilierung vorgegeben sein, entsprechender Speicherplatz wird dann für diese Felder bereits zur Kompilierzeit allokiert.

Für eindimensionale statische Felder bietet sich die sequentielle Speicherung der Datenobjekte (Feldelemente) mit Spanne s geradezu an. Wenn ein derartiges n-stelliges Feld A sequentiell gespeichert wird, wird der Speicherplatz so zugeteilt, daß gilt

$$L(A[I]) = L(A[1]) + s \cdot (I - 1), \quad 1 \le I \le N, \tag{7.1}$$

wobei die Basisadresse L(A[1]) die Adresse der Speicherzelle ist, ab der das Feld A gespeichert wird.

Wird bei der Ausführung des Programms auf das Feldelement A[I] zugegriffen, so wird die Adresse mit derselben Gl.(7.1) berechnet. Ein Feldelement ist also recht einfach aufzufinden. Damit kann auch der Inhalt der entsprechenden Speicherzellen bestimmt bzw. geändert werden.

Nun gestatten höhere Programmiersprachen auch die Definition mehrdimensionaler Felder. In einem zweidimensionalen Feld A (z. B. m x n Matrix) gehört jedes Feldelement A [I,J] zwei linearen Datenstrukturen an, der Zeile I, die der linearen Liste A[I,1], A[I,2], ..., A[I,N] entspricht, und der Spalte J, die der linearen Liste A[1,J], A[2,J], ..., A[M,J] entspricht. In den meisten Programmiersprachen ist festgelegt worden, daß die Speicherplatzzuteilung für zweidimensionale Felder zeilenweise vorgenommen wird, so daß bei sequentieller Speicherung mit Spanne s dem Feldelement A[I,J] die Adresse

$$L(A[I,J]) = L(A[1,1]) + s \cdot N \cdot (I-1) + s \cdot (J-1), \quad 1 \le I \le M,\ 1 \le J \le N, \tag{7.2}$$

zugeordnet wird. L(A[1,1]) ist die Basisadresse, ab der die Matrix gespeichert werden soll. FORTRAN bildet hier eine Ausnahme; dort werden zweidimensionale Felder spaltenweise gespeichert.

Im allgemeinen Fall eines k-dimensionalen statischen Feldes

$$A[I_1, I_2, \ldots, I_K], \quad 1 \le I_1 \le N_1,\ 1 \le I_2 \le N_2,\ \ldots,\ 1 \le I_k \le N_k,$$

wird die Speicherplatzzuweisung bei gegebener Spanne s entsprechend der Beziehung

$$
\begin{aligned}
L(A[I_1,I_2,\ldots,I_k]) = \; & L(A[1,1,\ldots,1]) \\
& + s\cdot N_2\cdot N_3\cdot\ldots\cdot N_k\cdot(I_1-1) \\
& + \quad s\cdot N_3\cdot\ldots\cdot N_k\cdot(I_2-1) \\
& \vdots \\
& + \qquad s\cdot N_k\cdot(I_{k-1}-1) \\
& + \qquad\quad s\cdot(I_k-1)
\end{aligned} \tag{7.3}
$$

vorgenommen. Diese Form der Speicherung k-dimensionaler Felder bezeichnet man als Standardspeicherung.

Da die Indexgrenzen eines statischen Feldes zur Übersetzungszeit bekannt sind, läßt sich auch schon der für das Feld benötigte Speicherplatz bestimmen und reservieren (statische Speicherzuweisung). Die Adressen der Feldelemente, auf die ein Zugriff erfolgt, können aber erst zur Zeit der Programmausführung berechnet werden; denn die Indizes sind Variablen, deren Werte sich erst bei der Programmausführung ergeben. Für die Adreßberechnung ist demnach die Kenntnis der Basisadresse und der Spanne s erforderlich. Außerdem möchte man, um Fehler zu vermeiden, überprüfen, ob die zur Ausführungszeit ermittelten Indexwerte innerhalb der festgelegten Indexbereiche liegen. Zur Ausführungszeit müssen demnach folgende Daten vorliegen: Basisadresse, Spanne, Indexunter- und -obergrenze. Man nennt diesen Satz von Daten den Felddeskriptor.

Beim Zugriff auf ein Feldelement $A[I_1,I_2,\ldots,I_k]$ berechnet man dessen Speicheradresse nach Gl.(7.3). Um aber nicht bei jedem Zugriff auf ein Feldelement sämtliche im Ausdruck auf der rechten Seite von Gl.(7.3) auftretenden Multiplikationen ausführen zu müssen, berechnet man die Produkte

$$p_m = s \prod_{i=m+1}^{k} N_i, \qquad m = 1,\ 2,\ \ldots,\ k-1,$$

nur einmal zur Kompilierzeit; setzt man außerdem $p_k = s$, so geht Gl.(7.3) über in

$$L(A[I_1,I_2,\ldots,I_k]) = L(A[1,1,\ldots,1]) + \sum_{m=1}^{k} p_m\cdot(I_m-1). \tag{7.4}$$

Die Folge der Produkte p_1, p_2, ..., p_k wird Dopevektor*) genannt. Trotzdem bleibt die Berechnung der Speicheradresse für ein Feldelement eines k-dimensionalen Feldes zeitaufwendig; neben den Zugriffen auf die Basisadresse und auf den Dopevektor müssen immerhin noch k Multiplikationen und k Additionen ausgeführt werden.

Die höheren Programmiersprachen fordern standardmäßig, daß alle Felder eine rechteckförmige Struktur besitzen. Das führt in sehr vielen Fällen (Dreiecksmatrizen, Bandmatrizen, schwach besetzte Matrizen) zu einer Vergeudung von Speicherplatz. Falls beispielsweise eine untere Dreiecksmatrix mit A[I,J] = 0 für alle I < J vorliegt, brauchten eigentlich nur die Elemente mit I ≥ J gespeichert zu werden. Das Gleiche trifft für symmetrische Matrizen zu; wegen A[I,J] = A[J,I] liegt in fast der Hälfte der Fälle Redundanz vor, so daß es ausreichen würde, auch hier nur eine Dreiecksmatrix zu speichern. Bei der Speicherung einer unteren Dreiecksmatrix (Bild 7-2) könnte man die Matrixelemente entsprechend der lexikographischen Ordnung ihrer Indizes als lineare Datenstruktur auffassen und die Speicherplatzzuteilung gemäß

$$L(A[I,J]) = L(A[1,1]) + s\cdot\left(\frac{(I-1)\cdot I}{2} + (J-1)\right), \quad 1 \leq I,J \leq N, \qquad (7.5)$$

vornehmen.

$$\begin{pmatrix} A[1,1] & & & \\ A[2,1] & A[2,2] & & \\ \vdots & & & \\ A[N,1] & A[N,2] & \dots & A[N,N] \end{pmatrix}$$

Bild 7-2 Dreiecksmatrix

Es soll noch eine andere Methode, Dreiecksmatrizen zu speichern, erwähnt werden: Wenn zwei Dreiecksmatrizen gleichen Ausmaßes gespeichert werden sollen, dann kann man diese Dreiecksmatrizen so zusammensetzen, daß eine rechteckige Matrix entsteht.

---

*) englisch: dope, deutsch: ausfindig machen, errechnen

Beispiel:

Bezeichne UD eine untere und OD eine obere Dreiecksmatrix, so könnte man anstelle von

UD,OD: array[1..N,1..N] of real

mit UD[I,J] = 0 für I<J und OD[I,J] = 0 für I>J ein Feld

RM: array[1..N,1..N+1] of real

definieren, wobei dann UD[I,J] = RM[I,J] und OD[I,J] = RM[I,J+1] entspräche.

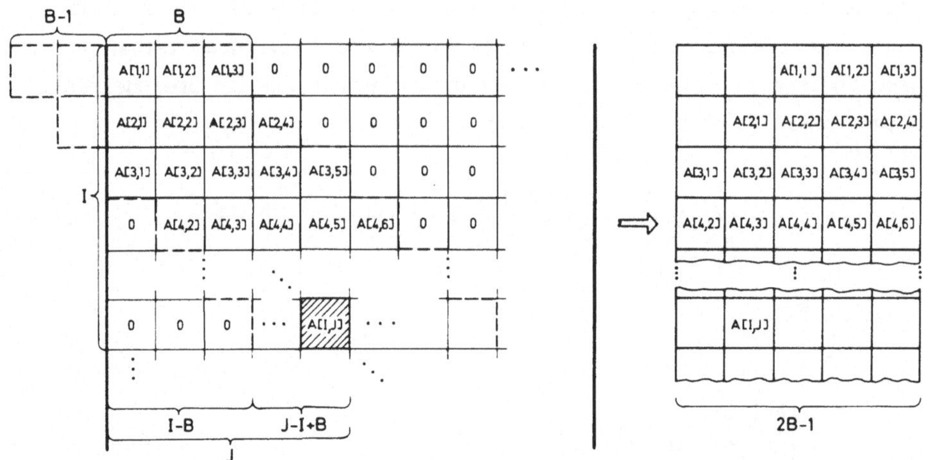

Bild 7-3 Symmetrische Bandmatrix der Bandbreite B = 3

Symmetrische Bandmatrizen der Bandbreite B (Bild 7-3) sind n x n Matrizen, für die gilt: wenn $|I-J| \geq B$, dann A[I,J] = 0.

Eine Speicherung genau dieser Elemente A[I,J]=0 wird man deshalb vermeiden wollen, so daß je Zeile nur 2B-1 relevante Matrixelemente gespeichert werden müßten. Geht man dabei wieder von einer zeilenweisen Speicherung der Matrix aus, so kann jedem relevanten Matrixelement gemäß

$$L(A[I,J]) = L(A[1,1-(B-1)]) + s\{(2B-1)\cdot(I-1) + J-1 - I + B\}$$
$$= L(A[1,1-(B-1)]) - s\cdot(B -1) + s\{2(B-1)\cdot I + J-1\} \qquad (7.6)$$

eine Speicheradresse zugewiesen werden.

Eine weitere Variante von Matrizen, bei denen durch Nichtspeicherung der Nullwerte von Matrixelementen Speicherplatz gespart werden kann, stellt die schwach (dünn) besetzte Matrix dar. Schwach besetzte Matrizen treten so häufig auf, daß man sie nicht einfach ignorieren kann. Man nennt eine Matrix schwach besetzt, wenn die Anzahl der Matrixelemente, die Nullen sind, überwiegt (Bild 7-4a)). Im Gegensatz zu Dreiecks- und Bandmatrizen liegt bei schwach besetzten Matrizen keinerlei Systematik bezüglich der Anordnung der Nullwerte vor, so daß es wenig aussichtsreich erscheint, für schwach besetzte Matrizen Verfahren für eine platzsparende sequentielle Speicherung zu finden, ohne dabei die Matrixstruktur total aufgeben zu müssen.

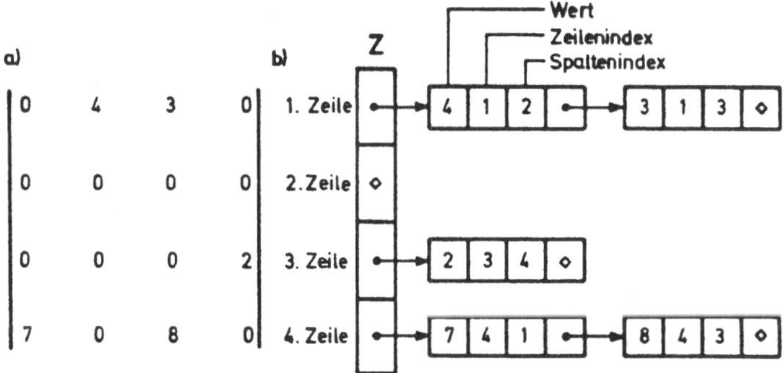

Bild 7-4 a) schwach besetzte 4 x 4 Matrix
b) gekettete Listenstruktur der Matrix

Im allgemeinen ist bei schwach besetzten Matrizen eine gekettete Speicherung angezeigt. Für jede Zeile, die ein Matrixelement ≠ 0 enthält, wird eine lineare gekettete Liste angelegt; jedes Listenelement enthält zusätzlich zu dem Wert noch drei weitere Eintragungen: den Adreßverweis, den Zeilenindex und den Spaltenindex des Matrixelementes (Bild 7-4b)). Außerdem wird eine sequentiell gespeicherte Kopfliste Z angelegt, die für jede Zeile ein Listenelement enthält, dessen Inhalt ein Adreßverweis (Zeilenanker) auf die entsprechende Zeilenliste ist.

Diese Methode hilft sicherlich Speicherplatz sparen und ist zumindest für eine zeilenweise Verarbeitung der Matrix akzeptabel. Für eine spaltenweise Verarbeitung dagegen ist diese Methode denkbar ungünstig; um die Matrixelemente einer Spalte aufzufinden, müssen sämtliche Zeilenlisten vom Anfang, den Adreßverweisen folgend, bis zum Ende (Endemarkierung) durchsucht werden. Um die Matrix in beiden Richtungen, zeilenweise wie spaltenweise, gleichermaßen effizient verarbeiten zu können, wird man die zeilenweise orientierte Speicherungsstruktur um eine zusätzliche spaltenweise Kettung ergänzen (Bild 7-5). Man spricht dann von <u>orthogonalen</u> Listen. Eine Effizienzsteigerung bei der Verarbeitung kann noch dadurch erreicht werden, daß man zeilenweise und spaltenweise eine Ringkettung und/oder neben der Vorwärtskettung zusätzlich eine Rückwärtskettung implementiert. Diese Effizienzsteigerung muß dann aber mit zusätzlichem Speicherplatz für Adreßverweise bezahlt werden.

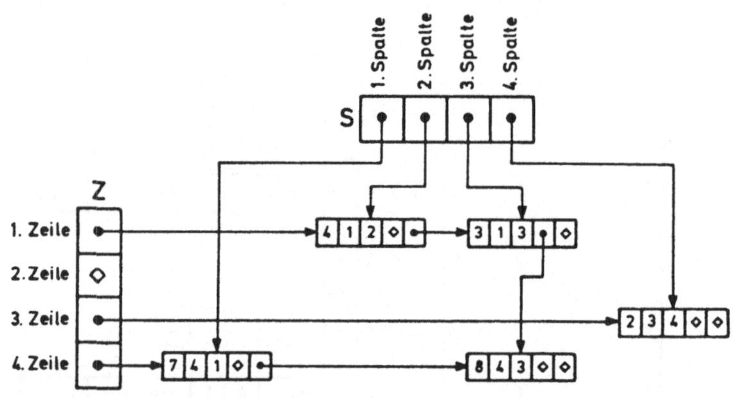

Bild 7-5 Orthogonale Liste

7.1.2 Dynamische Felder

Im Gegensatz zu FORTRAN und Pascal ist es in der Programmiersprache ALGOL erlaubt, im Programmtext bei der Vereinbarung eines Feldes Variablen als Feldunter- und -obergrenzen einzusetzen. Zur Übersetzungszeit des Programmes kann dann kein Speicherplatz für das Feld bestimmt und reserviert werden. Zu dieser Zeit kann nur Platz für den Felddeskriptor reserviert werden, da die Dimension des Feldes aus dem Programmtext erkennbar ist, Werte für die Feldunter- und obergrenzen können aber noch nicht eingetragen werden. Das ist erst zur Ausführungszeit des Programmes möglich, nämlich bei Eintritt in den Programmabschnitt (Block oder Prozedur), in dem das Feld vereinbart worden ist. Zu dieser Zeit sind die Feldgrenzen bekannt, sie werden in den Felddeskriptor eingetragen, und es kann mit der Bestimmung und Reservierung des Speicherplatzes für das Feld begonnen werden (dynamische Speicherzuweisung). Nicht ganz zutreffend spricht man in diesem Zusammenhang von dynamischen Feldern; streng genommen sind es statische Felder, da für die Dauer ihrer Existenz die Struktur dieser Felder unverändert bleibt.

Dynamische Felder im eigentlichen Sinne werden häufig zur Manipulation von Symbolketten verwendet. Bei der Verarbeitung wird man Symbole einfügen und entfernen wollen, d. h. dynamische Felder ändern ihre Größe während ihrer Lebenszeit innerhalb eines Programmabschnittes.

Beispiel:

Es sei ein Programm geschrieben worden, welches die Lösungen zu dem hier als Zeichenkette dargestellten Problem

DIESER SATZ ENTHAELT -MAL DIE 0, -MAL DIE 1, -MAL DIE 2, -MAL DIE 3, -MAL DIE 4, -MAL DIE 5, -MAL DIE 6, -MAL DIE 7, -MAL DIE 8, -MAL DIE 9.

bestimmt.

Vor jedem Bindestrich wird die entsprechende ein- oder mehrstellige Zahl so eingefügt, daß insgesamt die Aussage dieses Satzes korrekt ist. Es ist offensichtlich, daß sich die Größe dieses aus Zeichen bestehenden Feldes während der Ausführung des Programmes ändert (übrigens, es gibt zwei Lösungen).

Die meisten Programmiersprachen erlauben es nicht, dynamische Felder zu definieren, sie müssen vielmehr mit Hilfe existierender Datentypen implementiert werden. Eine einfache, vielfach aber beschränkte Methode der Realisierung verwendet statische Felder. Ein eindimensionales Feld bestimmter Größe, z. B. 1..MAXLAENGE, wird benutzt, das dynamische Feld aufzunehmen. Den Indexbereich wird man dabei so groß wählen, daß das dynamische Feld nach Möglichkeit diesen Rahmen nicht überschreitet.

Für das oben genannte Beispiel ist diese Methode sicherlich anwendbar, für viele Anwendungsfälle ist es aber untauglich, da gewöhnlich dynamische Felder von variierenden und unvorhersagbaren Größen involviert sind. Falls jedes dynamische Feld in ein statisches Feld eingebettet würde, könnte sehr viel Speicherplatz vergeudet werden. Für dynamische Felder und ähnliche Objekte wird daher oft ein besonderer Speicherbereich vorgesehen, die Halde (Kapitel 10).

Bei der Einbettung eines dynamische Feldes in ein statisches Feld ließe sich natürlich auch die sequentielle Speichertechnik anwenden. Hier würden wir allerdings Schwierigkeiten bekommen, Elemente einzufügen bzw. zu entfernen. Das Einfügen eines Elementes vor dem i-ten Element hätte zur Folge, daß alle Elemente mit Index $j \geq i$ verschoben werden müßten in dem Sinne, daß das j-te Element den Speicherplatz des (j+1)-ten Elementes einnehmen würde. Entsprechend würde sich das Entfernen eines Elementes aus dem Feld auswirken. Vorausgesetzt, das dynamische Feld besäße zur Zeit des Einfügens bzw. Entfernens eines Elementes die Länge n, so müßten bei jeder dieser Operationen im Mittel O(n) Elemente im Speicher verschoben werden. Dieser Aufwand ist aber gerade bei dynamischen Feldern, die ein effizientes Einfügen bzw. Entfernen unterstützen sollen, nicht erwünscht.

Um das Verschieben von Datenelementen im Speicher zu vermeiden, können wir versuchen, statt der sequentiellen die gekettete Speichertechnik anzuwenden. Um ein Element einzufügen bzw. zu entfernen, werden allerdings auch hier bei einem Feld der Größe n, der Kette der Adreßverweise folgend, im Mittel O(n) Speicherzugriffe erforderlich sein.

Dynamische Felder werden in vielen Anwendungsfällen benötigt. Dabei hängt es von der Art des Problems und der erforderlichen Manipulation ab, welche Speichertechnik als besonders geeignet auszuwählen ist.

Beispiel:

Bei der Verarbeitung von Polynomen durch ein Computerprogramm hat man nach einer geeigneten Darstellung zu suchen. Ein Polynom $P(x) = a_n x^n + a_{n-1} x^{n-1} + \ldots + a_1 x^1 + a_0$ ist durch seine Koeffizienten a_i, $i = 0,1, \ldots,n$, vollständig beschrieben. Polynome können addiert und miteinander multipliziert werden; auch die Faktorisierung von Polynomen ist möglich und damit die Division eines Polynoms durch einen seiner Faktoren. Dabei entsteht jeweils als Ergebnis ein Polynom, das sich in Grad und Anzahl relevanter Koeffizienten ($a_i \neq 0$) von den Operandenpolynomen unterscheidet, z. B.

$$(x - 1)\ (x^6+x^5+x^4+x^3+x^2+x^1+1) = x^7 - 1.$$

Es hätte Nachteile, alle Polynome als Datenobjekte eines statischen Feldtyps der Länge n realisieren zu wollen. Die Festlegung von n könnte einerseits Speicherplatzvergeudung bedeuten, andererseits könnten Polynome mit einem Grad > n nicht verarbeitet werden.

Eine Darstellung der Polynome als dynamische Felder, die als gekettet gespeicherte lineare Liste realisiert wird, ist hier angezeigt, zumal auch nur die Koeffizienten $a_i \neq 0$ gespeichert zu werden brauchen, wenn die Listenelemente neben den Koeffizientenwerten und den Adreßverweisen die Potenz i enthalten (Bild 7-6).

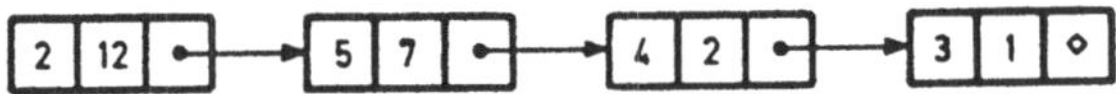

Bild 7-6 Gekettete lineare Liste für $2x^{12} + 5x^7 + 4x^2 + 3x^1$

Beispiel:

Textverarbeitungsprogramme (text editor) manipulieren Zeichenketten. Die jeweilige Anwendungssituation wird es nahelegen, den gesamten Text als eine einzige Liste von Zeichen zu definieren, oder das Schriftbild betreffend für jede Zeile eines Textes eine Liste anzulegen, oder bei einer syntaktischen Gliederung die Sätze bzw. die grammatikalischen Satzglieder als Listen zu implementieren. Textverarbeitungsprogramme können eine Reihe von Operationen ausführen, z. B. eine existierende Zeile entfernen eine neue Zeile einfügen und dergleichen mehr. Aufgrund dieser Operationen ist die sequentielle Speichertechnik offensichtlich wenig geeignet, vielmehr wird man auf gekettet gespeicherte Strukturen zurückgreifen. Eine der Manipulation von Zeichen in einer Zeile und gleichzeitig der Manipulation von Zeilen innerhalb eines Textes gerecht werdende Liste zeigt Bild 7-7.

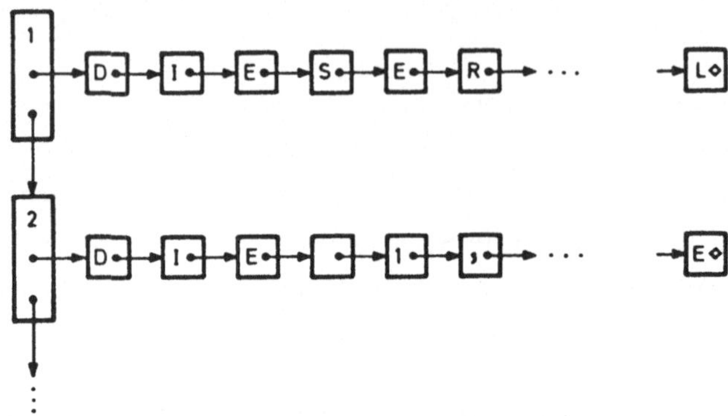

Bild 7-7 Gekettete Listenstruktur für einen Text

Der Aufwand von O(n) Verschiebungen bei sequentieller Speicherung und O(n) Speicherzugriffen bei geketteter Speicherung läßt sich jeweils auf O(1) reduzieren, wenn das Einfügen und Entfernen von Elementen nicht an beliebiger Stelle, sondern nur am Anfang oder am Ende des Feldes vorgenommen wird. Dazu müssen im entsprechenden Felddeskriptor nur die aktuellen Anfangs- und Endadressen des Feldes festgehalten werden. Derartige Felder als dynamische Datenstrukturen haben besondere Bedeutung erlangt; insbesondere sind das der Stapel, die Schlange und der Doppelstapel.

7.2 Stapel, Schlange und Doppelstapel

Aus den Aufwandsabschätzungen für das Einfügen und Entfernen von Elementen in einer linearen Liste sowohl bei sequentieller als auch bei geketteter Speicherung haben wir gefolgert, daß diese Operationen wesentlich effizienter an den Enden einer linearen Liste durchgeführt werden können. Derartige lineare Listen, bei denen die Verarbeitung allein an ihren Enden vollzogen wird, sind Stapel, Schlange und Doppelstapel.

Definition: Stapel, Schlange, Doppelstapel

Ein Stapel (stack) ist eine lineare Liste, bei der das Einfügen und das Entfernen (und gewöhnlich auch alle Zugriffe) genau an einem Ende (top) der Liste stattfinden.

Eine Schlange (queue) ist eine lineare Liste, bei der das Einfügen an dem einen Ende (rear) und das Entfernen (und gewöhnlich alle Zugriffe) an dem anderen Ende (front) der Liste stattfinden.

Ein Doppelstapel (deque = double ended queue) ist eine lineare Liste, bei der das Einfügen und das Entfernen (gewöhnlich auch alle Zugriffe) an beiden Enden der Liste stattfinden können.

7.2.1 Stapel

Beispiele von Stapeln begegnen uns in unserer Alltagsumgebung allenthalben. Man denke an die Tablettstapler in einer Cafeteria. Falls man ein Tablett benötigt, kann man nur das oberste Tablett wegnehmen, wobei der Rest des Stapels nach oben rückt (pop up). Ein nicht mehr benötigtes Tablett kann nur oben auf den Stapel zurückgelegt werden, wobei dann der Stapel nach unten gedrückt wird (push down). Aufgrund der Art und Weise, wie Elemente in einen Stapel eingefügt und von einem Stapel entfernt werden können, wird ein Stapel zuweilen auch Pushdown-Liste oder Pushdown-Speicher genannt; außerdem findet man die Bezeichnung Last-in-first-out-Speicher, weil das zuletzt in den Stapel eingefügte Element dasjenige Element ist, auf das als erstes wieder zugegriffen werden kann (Abschn. 1.5.2).

Als Spezialfall linearer Listen läßt sich ein Stapel sequentiell oder gekettet speichern. Bei der sequentiellen Speicherung eines Stapels STACK werde ein Speicherbereich der Länge N durch die Definition

```
var STACK : array [1..N] of GRUNDTYP
```

reserviert. Zusammen mit dem Stapel wird eine Variable TOP (Endezeiger; stackpointer) installiert, deren Wert die Speicheradresse des Stapelendes angibt. Anfänglich, wenn der Stapel leer ist, wird TOP = 0 gesetzt. Wenn ein Element auf den Stapel gelegt wird (PUSH-Operation), wird der Wert von TOP um 1 erhöht; wird ein Element entfernt (POP-Operation), wird der Wert von TOP um 1 erniedrigt. Theoretisch kann ein Stapel beliebig groß werden, bei einer praktischen Realisierung eines Stapels in Form eines statischen Feldes ist der Stapel von endlicher Länge. Wenn TOP = N ist, ist kein Speicherplatz zur Aufnahme weiterer Elemente mehr vorhanden, das Einfügen eines Elementes verursacht dann einen Stapelüberlauf (OVERFLOW). Neben dem überprüfen, ob eine Überlaufsituation eingetreten ist, ist es notwendig festzustellen, ob der Stapel leer ist; dazu wird eine boolesche Funktion ISEMPTY installiert, deren Wert *true* ist, falls der Stapel leer ist, und *false* sonst.

Die folgende Funktion überprüft, ob der Stapel leer ist:

```
function ISEMPTY: boolean;
    begin
       if TOP = 0
          then ISEMPTY := true
          else ISEMPTY := false
    end;
```

Die folgende Prozedur PUSH fügt dem Stapel STACK ein neues Element (NEWELEMENT) hinzu:

```
procedure PUSH (NEWELEMENT: GRUNDTYP; var OVERFLOW: boolean);
    begin
       if TOP = N
          then OVERFLOW := true
          else begin
                  OVERFLOW := false;
                  TOP := TOP+1;
                  STACK[TOP] := NEWELEMENT
               end
    end;
```

Die folgende Prozedur POP entfernt das oberste Element vom Stapel und übergibt diesen Wert der Variablen TOPELEMENT:

```
procedure POP (var TOPELEMENT: GRUNDTYP);
    begin
       if not ISEMPTY
          then begin
                 TOPELEMENT := STACK[TOP];
                 TOP := TOP -1;
               end
    end;
```

Die folgende Prozedur TOP greift auf das oberste Element des Stapels zu, ohne es zu entfernen, und übergibt diesen Wert der Variablen TOPELEMENT:

```
procedure TOP (var TOPELEMENT: GRUNDTYP);
    begin
      if not ISEMPTY
         then TOPELEMENT := STACK[TOP]
    end;
```

Stapel werden sehr häufig gebraucht, mitunter müssen sogar mehrere Stapel gleichzeitig implementiert werden. Hier gilt es dann, günstige Anordnungen dieser Stapel im Speicher zu finden, so daß ein allzu schnelles Überlaufen einzelner Stapel vermieden wird, ohne unnötig Speicherplatz vergeuden zu müssen. Wie aus Bild 7-8a) ersichtlich wird, ist es wenig sinnvoll, den für zwei Stapel S1 und S2 vorgesehenen Speicherbereich mit N Zellen in zwei Bereiche mit N_1 und N_2 Zellen ($N_1 + N_2 = N$) aufzuteilen und diese den Stapeln fest zuzuordnen. Stapel S1 kann in der gezeigten Situation nur noch ein Element aufnehmen, darüber hinausgehende Einfügungen von Elementen würden zu einem Stapelüberlauf führen, und das, obgleich noch freie Zellen in dem für beide Stapel reservierten Speicherbereich vorhanden sind. Günstiger ist es (Bild 7-8 b)), den Speicherbereich nicht aufzuteilen, sondern beide Stapel derart anzuordenen, daß sie bei Einfügungen aufeinander zuwachsen. Stapel S1 kann dabei in der üblichen Weise implementiert werden, während Stapel S2 am anderen Ende des Speicherbereiches angelegt wird. Jetzt liegt erst dann eine Überlaufsituation vor, wenn bei einer Überprüfung der Endezeiger sich herausstellt, daß TOP1 ≥ TOP2 ist.

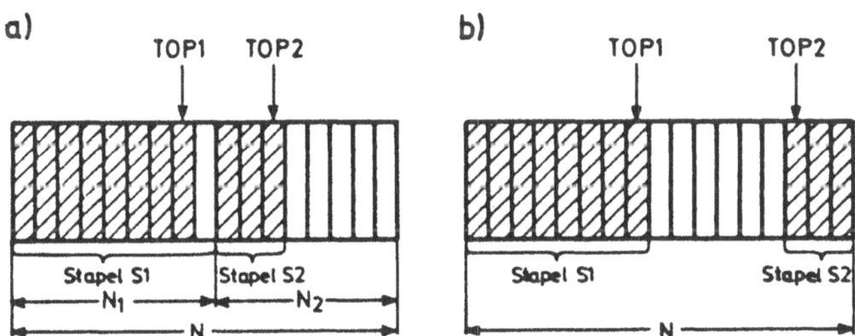

Bild 7-8 Zur Implementierung zweier sequentiell gespeicherter Stapel in einem Speicherbereich

Bei $m > 2$ Stapeln S_i, $i = 1,2, ..., m$, läßt sich eine ähnlich günstige Anordnung bei sequentieller Speicherung in einem Speicherbereich wie im Falle $m = 2$ nicht mehr finden. In [KNU 69, Vol. 1] sind ausführlich einige Strategien beschrieben, wie unter dieser Voraussetzung die Speicherzuweisung vorzunehmen ist und die Stapel S_i innerhalb des reservierten Speicherbereichs im Falle eines Überlaufs neu angeordnet werden können, so daß die Gesamtzahl der dazu notwendigen Verschiebungen minimal gehalten werden kann. Aufgrund dieser Umspeicherungen ist die sequentielle Speicherung von mehr als zwei Stapeln ungünstig.

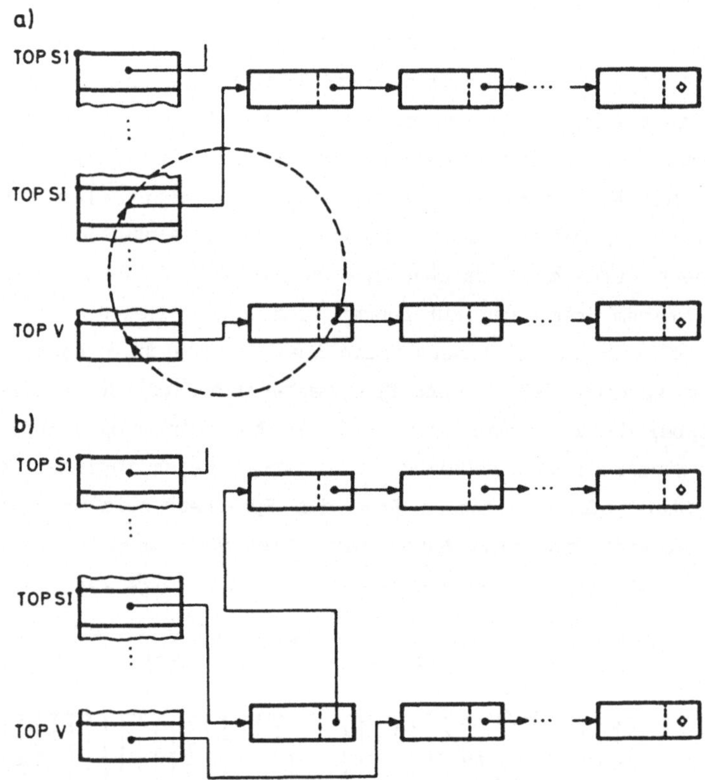

Bild 7-9 Einfügen eines Elementes in einen Stapel unter zusätzlicher Freispeicherverwaltung

a) vor dem Einfügen(----zyklisch zu verschiebende Adreßverweise)

b) nach dem Einfügen

Weniger problematisch ist es in diesem Fall, die Stapel S_i, $i = 1,2, \ldots, m$, gekettet zu speichern und den nicht benutzten Speicherplatz in Form eines sogenannten Vorratsstapels V, der ebenfalls in geketteter Speicherung realisiert wird, zu verwalten. Soll ein Element in den Stapel S_i eingefügt werden, so wird durch Entfernen der ersten Zelle aus dem Vorratsstapel V und durch Einfügen dieser Zelle in den Stapel S_i Platz für das Einfügen geschaffen. Das Entfernen der freien Zelle aus V und das Einfügen derselben in S_i geschieht durch entsprechende zyklische Umspeicherung von drei Adreßverweisen (Bild 7-9).

Man beachte, daß dazu die Stapel bezüglich der Zugangsfolge der Elemente rückwärts gekettet gespeichert sein müssen. In analoger Weise geschieht das Entfernen eines Elementes aus dem Stapel S_i und das Einfügen der frei gewordenen Zelle in den Vorratsstapel V.

Stapel werden immer dann verwendet, wenn Datenelemente nicht nur zeitweilig gespeichert werden müssen, sondern wenn sie in umgekehrter Reihenfolge, in der sie gespeichert worden sind, wieder verarbeitet werden sollen, also genau dann, wenn es auf die "last-in-first-out"-Eigenschaft ankommt. In zahlreichen Anwendungsfällen lassen sich mit Hilfe von Stapeln elegante Problemlösungen angeben.

Beispiel:

Stapel werden bei der Auswertung arithmetischer Ausdrücke verwendet. Wir sind gewöhnt, arithmetische Ausdrücke in sogenannter Infix-Notation niederzuschreiben, d. h. die Operatoren +, −, •, : zwischen die zu verknüpfenden Operanden zu setzen. Da die entsprechende Syntax den "Punkt"-Operatoren •, : Vorrang vor den "Strich"-Operatoren +, - einräumt, wird zusätzlich die Klammerung als Hilfsmittel eingesetzt, um die Ausführungsreihenfolge der Operatoren problemgerecht steuern zu können. Aufgrund der Klammerung und der differierenden Prioritäten der Operatoren ist es bei gegebener Infix-Notation nicht trivial, ein systematisches Verfahren für die Ausführungsreihenfolge der Operatoren in arithmetischen Ausdrücken anzugeben. Nun gibt es andere, klammerfreie Notationsformen für arithmetische Ausdrücke, die in dieser Hinsicht besser geeignet sind, die Präfix- und die Postfix-Notation. Wir werden uns weiterhin mit der Postfix-Notation beschäftigen.

Die in einer höheren Programmiersprache formulierten arithmetischen Ausdrücke (in Infix-Notation) müssen vom Kompilierer in die Maschinensprache übersetzt werden. Wären die arithmetischen Ausdrücke von vornherein in Postfix-Notation formuliert, würde das die Übersetzung erheblich vereinfachen; da dem aber nicht so ist, erzeugen die Kompilierer oft erst aus der Infix-Notation eine intermediäre Form des arithmetischen Ausdrucks in Postfix-Notation, ehe die eigentliche Übersetzung in die Maschinensprache vorgenommen wird.

Der folgende Algorithmus transformiert arithmetische Ausdrücke in Infix-Notation in ihre äquivalenten Ausdrücke in Postfix-Notation, wobei die Transformation durch die Verwendung eines Stapels erheblich unterstützt wird.

Algorithmus: Infix-Postfix-Transformation

Bei diesem Transformationsalgorithmus wird vorausgesetzt, daß der Infix-Ausdruck syntaktisch korrekt ist und daß er + und - nicht als monadische Operatoren enthält. Die Eingabe ist der Infix-Ausdruck in Form einer Zeichenfolge Z_1 Z_2 ... Z_n, wobei Z_i entweder ein Operand oder ein Operator oder eines der Klammersymbole ist. Für die Klammersymbole und die Operatoren sind die folgenden Prioritäten festgelegt:

Z	(	)	+ oder -	· oder :
p(Z)	1	2	3	4

Die Ausgabe besteht aus der Zeichenfolge des Postfix-Ausdrucks.

(1) Setze i = 1.

(2) Falls Z_i das Klammersymbol "(" ist, dann fahre fort mit (9).

(3) Falls Z_i ein Operand ist, dann hänge Z_i an die Zeichenfolge des Postfix-Ausdrucks. Fahre fort mit (10).

(4) Falls der Stapel leer ist, fahre fort mit (9).

(5) Entferne das Topelement T aus dem Stapel.

(6) Falls $p(T) \geq p(Z_i)$ ist, dann hänge T an die Zeichenfolge des Postfix-Ausdrucks. Fahre fort mit (4).

(7) Falls Z_i das Klammersymbol ")" und T das Klammersymbol "(" ist, fahre fort mit (10).

(8) Füge T in den Stapel ein.

(9) Füge Z_i in den Stapel ein.

(10) Erhöhe i um 1. Falls $i \leq n$ ist, fahre fort mit (2).

(11) Leere den Stapel und hänge die Elemente an die Zeichenfolge des Postfix-Ausdrucks. Stop.

In der Tabelle 7-1 ist die Transformation des Ausdrucks A·B+C:(D-E) in die Postfix-Notation dargestellt.

Tabelle 7-1 Erzeugung einer Postfix-Notation

Eingangszeichenfolge (Infix)	Stapelzustand	Ausgangszeichenfolge (Postfix)
Z_1 = A		A
Z_2 = ·	·	
Z_3 = B	·	B
Z_4 = +	+	·
Z_5 = C	+	C
Z_6 = :	+ :	
Z_7 = (	+ : (	
Z_8 = D	+ : (	D
Z_9 = -	+ : (-	
Z_{10} = E	+ : (-	E
Z_{11} =)	+ :	-
		:
		+

Beispiel:

Nach der Umwandlung von Infix-Ausdrücken in Postfix-Ausdrücke kann jetzt deren Kompilierung mit Hilfe eines Stapels recht einfach vorgenommen werden.

Algorithmus: Kompilierung von Postfix-Ausdrücken

Als Eingabe wird ein syntaktisch korrekter Postfix-Ausdruck in Form einer Zeichenfolge Z_1 Z_2 ... Z_m vorausgesetzt, wobei Z_i entweder ein Operand oder ein Operator ist. Der Algorithmus produziert daraus eine lineare Liste A von Listenelementen a_j mit Ausdrücken der Form U o V, in denen U und V Operanden sind und o einen Operator darstellt.

(1) Setze i = 1 und j = 1.

(2) Setze S = Z_i. Falls S ein Operator o ist, fahre fort mit (4).

(3) Füge S in den Stapel ein. Erhöhe i um 1 und fahre fort mit (2).

(4) Entferne V aus dem Stapel, entferne U aus dem Stapel. Trage in das j-te Listenelement mit der Bezeichnung a_j ein: USV.

(5) Falls i = m ist, stop.

(6) Setze S = a_j. Erhöhe j um 1. Fahre fort mit (3).

Für den Postfix-Ausdruck AB•CDE-:+ ist der Kompiliervorgang in der Tabelle 7-2 skizziert. Nach dem Kompiliervorgang ist es leicht, die Inhalte der Listenelemente a_j durch einen geeigneten Satz von Maschinenbefehlen zu ersetzen.

Beispiel:

Die Fähigkeit eines Unterprogramms, sich selbst rekursiv aufrufen zu können, ist ein bedeutendes Charakteristikum vieler Programmiersprachen. Wir werden den Gebrauch eines Stapels bei der Speicherzuweisung disku-

Tabelle 7-2 Kompilierung eines Postfix-Ausdruckes

Eingangszeichenfolge (Postfix)	Stapel	Liste
Z_1 = A	A	
Z_2 = B	A B	
Z_3 = ·	a_1	a_1: A · B
Z_4 = C	a_1 C	
Z_5 = D	a_1 C D	
Z_6 = E	a_1 C D E	
Z_7 = -	a_1 C a_2	a_2: D - E
Z_8 = :	a_1 a_3	a_3: C : a_2
Z_9 = +		a_4: a_1 + a_3

tieren und dabei sehen, wie er die Implementierung geschachtelter Programmaufrufe unterstützt.

Die grundsätzliche Idee dabei ist die folgende: Falls ein Unterprogramm U1 aktiviert worden ist und Unterprogramm U2 nach dem Beginn und vor dem Ende der Ausführung von U1 aufgerufen wird, dann soll U2 vor U1 terminieren. Ferner werde angenommen, daß ein Speicherbereich reserviert ist, der alle Datenobjekte, die vom gesamten Programm benutzt werden, aufnehmen kann; dieser Speicherbereich wird als Stapel organisiert, dessen Elemente im allgemeinen unterschiedlich große Sätze sind. Jedes Mal, wenn ein Unterprogramm U aktiviert wird, wird durch eine PUSH-Operation der Satz von Daten, die zu U gehören, in diesen Stapel eingefügt. Wenn U terminiert worden ist, wird dieser Satz wieder aus dem Stapel entfernt (Kapitel 10).

Rekursive Unterprogrammaufrufe können direkt (U ruft U auf) oder indirekt (z. B. U1 ruft U2 und U2 ruft U1 auf) sein. Die rekursiven Aufrufe eines Unterprogrammes U bewirken, daß zu irgendeinem Zeitpunkt zwei oder mehr "Aktivierungssätze" von U gleichzeitig im Stapel gespeichert sind.

Ein einfaches Beispiel für eine Rekursion ist die rekursive Berechnung der Fakultät von N, also N!. Wir können die folgende rekursive Funktion benutzen, wobei N ≥ 1 vorausgesetzt sei:

```
function FAK(N : integer): integer;
   begin
      if N =1
         then FAK := 1
         else FAK := N * FAK(N-1)
   end;
```

Sollte ein Unterprogramm U die Funktion FAK(3) aufrufen, dann würde ein Aktivierungssatz für FAK(3) in den Stapel eingefügt werden (Bild 7-10a)). FAK(3) ruft FAK(2) auf, ein entsprechender Aktivierungssatz FAK(2) wird in den Stapel eingefügt, und schließlich ruft FAK(2) die Funktion FAK(1) auf, wobei ein weiterer Aktivierungssatz für FAK(1) auf den Stapel gelegt wird. Die drei Aktivierungssätze in Bild 7-10 b) repräsentieren die drei Aufrufe von FAK mit unterschiedlichen aktuellen Parametern. Alle drei Unterprogramme sind zu diesem Zeitpunkt aktiviert. Die drei Aufrufe von FAK terminieren in umgekehrter Reihenfolge, in der sie aktiviert worden sind, d. h. FAK(1) liefert FAK = 1, der Aktivierungssatz von FAK(1) wird vom Stapel entfernt, nun kann FAK(2) die Berechnung von 2*FAK(1) = 2*1 = 2 fortsetzen, der Aktivierungssatz von FAK(2) wird entfernt und es wird in das Unterprogramm FAK(3) zurückgekehrt, das schließlich den Wert 3*FAK(2) = 3*2 = 6 abliefert und diesen dem Unterprogramm U übergibt, wonach der Aktivierungssatz von FAK(3) aus dem Stapel entfernt wird.

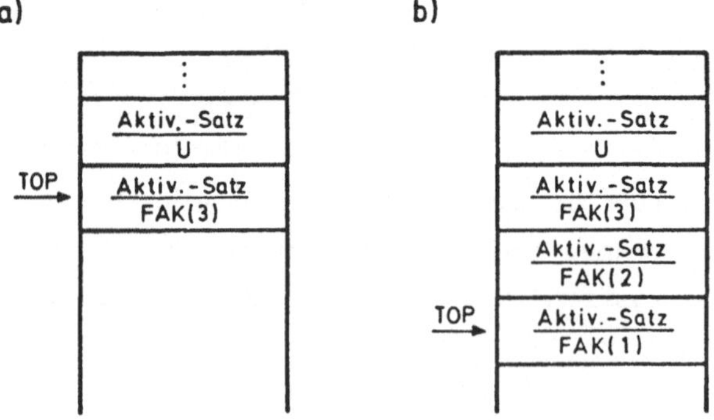

Bild 7-10 Stapel während der Ausführung von FAK(3)

7.2.2 Schlange

Bei einer Schlange werden die Elemente am Kopf (front) der Schlange entfernt (remove) und am Ende (rear) der Schlange eingefügt (add). Zuweilen wird eine Schlange auch als First-in-first-out-Speicher bezeichnet; dasjenige Element, das als erstes in die Schlange eingefügt wird, wird auch als erstes wieder aus der Schlange entfernt.

Die Implementierung einer Schlange als Feld

```
var QUEUE: array [1..N] of GRUNDTYP
```

ist ähnlich der eines Stapels, allerdings werden hier zwei Zeiger benötigt, ein Anfangszeiger FRONT, der den Kopf der Schlange markiert, und ein Endezeiger REAR, der das Ende der Schlange markiert (Bild 7-11). Dabei erhöht

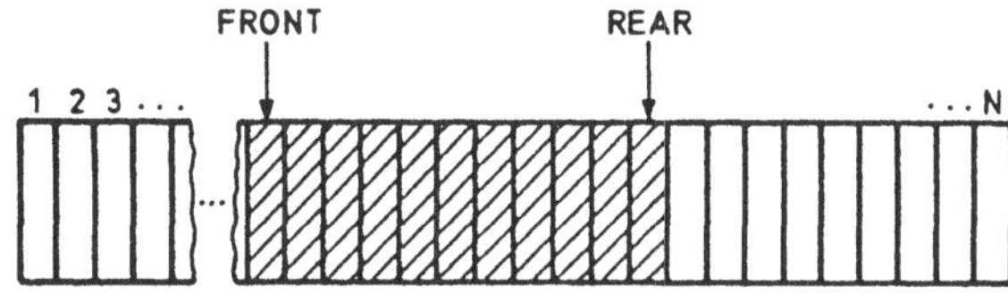

Bild 7-11 Schlange

sich sowohl der Wert von FRONT, wenn ein Element entfernt wird, als auch der Wert von REAR, wenn ein Element hinzugefügt wird. Das Einfügen eines Elementes NEWELEMENT in die Schlange QUEUE wird von der Prozedur ADD übernommen:

```
procedure ADD (NEWELEMENT: GRUNDTYP);
    begin
       REAR := REAR + 1;
       QUEUE[REAR] := NEWELEMENT
    end;
```

Das Entfernen des Kopfelementes aus der Schlange QUEUE und die Übergabe seines Wertes an die Variable FRONTELEMENT geschieht durch die Prozedur REMOVE:

```
procedure REMOVE (var FRONTELEMENT: GRUNDTYP);
    begin
        FRONTELEMENT := QUEUE[FRONT];
        FRONT := FRONT + 1
    end;
```

Es wird aufgefallen sein, daß die Prozeduren keine Ausnahmesituation überprüfen. In der Prozedur REMOVE sollte festgestellt werden, ob die Schlange nicht leer ist, bevor ein Element überhaupt entfernt werden kann. In der Prozedur ADD fehlt der Test, ob REAR $\geq$ N ist; denn durch ständiges Hinzufügen wandert die Schlange nach rechts und kann dabei den reservierten Speicherbereich überschreiten, obgleich durch Entfernen von Elementen links im reservierten Speicherbereich Platz frei geworden ist. Hier kann man einer Speichervergeudung dadurch entgegenwirken, daß man das Feld, in das die Schlange eingebettet ist, kreisförmig schließt. Das kann man erreichen, indem der Wert der Zeiger REAR bzw. FRONT auf 1 zurückgesetzt wird, falls ihr Wert N+1 ist. Trotzdem bleibt es uns nicht erspart, in der Prozedur ADD zu überprüfen, ob die Anzahl der Elemente nicht größer als N wird.

Wir haben die Einbettung einer sequentiell gespeicherten Schlange in einen Speicherbereich diskutiert, der Leser ist aufgefordert, sich in Analogie zur Speicherung von Stapeln zu überlegen, welche Konsequenzen die Einbettung von zwei und mehr sequentiell gespeicherten Schlangen in einen Speicherbereich mit sich bringt. Probleme der Neuanordnung von mehreren Schlangen lassen sich bei geketteter Speicherung vermeiden. Der Freispeicher kann dann wieder in Form eines gekettet gespeicherten Stapels implementiert werden.

Bei der geketteten Speicherung einer Schlange benötigt man wie bei der sequentiellen Speicherung einer Schlange zwei Zeiger, die den Kopf bzw. das Ende der Schlange markieren. Für die Implementierung der Schlange selbst reicht die Einfachkettung aus, sofern sie vom Kopf der Schlange ausgeht (Bild 7-12).

Schlangen sind geeignete Datenstrukturen, um die bei Erzeuger/Verbraucher-Prozessen auftretenden Probleme der Kooperation zu lösen. Ein Erzeuger-

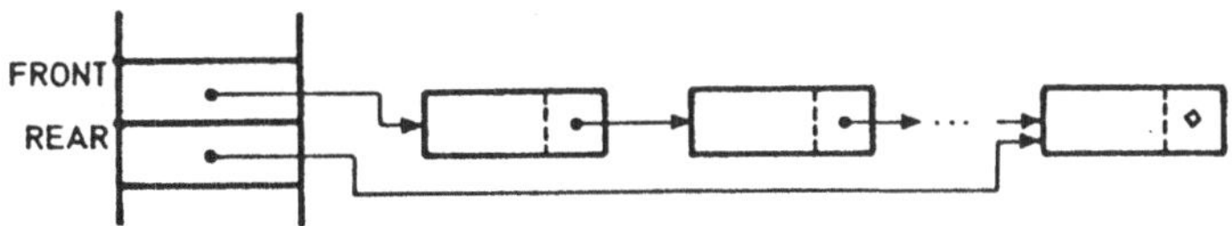

Bild 7-12 Gekettet gespeicherte Schlange

Prozeß produziert Elemente irgendeiner Art, die von einem Verbraucher-Prozeß konsumiert werden. Nun kann man im allgemeinen nicht davon ausgehen, daß die beiden Prozesse synchron ablaufen in der Weise, daß immer ein Element genau dann konsumiert wird, wenn es gerade produziert worden ist. Im Falle, daß die Prozesse mit variierenden Geschwindigkeiten produzieren und konsumieren, wird man einen sogenannten Puffer zwischen dem Erzeuger-Prozeß und dem Verbraucher-Prozeß installieren müssen, der die produzierten Elemente zur zwischenzeitlichen Speicherung aufnehmen und für den weiteren Konsum wieder abgeben kann. Kommt jetzt noch hinzu, daß die Elemente in der Reihenfolge konsumiert werden müssen, in der sie produziert worden sind, dann sind offensichtlich Schlangen die geeigneten Datenstrukturen, um Puffer zu realisieren.

Beispiel:

Ein einfaches Betriebssystem soll aus drei Prozessen bestehen, dem "reader"-Prozeß, dem "executer"-Prozeß und dem "writer"-Prozeß. Der "reader"-Prozeß liest Karten aus dem Kartenleser und überträgt den Karteninhalt in einen Eingabepuffer. Der "executer"-Prozeß entnimmt den Karteninhalt dem Eingabepuffer, verarbeitet die Daten und erzeugt dabei Ergebnisse, die er als Zeileninhalt im Ausgabepuffer abliefert. Der "writer"-Prozeß holt sich den Zeileninhalt im Ausgabepuffer ab und druckt auf dem Printer eine Zeile.

Weiterhin werden Schlangen als Werkzeuge bei der Computer-Simulation diskreter Ereignisse verwendet. Mit ihnen kann das Verhalten von Warteschlangen nachgebildet werden, wobei es sich bei den in den Warteschlangen aufgereihten Elemente um Personen, Güter und dergleichen handeln mag, die auf Bedienung bzw. Abfertigung warten, oder auch um Prozesse, die auf die Freigabe benötigter Betriebsmittel warten.

7.2.3 Doppelstapel

Doppelstapel stellen eine Verallgemeinerung sowohl des Stapels als auch der Schlange dar. Unabhängig von der Speichertechnik benötigt man wie bei Schlangen zwei Zeiger, die den Anfang und das Ende des Doppelstapels markieren. Bei sequentieller Speicherung sollte auch hier der für einen Doppelstapel reservierte Speicherbereich wieder kreisförmig geschlossen sein. Bei der Implementierung von mehr als einem Doppelstapel in einem zusammenhängenden Speicherbereich ist die gekettete Speicherung angezeigt. Die Speicherverwaltung der nicht benutzten Speicherzellen kann wieder in Form eines gekettet gespeicherten Stapels durchgeführt werden. Allerdings ist eine Einfachkettung bei Doppelstapeln nicht mehr ausreichend; denn bei Einfachkettung vom Anfang zum Ende des Doppelstapels könnte das Entfernen eines Elementes am Ende des Doppelstapels nicht mehr effizient durchgeführt werden. Zur Aktualisierung des Endezeigers wird nämlich die Adresse des Vorgängerelementes benötigt, und die könnte man nur erhalten, wenn man den Doppelstapel von Anfang bis Ende durchläuft. Abhilfe schafft hier die Doppelkettung der Elemente.

8 NICHTLINEARE DATENSTRUKTUREN

Unter nichtlinearen Datenstrukturen sind alle Datenstrukturen zu subsumieren, die nicht die Eigenschaft besitzen, linear zu sein. Wesentliche nichtlineare Datenstrukturen sind die netzwerk- oder geflechtartigen Strukturen (plex structures) und die baumartigen oder hierarchischen Strukturen (tree structures). Im Sinne dieser Einteilung werden wir uns mit Graphen als Repräsentanten netzwerkartiger Datenstrukuren und mit Bäumen als Repräsentanten baumartiger Datenstrukturen befassen.

Während lineare Datenstrukturen sich problemlos auf die sequentielle Speicherstruktur abbilden lassen, trifft das für nichtlineare Datenstrukturen nicht mehr ohne weiteres zu. Bei der Implementierung nichtlinearer Datenstrukturen muß neben der Abbildung auf die Speicherstruktur auch die Effizienz des Zugriffs auf die Datenelemente und damit implizit die Effizienz der Operationen auf diesen Datenstrukturen bedacht werden. Da in den seltensten Fällen eine einmal festgelegte Datenstruktur für alle Arten von Operationen auf ihr gleichermaßen gut geeignet ist, wird man sich überlegen müssen, welche Operationen häufiger ausgeführt werden und welche weniger häufig. In Abhängigkeit von dieser Entscheidung wird dann die Datenstruktur und ihre Darstellung so gewählt, daß die häufiger auszuführenden Operationen weniger zeitraubend sind. Aufgrund der konfligierenden Anforderungen wird man beim endgültigen Entwurf eine Balance zwischen Speicherbedarf, Effizienz der Operationen und Eleganz der Lösung herbeiführen müssen.

8.1 Darstellung von Graphen

Für die in Abschnitt 5.1 definierten endlichen, gerichteten Graphen hat man sich die Knoten als Datenobjekte und die gerichteten Kanten als binäre Beziehungen zwischen den entsprechenden Datenobjekten vorzustellen, so daß insgesamt der Graph als Repräsentant einer nichtlinearen Datenstruktur anzusehen ist. Im Hinblick auf die Abbildung eines Graphen auf die Speicherstruktur werde angenommen, daß die Elemente der Knotenmenge N und die Elemente der Kantenmenge E zusätzlich mit einer beliebigen, aber festen Numerierung versehen sind, und die Elemente entsprechend dieser Numerierung geordnet sind. Die gespeicherte Darstellung des Graphen muß sowohl die Datenobjekte als auch ihre Beziehungen zueinander beinhalten. Hier gibt es mehrere Möglichkeiten der Realisierung, die sich aus den vielfältigen Möglichkeiten, einen Graphen zu beschreiben, ergeben.

Darstellung in Form linearer Listen

Eine natürliche Form der Darstellung von Graphen bietet die kantenorientierte Liste (Standardliste), in der die Anfangs- und Endknoten der Kanten entsprechend der gegebenen Kantennumerierung aufgeführt sind, d. h. Anfangsknoten der 1. Kante, Endknoten der 1. Kante, Anfangsknoten der 2. Kante, Endknoten der 2. Kante, usw.

Man beachte, daß der Graph isolierte Knoten enthalten kann, die bei kantenweiser Darstellung des Graphen einer Sonderbehandlung bedürfen, z. B. Einführung eines Leerknotens $\lambda \notin N$, der als fiktiver Endknoten verwendet werden könnte. Offensichtlich benötigt die Speicherung des Graphen als Standardliste einen Speicherbereich der Größe $O(2\|E\|)$, wobei diese sequentiell oder gekettet gespeichert werden kann. Bei der Wahl der Speichertechnik hat man sich an den Operationen, die auf dem Graphen auszuführen sind, zu orientieren. Falls keine strukturellen Änderungen oder nur solche, die durch Einfügen neuer Knoten und Kanten bedingt sind, vorkommen, ist die sequentielle Speicherung durchaus angebracht, da das Einfügen immer am Ende der Liste vorgenommen werden kann, was einer Fortsetzung der Numerierung der Kanten in Zugangsfolge entspricht. Beim Entfernen von Kanten und Knoten (einschließlich ihrer induzierten Kanten) wird man die gekettete Speicherung vorziehen.

Jeder Knoten wird hierbei entsprechend seinem Grad g-mal gespeichert. Die Darstellung eines Graphen als Standardliste impliziert eine redundante Speicherung für solche Graphen, die Knoten mit einem Grad $g > 1$ enthalten.

Eine andere Form der Darstellung von Graphen bietet die knotenorientierte Liste. In dieser wird jeder Knoten n_i zusammen mit seinem Außengrad $g^+(n_i)$ und den Adreßverweisen auf sämtliche Nachfolger entsprechend der gegebenen Knotennumerierung aufgeführt. Die Speicherung der knotenorientierten Liste erfordert einen Speicherbereich der Größe $O(\|N\| + \|E\|)$. Auch hier kann die Speicherung sequentiell oder gekettet erfolgen.

Eine weitere Form der Darstellung von Graphen ist im wesentlichen eine Variante der knotenorientierten Liste. Es wird für jeden Knoten n_i eine Liste L_i angelegt, deren Elemente jeweils der Knoten n_i und seine sämtlichen Nachfolger sind. Außerdem wird eine Kopfliste L_0 angelegt, die die Anker zu den Listen L_i enthält. Der Speicheraufwand zur Realisierung dieser Listen beläuft sich auf $O(c_1\|N\| + c_2\|E\|)$. Die Listen L_i, $i = 1,2, \ldots,\|N\|$, werden dabei häufig als Stapel realisiert, während die Liste L_0 sequentiell gespeichert wird.

<u>Darstellung in Form von Matrizen</u>

Bei den bisher vorgestellten Darstellungsformen von Graphen hatten wir es mit sogenannten integralen Darstellungsformen zu tun, d. h. die Knoten und ihre gegenseitigen Beziehungen zueinander wurden zusammen dargestellt. Dabei ist es durchaus möglich, die Knotenmenge und die Relation in dieser Knotenmenge separat darzustellen. In diesem Falle wird die Knotenmenge im allgemeinen als lineare Liste realisiert, während die Relation in dieser Knotenmenge durch eine Matrix dargestellt wird.

Die Relation E eines Graphen G kann durch seine <u>Adjazenzmatrix</u>

$$A(G) = (a_{kl}) \text{ mit}$$

$$a_{kl} = \begin{cases} 1, \text{ falls } (n_k,n_l) \in E \\ 0, \text{ sonst} \end{cases}, \quad 1 \le k,l \le \|N\|$$

dargestellt werden.

<u>Beispiel</u>:

Für den in Bild 5-2 dargestellten Graphen G hat die Adjazenzmatrix A(G) folgendes Aussehen:

$$
A(G) = \begin{pmatrix}
0 & 1 & 0 & 0 & 0 & 0 & 1 & 0 \\
0 & 0 & 0 & 0 & 0 & 1 & 0 & 0 \\
0 & 1 & 0 & 0 & 1 & 0 & 0 & 0 \\
0 & 0 & 1 & 0 & 0 & 0 & 0 & 0 \\
0 & 0 & 0 & 1 & 0 & 1 & 0 & 0 \\
1 & 0 & 0 & 0 & 1 & 0 & 1 & 0 \\
0 & 0 & 0 & 0 & 0 & 0 & 0 & 1 \\
0 & 0 & 0 & 0 & 0 & 0 & 0 & 0
\end{pmatrix}
$$

Für die Speicherung der $\|N\| \times \|N\|$ Adjazenzmatrix und die auszuwählende Speichertechnik gilt das in Abschnitt 7.1 Gesagte, wobei hier zu beachten ist, daß ein Matrixelement a_{kl} durch ein Bit dargestellt werden kann. Der Speicherbedarf beträgt $O(\|N\|^2)$.

Eine Variante der Adjazenzmatrix, die Bewertungsmatrix $B(G) = (b_{kl})$, dient der Darstellung von bewerteten Graphen. Dabei werden die relevanten Matrixelemente der Adjazenzmatrix durch die entsprechenden Kantenbewertungen ersetzt. Im einzelnen gilt

$$
b_{kl} = \begin{cases} b(n_k, n_l), & \text{falls } (n_k, n_l) \in E \\ 0 & \text{sonst.} \end{cases} \quad , \; 1 \le k,l \le \|N\|
$$

Die Bewertungsmatrix ist eine $\|N\| \times \|N\|$ Matrix, die zur Speicherung einen Speicherbereich der Größe $O(\|N\|^2)$ benötigt, wobei die Werte b_{kl} Elemente eines beliebigen Datentyps sind.

Eine andere Form, die Relation E eines schlingenfreien Graphen G darzustellen, ist die <u>Inzidenzmatrix</u> $I(G) = (i_{kl})$ mit

$$
i_{kl} = \begin{cases} +1, & \text{falls } (n_k, n_r)_l \in E \\ -1, & \text{falls } (n_s, n_k)_l \in E \\ 0 & \text{sonst.} \end{cases} \quad , \; 1 \le k,r,s \le \|N\|, \; 1 \le l \le \|E\|
$$

<u>Beispiel</u>:

Für den in Bild 5-2 dargestellten schlingenfreien Graphen G mit der folgenden Numerierung der Kanten: $(n_1,n_2)_1$, $(n_3,n_2)_2$, $(n_4,n_3)_3$, $(n_1,n_7)_4$, $(n_6,n_1)_5$, $(n_2,n_6)_6$, $(n_3,n_5)_7$, $(n_5,n_4)_8$, $(n_7,n_8)_9$, $(n_6,n_7)_{10}$, $(n_5,n_6)_{11}$, $(n_6,n_5)_{12}$ lautet die Inzidenzmatrix

$$I(G) = \begin{pmatrix} +1 & 0 & 0 & +1 & -1 & 0 & 0 & 0 & 0 & 0 & 0 & 0 \\ -1 & -1 & 0 & 0 & 0 & +1 & 0 & 0 & 0 & 0 & 0 & 0 \\ 0 & +1 & -1 & 0 & 0 & 0 & +1 & 0 & 0 & 0 & 0 & 0 \\ 0 & 0 & +1 & 0 & 0 & 0 & 0 & -1 & 0 & 0 & 0 & 0 \\ 0 & 0 & 0 & 0 & 0 & 0 & -1 & +1 & 0 & 0 & +1 & -1 \\ 0 & 0 & 0 & 0 & +1 & -1 & 0 & 0 & 0 & +1 & -1 & +1 \\ 0 & 0 & 0 & -1 & 0 & 0 & 0 & 0 & +1 & -1 & 0 & 0 \\ 0 & 0 & 0 & 0 & 0 & 0 & 0 & 0 & -1 & 0 & 0 & 0 \end{pmatrix}$$

Die Inzidenzmatrix ist eine $\|N\| \times \|E\|$ Matrix, die Matrixelemente sind vom Typ *integer*. Für die Speicherung der Inzidenzmatrix wird ein Speicherbereich der Größe $O(\|N\| \cdot \|E\|)$ benötigt.

8.2 Darstellung von Bäumen

Der Bedeutung entsprechend, die Bäume als hierarchische Datenstrukturen für viele Anwendungen und zur Realisierung effizienter Algorithmen erlangt haben, werden wir uns dieser besonderen Form von nichtlinearen Datenstrukturen etwas eingehender widmen müssen. Eine umfassende Behandlung der Baumstrukturen ist im Rahmen einer Einführung in die Datenstrukturen nicht möglich. Wir werden uns auf die Behandlung von geordneten Wurzelbäumen konzentrieren; diese werden sehr oft zur Darstellung geordneter Mengen (Suchbäume) herangezogen.

8.2.1 Geordnete Wurzelbäume

Ausgangspunkt unserer Betrachtungen sind die sogenannten k-nären Wurzelbäume, also geordnete Wurzelbäume der Ordnung k. Durch die Reihenfolge, in der die Nachfolger eines jeden Knotens eines Wurzelbaumes notiert worden sind, ergibt sich implizit, daß der Wurzelbaum - wie auch immer - geordnet ist. Wir setzen wieder voraus, daß die Knoten Datenobjekte darstellen und die Kanten jeweils als Repräsentanten einer binären Relation zwischen den entsprechenden Knoten zu betrachten sind.

Für Wurzelbäume gibt es eine Vielzahl von Darstellungsmöglichkeiten (Bild 8-1), von denen die in Bild 8-1a) benutzte Form diejenige ist, die noch die größte Ähnlichkeit zu realen Bäumen aufweist. Die Darstellungsform von Bäumen als geschachtelte Mengen (Bild 8-1b)) erlaubt es uns nicht, geordnete Wurzelbäume darzustellen. Die geschachtelte Klammerdarstellung und das Balkendiagramm sind lineare Darstellungsformen (Bild 8-1c) und 8-1d)) für geordnete Wurzelbäume. Im übrigen erkennen wir im Balkendiagramm die Darstellungsform von Satztypen in COBOL und PL/I (Abschn. 4.3) wieder.

Hinsichtlich der Speicherung von geordneten Wurzelbäumen können wir grundsätzlich auf die Darstellungsformen bei Graphen zurückgreifen. Bei geordneten Wurzelbäumen als Graphen sui generis lassen sich die charakteristischen Struktureigenschaften mitunter dazu ausnutzen, effizientere Methoden für die Speicherung zu implementieren. Die Basistechniken sind auch hier wieder die sequentielle und die gekettete Speicherung.

Wichtige Operationen, die man auf geordneten Wurzelbäumen ausführen will, sind:

1. Auffinden eines Knotens mit gegebenem Schlüsselwert oder gegebener Eigenschaft (z. B. größter Wert),
2. Auffinden aller Knoten in einer bestimmten Reihenfolge,
3. Zugreifen auf den Vorgänger eines gegebenen Knotens,
4. Zugreifen auf einen bestimmten Nachfolger eines gegebenen Knotens,
5. Auffinden aller Nachfolger eines gegebenen Knotens,
6. Einfügen eines Knotens bzw. Teilbaumes,
7. Entfernen eines Knotens bzw. Teilbaumes.

Für eine Reihe der oben genannten Operationen genügt es, geordnete Wurzelbäume in sequentieller Speicherung zu realisieren. Da ein geordneter Wurzelbaum eine eindeutige Klammerdarstellung festlegt, kann diese direkt als Darstellungsform für eine sequentielle Speicherung verwendet werden. Die aus Klammern und Datenobjekten gebildete Sequenz wird in Form einer linearen Liste realisiert.

Nahe verwandt mit der Klammerdarstellung von geordneten Wurzelbäumen ist die <u>Niveaudarstellung</u>, die auf dem Balkendiagramm beruht. Die im Balkendia-

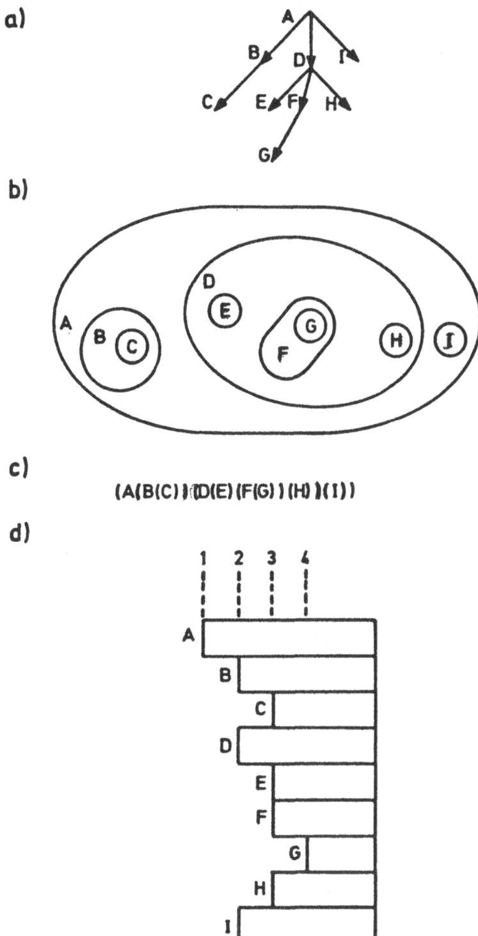

Bild 8-1 Darstellungsformen für Bäume

a) Baumdiagramm

b) geschachteltes Mengendiagramm

c) geschachtelte Klammerdarstellung

d) Balkendiagramm

gramm verwendeten Einrückungen korrespondieren mit den Niveaus der Knoten im Baumdiagramm. Wenn also die Knoten in der durch das Balkendiagramm vorgegebenen Reihenfolge zusammen mit ihrem entsprechenden Niveau notiert werden, dann spricht man von der Niveaudarstellung eines geordneten Wurzelbaumes. Für den in Bild 8-1 dargestellten geordneten Wurzelbaum ergibt sich als entsprechende Niveaudarstellung

1A, 2B, 3C, 2D, 3E, 3F, 4G, 3H, 2I.

Die Sequenz aus Niveaus und Knoten kann in Form einer linearen Liste gespeichert werden.

Einige Operationen auf geordneten Wurzelbäumen erfahren eine bessere Unterstützung, wenn diese gekettet gespeichert sind. Eine Möglichkeit der Speicherungsform haben wir bereits mit der knotenorientierten Liste kennengelernt - zuweilen ist diese Form der Speicherung von geordneten Wurzelbäumen auch mit dem Begriff Standardspeicherung belegt (Bild 8-2). Eine Variante der Standardspeicherung von k-nären Wurzelbäumen besteht darin, den Außengrad nicht zu speichern, sondern k Adreßverweise für jeden Knoten einzurichten und das Nichtvorhandensein von Nachfolgern durch Nullzeiger zu markieren.

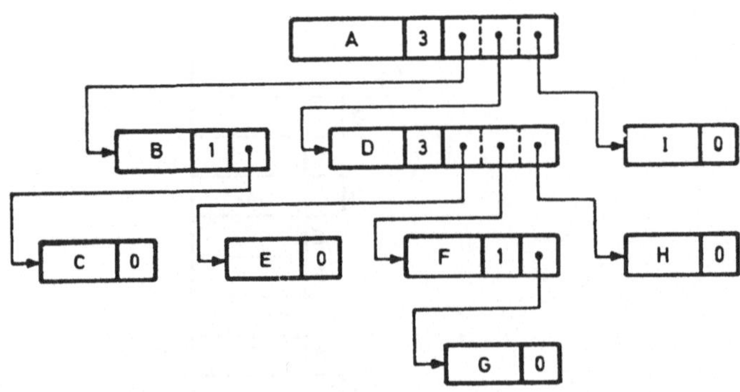

Bild 8-2 Standardspeicherung des in Bild 8-1 dargestellten geordneten Wurzelbaumes

Gewisse Operationen können dadurch unterstützt werden, daß neben der Relation E zusätzlich die Umkehrrelation E^{-1} gekettet gespeichert wird, d. h. zusammen mit dem Knoten und den Adreßverweisen auf seine Nachfolger wird auch ein Adreßverweis auf seinen Vorgänger gespeichert. Diese Form der Speicherung bezeichnet man als erweiterte Standardspeicherung.

Neben diesen Standardformen gibt es weitere Formen der geketteten Speicherung, die wir im Zusammenhang mit den binären Wurzelbäumen (k = 2) behandeln werden.

8.2.2 Binärbäume

Unter den k-nären Wurzelbäumen spielen die Binärbäume eine besondere Rolle; da außerdem jeder k-näre Wurzelbaum durch einen Binärbaum dargestellt werden kann - wie im folgenden gezeigt wird - ist es gerechtfertigt, sich im weiteren ausschließlich mit Binärbäumen zu beschäftigen.

Umwandlung k-närer Wurzelbäume in Binärbäume

Die Darstellung von k-nären Wurzelbäumen kann in einer einfachen systematischen Weise auf die Darstellung von Binärbäumen zurückgeführt werden. Gegeben sei ein k-närer Wurzelbaum $T = (w(T),(T_1,T_2,\ldots,T_k))$ mit Wurzel $w(T)$ und den k Teilbäumen $T_1,T_2,\ldots,T_k$.

Man erhält nun den entsprechenden Binärbaum $B = b(T)$, indem man zunächst

$$b(T) = (w(T),(b(T_1,T_2,\ldots, T_k), \Phi))^{*)}$$

setzt und dann bei gegebenem $T_1 = (w(T_1),(T_{11},T_{12},\ldots,T_{1k}))$ entsprechend dem folgenden Schema den Binärbaum

$$b(T_1,T_2,\ldots,T_k) = (w(T_1),(b(T_{11},T_{12},\ldots,T_{1k}),b(T_2,T_3,\ldots,T_k)))$$

rekursiv konstruiert, bis man bei den Blättern des k-nären Wurzelbaums angekommen ist.

Beispiel:

Für den in Bild 8-1 dargestellten ternären Wurzelbaum

$T = (A,(T_1,T_2,T_3))$ mit

$T_1 = (B,(T_{11},\emptyset,\emptyset))$

$T_{11} = (C,(\emptyset,\emptyset,\emptyset))$

$T_2 = (D,(T_{21},T_{22},T_{23}))$

$T_{21} = (E,(\emptyset,\emptyset,\emptyset))$

$T_{22} = (F,(T_{221},\emptyset,\emptyset))$

$T_{221} = (G,(\emptyset,\emptyset,\emptyset))$

$T_{23} = (H,(\emptyset,\emptyset,\emptyset))$

$T_3 = (I,(\emptyset,\emptyset,\emptyset))$

---

*) Φ repräsentiert den leeren Baum

erhält man schrittweise

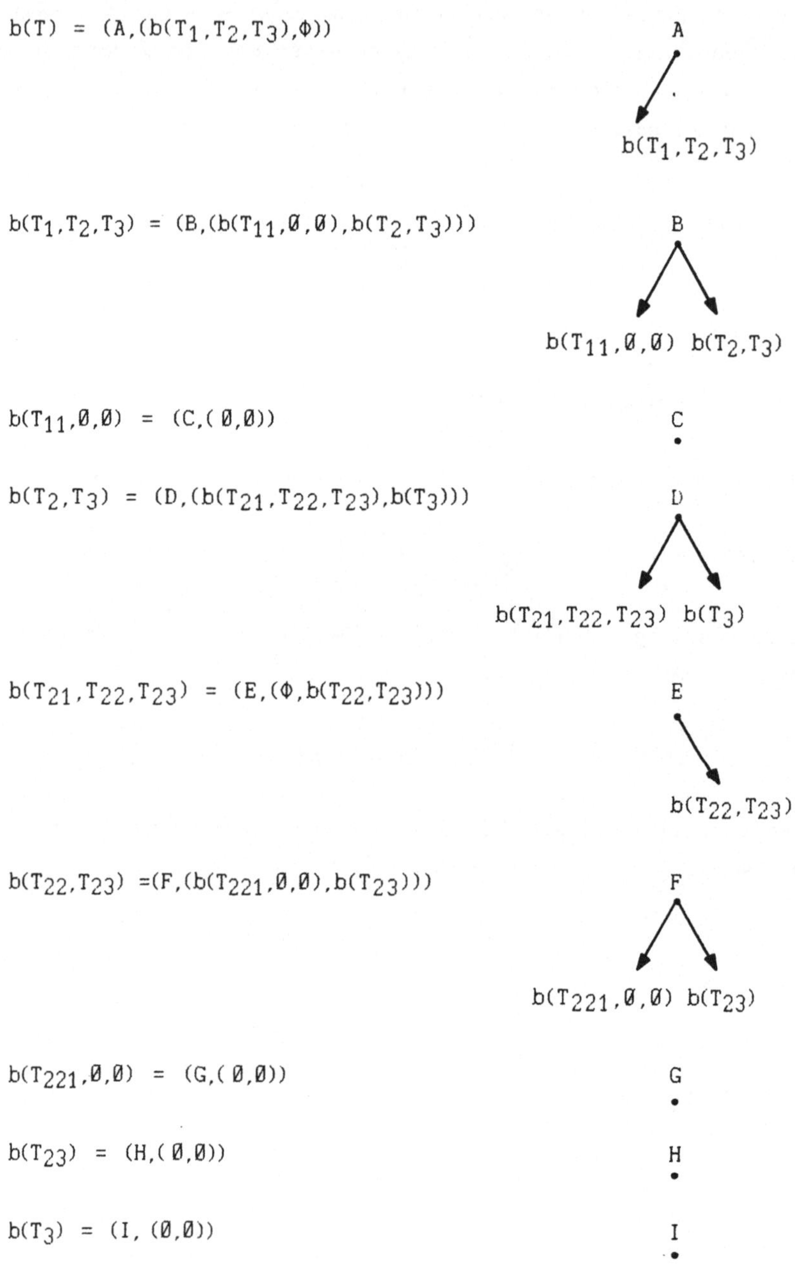

$$b(T) = (A,(b(T_1,T_2,T_3),\Phi))$$

$$b(T_1,T_2,T_3) = (B,(b(T_{11},\emptyset,\emptyset),b(T_2,T_3)))$$

$$b(T_{11},\emptyset,\emptyset) = (C,(\emptyset,\emptyset))$$

$$b(T_2,T_3) = (D,(b(T_{21},T_{22},T_{23}),b(T_3)))$$

$$b(T_{21},T_{22},T_{23}) = (E,(\Phi,b(T_{22},T_{23})))$$

$$b(T_{22},T_{23}) = (F,(b(T_{221},\emptyset,\emptyset),b(T_{23})))$$

$$b(T_{221},\emptyset,\emptyset) = (G,(\emptyset,\emptyset))$$

$$b(T_{23}) = (H,(\emptyset,\emptyset))$$

$$b(T_3) = (I,(\emptyset,\emptyset))$$

was insgesamt zu der Binärbaumdarstellung in Bild 8-3a) führt.

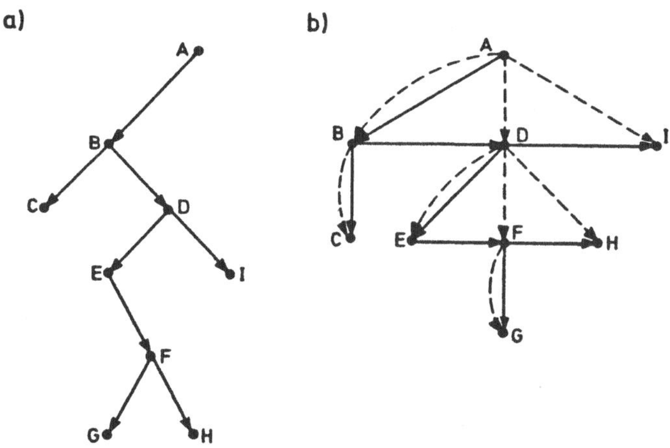

Bild 8-3 Zur Umwandlung k-närer Wurzelbäume in Binärbäume

Die Umwandlung eines k-nären Wurzelbaumes in einen Binärbaum erreicht man also dadurch, daß man einen Knoten n mit k Nachfolgern $n_1, n_2, \ldots, n_k$ ersetzt durch den Knoten n mit dem linken Nachfolger n_1, und daß man für $i = 1,2,\ldots,k-1$ in den Knoten n_i als rechten Nachfolger den Knoten n_{i+1} einsetzt. Die nach diesem Prinzip vorgenommene Umwandlung ist in Bild 8-3b) veranschaulicht.

Darstellung von Binärbäumen

Ein Binärbaum ist dadurch definiert, daß man seine Wurzel spezifiziert und für jeden Knoten den linken und den rechten Nachfolger festlegt. Hierauf basieren die folgenden Darstellungen von Binärbäumen.

(I) Darstellung mit Hilfe von Zeigervariablen

Bei der durch Zeigervariablen definierten Baumstruktur setzen wir voraus, daß das mit einem Knoten assoziierte Datenobjekt WERT Element eines Datentyps GRUNDTYP ist, und daß LINKS bzw. RECHTS Zeigervariablen sind, deren Werte die Adreßverweise auf den linken bzw. rechten Nachfolger des Knotens sind. Damit läßt sich der Datentyp KNOTEN wie folgt vereinbaren:

```
type KNOTEN = record
                WERT   : GRUNDTYP;
                LINKS  : ↑ KNOTEN;
                RECHTS : ↑ KNOTEN
              end;
```

Für nicht vorhandene Nachfolger besitzen die entsprechenden Zeigervariablen LINKS bzw. RECHTS den Wert nil. Bei geeigneter Initialisierung kann mit Hilfe der Zeigervariablen

```
var WURZEL: ↑ KNOTEN;
```

auf die Wurzel des Binärbaumes zugegriffen werden. Der Binärbaum kann in einem Feld

```
var B: array [1..M] of KNOTEN;
```

dargestellt werden.

(II) Darstellung bei niveauweiser Numerierung

Wir setzen einen vollständigen Binärbaum voraus und numerieren bei der Wurzel beginnend die Knoten niveauweise von links nach rechts (Bild 8-4).

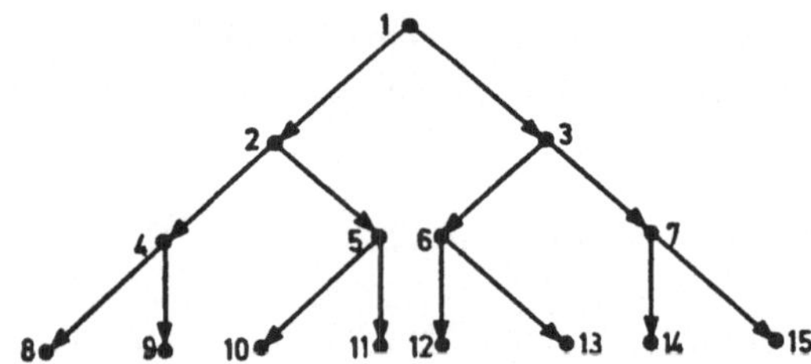

Bild 8-4 Niveauweise Numerierung der Knoten in einem Binärbaum

Werden jetzt die Knoten entsprechend dieser Numerierung sequentiell in einem Feld B über dem Grundtyp KNOTEN gespeichert (niveauweise sequentielle Speicherung), so lassen sich die Knotennummern als Indizes des Feldes B verwenden. Die die Baumstruktur repräsentierenden Kanten sind dann in dieser Darstellung implizit enthalten; sie lassen sich aufgrund der folgenden einfachen Beziehungen

Index des Knotens B[I] : I
Index des linken Nachfolgers von B[I] : 2I
Index des rechten Nachfolgers von B[I] : 2I+1
Index des Vorgängers von B[I] : $\lfloor I/2 \rfloor$ *)

durch Adreßrechnung bestimmen. B[1] ist die Wurzel des Binärbaumes. Der Datentyp KNOTEN kann ohne Relationsteil vereinbart werden.

Vollständige Binärbäume werden bei der niveauweisen Speicherung lückenlos gespeichert, d. h., daß alle Speicherzellen mit den durch die Knoten repräsentierten Datenobjekten belegt sind. Nicht vollständige Bäume lassen sich ebenfalls niveauweise sequentiell speichern, wenn wir für die nicht vorhandenen Knoten in den entsprechenden Speicherzellen "Leer"-Werte eintragen, also sogenannte Dummy-Knoten einfügen.

Das Hinzufügen neuer Blätter an den Binärbaum geschieht problemlos, d. h. aufgrund der niveauweisen Numerierung immer am Ende des Feldes und ohne Verschiebungen der bereits im Binärbaum vorhandenen Knoten.

Die niveauweise Speicherung ist in analoger Weise auch bei vollständigen k-nären Wurzelbäumen anwendbar.

(III) Darstellung bei nichtniveauweiser Numerierung

Sind die Knoten eines Binärbaumes nicht niveauweise, sondern in irgendeiner anderen Reihenfolge numeriert und entsprechend dieser Numerierung sequentiell in einem Feld B abgespeichert, so lassen sich im allgemeinen die die Baumstruktur repräsentierenden Kanten nicht mehr durch Adreßrechnung ermitteln. Wir werden somit für jeden Knoten explizit angeben müssen, wer sein linker und wer sein rechter Nachfolger ist. Das kann dann wie in der folgenden Typvereinbarung geschehen:

---

*) Falls $\lfloor I/2 \rfloor \geq 1$, hat Knoten B[I] einen Vorgänger.
Falls $\lfloor I/2 \rfloor = 0$, ist Knoten B[I] die Wurzel des Wurzelbaums.

```
type KNOTEN = record
                WERT   : GRUNDTYP;
                LINKS  : integer;
                RECHTS : integer
              end;
```

LINKS bzw. RECHTS sind Indexvariablen, deren Werte den Index des linken bzw. rechten Nachfolgers darstellen. Gibt es keinen linken bzw. rechten Nachfolger, so kann das durch LINKS = 0 bzw. RECHTS = 0 angezeigt werden. Bei entsprechender Initialisierung kann mit Hilfe von

```
var WURZEL:integer;
```

auf die Wurzel des Binärbaumes zugegriffen werden.

8.3 Durchlaufverfahren

Sehr oft müssen alle Knoten eines k-nären Wurzelbaumes in einer bestimmten Reihenfolge aufgefunden und bearbeitet werden. Die folgenden Durchlaufverfahren für Binärbäume sind für viele Anwendungen bedeutsam; sie lassen sich als rekursive Prozeduren besonders einfach realisieren, weil sie sich auf die rekursive Definition von Binärbäumen abstützen. Grundsätzlich lassen sich drei Verfahren angeben, einen Binärbaum B = (W(L,R)) zu durchlaufen (traversieren); sie ergeben sich im einzelnen durch die Reihenfolge, in der die drei Bestandteile: Wurzel, linker Teilbaum L und rechter Teilbaum R des Binärbaums B aufgesucht werden.

<u>Durchlaufen in Präordnung (W,L,R) (preorder)</u>

1. Suche die Wurzel W auf.
2. Durchlaufe den linken Teilbaum L in Präordnung.
3. Durchlaufe den rechten Teilbaum R in Präordnung.

<u>Durchlaufen in symmetrischer Ordnung (L,W,R) (inorder)</u>

1. Durchlaufe den linken Teilbaum L in symmetrischer Ordnung.
2. Suche die Wurzel W auf.
3. Durchlaufe den rechten Teilbaum R in symmetrischer Ordnung.

Durchlaufen in Postordnung (L,R,W) (postorder)

1. Durchlaufe den linken Teilbaum L in Postordnung.
2. Durchlaufe den rechten Teilbaum R in Postordnung.
3. Suche die Wurzel W auf.

Gelegentlich wird auch von den umgekehrten Ordnungen - (W,R,L), (R,W,L), und (R,L,W) - Gebrauch gemacht.

Beispiel:

Binärbäume eignen sich in besonderer Weise zur Darstellung arithmetischer Ausdrücke. So besitzt der Ausdruck A · B + C : (D - E) die folgende Binärbaumdarstellung:

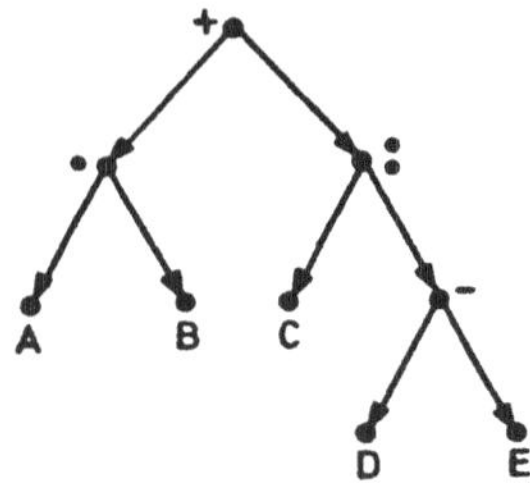

Es ergibt sich beim Durchlaufen des Binärbaumes in

Präordnung die Präfix-Notation	+ · A B : C - D E
symmetrischer Ordnung die Infix-Notation	A · B + C : D - E *)
Postordnung die Postfix-Notation	A B · C D E - : +

Wir werden jetzt einige Traversierungsalgorithmen angeben und hierbei eine Einteilung in rekursive und nichtrekursive Prozeduren vornehmen.

---

*) Die Klammern sind hierbei weggefallen; sie ließen sich aber unter Beachtung der Baumstruktur leicht einfügen - Klammerdarstellung von Bäumen.

Rekursive Traversierungsalgorithmen

Der folgende Algorithmus beschreibt das Durchlaufverfahren in symmetrischer Ordnung und stützt sich auf die Darstellung eines Binärbaumes mit Hilfe von Zeigervariablen.

```
type POINTER = ↑KNOTEN;
procedure LWR(K: ↑POINTER);
    begin
      if K <> nil then
                    begin
                      LWR(K↑.LINKS);
                      process(K↑.WERT);
                      LWR(K↑.RECHTS)
                    end
    end;
```

Die Prozedur *process* verarbeite dabei den Knotenwert in der vom jeweiligen Anwendungsfall abhängigen Weise.

Wird der Binärbaum bei niveauweiser Numerierung als Feld sequentiell gespeichert, dann kann der folgende Traversierungsalgorithmus zum Durchlaufen dieses Binärbaumes in symmetrischer Ordnung benutzt werden:

```
procedure LWR(I: integer);
    begin
      if I <= M then
                 begin
                   LWR(2*I);
                   process(B[I]);
                   LWR(2*I+1)
                 end
    end;
```

Durch Aufruf von LWR(1) wird der gesamte Binärbaum durchlaufen, für jeden Parameter $1 < I \leq M$ wird durch LWR(I) der entsprechende Teilbaum durchlaufen.

Für den Fall, daß die Knoten des Binärbaumes nicht niveauweise numeriert sind, wird der Binärbaum, basierend auf der geeignet definierten Felddarstellung, in symmetrischer Ordnung durch folgende Prozedur durchlaufen:

```
procedure LWR(I: integer);
   begin
     if I <= M then
               begin
                 LWR(B[I].LINKS);
                 process(B[I].Wert);
                 LWR(B[I].RECHTS)
               end
   end;
```

In entsprechender Weise lassen sich die Traversierungsalgorithmen in Prä- und Postordnung rekursiv beschreiben.

Nichtrekursive Traversierungsalgorithmen

Die folgende nichtrekursive Prozedur beschreibt das Durchlaufverfahren in symmetrischer Ordnung und macht explizit Gebrauch von einem Stapel - bei rekursiv definierten Traversierungsprozeduren wird implizit Gebrauch von einem Stapel gemacht (Abschn. 7.2.1). Der Stapel sei anfangs leer und die entsprechenden Stapelprozeduren PUSH, POP, ISEMPTY seien global vereinbart.

Der Stapel wird wie folgt benutzt: Ehe von einem bestimmten Knoten W aus der linke Teilbaum L durchlaufen wird, fügt man den Adreßverweis (Zeiger) auf diesen Knoten W in den Stapel ein, um nach dem Durchlaufen des linken Teilbaumes L durch Abruf dieses Adreßverweises aus dem Stapel Zugriff auf den Knoten W zu haben, so daß man einerseits den Wert des Knotens W verarbeiten kann und andererseits auf dem Knoten W zum Durchlaufen des rechten Teilbaumes R aufsetzen kann.

Das führt zu folgender Prozedur:

```
type POINTER = ↑KNOTEN;
procedure LWR(K : ↑POINTER);
    begin
       if K <> nil then
          while not ((K = nil) and ISEMPTY) do
            begin
               while K <> nil do
                 begin
                     PUSH(K); {ohne Überlaufkontrolle}
                     K := K↑.LINKS
                 end;
               POP(K);
               process(K↑.WERT);
               K := K↑.RECHTS
            end
    end;
```

Die Verwendung eines rekursiven oder nichtrekursiven Traversierungsalgorithmus, der explizit von einem Stapel Gebrauch macht, benötigt - neben dem Speicherbereich für den Binärbaum - zusätzlichen Speicherbereich für den Stapel. Im ungünstigsten Fall, wenn der Binärbaum sozusagen nur aus einem einzigen "Ast" besteht, müssen sämtliche Knoten bzw. die Adreßverweise auf diese Knoten in den Stapel eingefügt werden, so daß die Größe dieses zusätzlichen Speicherbereiches der Anzahl $\|N\| = \nu$ der Knoten im Binärbaum, d. h. $O(\nu)$ entsprechen muß. Im folgenden werden wir deshalb einen nichtrekursiven Traversierungsalgorithmus behandeln, der ohne diesen zusätzlichen Speicherbereich auskommt. Dabei werden wir die Tatsache ausnutzen, daß in der Darstellung (III) eines Binärbaumes immer mehr Zeigerwerte mit einem Wert gleich Null als Zeigerwerte mit einem Wert ungleich Null vorkommen*); dazu werden wir diese eigentlich ungenutzten Komponenten mit Verweisen belegen, die den Weg beim Durchlaufen des Binärbaumes markieren.

---

*) Bei ν Knoten gibt es genau $2 \cdot \nu$ Komponenten LINKS und RECHTS, die formal $2 \cdot \nu$ Kanten darstellen. Konkret besitzt ein Binärbaum mit ν Knoten aber nur ν-1 Kanten, so daß immer ν+1 Komponenten LINKS und RECHTS gleich 0 sind.

Die entsprechende Darstellung wird gefädelte Binärbaumdarstellung (threaded tree representation) genannt; die Nullzeiger werden durch "Faden"-Zeiger ersetzt, die als Wegweiser beim Durchlaufen des Binärbaumes Verwendung finden.

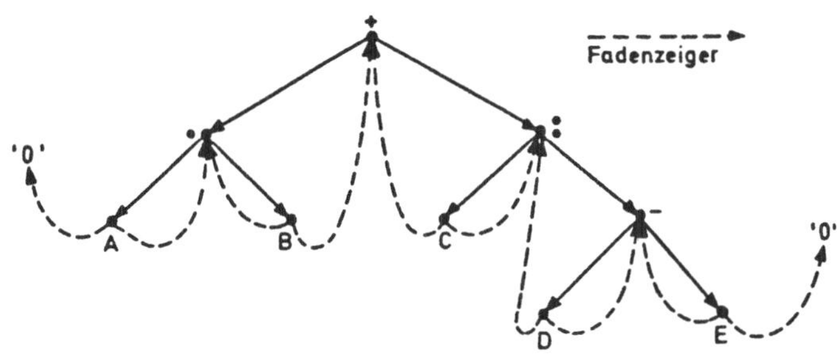

Bild 8-5 Binärbaum in gefädelter Darstellung

Bild 8-5 zeigt einen Binärbaum in gefädelter Darstellung. In dieser Darstellung wird jeweils ein linker Nullzeiger durch einen linken Fadenzeiger ersetzt, der auf den Knoten zeigt, der als letzter beim Durchlaufen in symmetrischer Ordnung aufgesucht worden ist. Ein rechter Nullzeiger wird durch einen rechten Fadenzeiger ersetzt, der auf den Knoten zeigt, der als nächster beim Durchlaufen in symmetrischer Ordnung aufgesucht wird. Das Problem, wie zwischen einem gewöhnlichen Zeiger und einem Fadenzeiger unterschieden werden kann, läßt sich dadurch elegant lösen, daß man bei einem gewöhnlichen Zeiger die Zeigerwerte positiv und bei einem Fadenzeiger negativ abspeichert. Der linke Fadenzeiger des Knotens in Linksaußenposition und der rechte Fadenzeiger des Knotens in Rechtsaußenposition erhalten den Wert 0. Es gilt also:

LINKS = 0 : Knoten in Linksaußenposition

LINKS > 0 : Gewöhnlicher Zeiger, Wert ist Index des linken Nachfolgers im Binärbaum

LINKS < 0 : Fadenzeiger, Wert ist Index des Vorgängers in symmetrischer Ordnung

RECHTS = 0 : Knoten in Rechtsaußenposition

RECHTS > 0 : Gewöhnlicher Zeiger, Wert ist Index des rechten Nachfolgers im Binärbaum

RECHTS < 0 : Fadenzeiger, Wert ist Index des Nachfolgers in symmetrischer Ordnung

Die gefädelte Darstellung von Binärbäumen mit den getroffenen Konventionen führt nun zu einem recht einfachen

Algorithmus: Traversierung in symmetrischer Ordnung

Als Eingabeparameter muß der Index I der Wurzel des (nichtleeren) Binärbaumes übergeben werden.

(1) Falls B[I].LINKS > 0, I := B[I].LINKS und gehe nach (1).

(2) Suche Knoten B[I] auf.

(3) Falls B[I].RECHTS < 0, I := -B[I].RECHTS und gehe nach (2).

(4) Falls B[I].RECHTS > 0, I := B[I].RECHTS und gehe nach (1).

(5) Stop.

Die hier beschriebene Fädelungstechnik für Binärbäume erlaubt es, diese auch einfach in umgekehrter symmetrischer Ordnung (RWL) zu durchlaufen. Hierzu brauchen in dem vorab beschriebenen Algorithmus nur jeweils die Bezeichner LINKS und RECHTS vertauscht zu werden.

Bei der Bewertung der verschiedenen Traversierungsalgorithmen bezüglich Speicher- und Zeitbedarf erweist sich der Traversierungsalgorithmus gefädelter Bäume in jeder Hinsicht als der günstigste, er benötigt weniger Speicher und hat, wie Untersuchungen gezeigt haben [KNU 69, Vol. 1], die geringste Ausführungszeit.

8.4 Sortierbäume

Es kommt sehr oft vor, daß Daten in einem Text in eine Sortierfolge zu bringen sind. Ein Beispiel dafür sind die symbolischen Namen in einem Assemblerprogramm, die in Sortierfolge in eine Symboltabelle eingetragen werden. Dabei kann man so vorgehen, daß man die Daten in Zugangsfolge in einer Liste anordnet und dann die Liste entsprechend dem vorgegebenen Ordnungskriterium sortiert. Bei dieser Vorgehensweise ergibt sich eine Reihe von Problemen, die damit zu tun haben, daß die Daten erst nach einer

Anzahl von Schritten in Sortierfolge angeordnet sein werden. Wünschenswert wäre es, wenn die Daten beim Verarbeiten des Textes gleich in Sortierfolge angeordnet und dabei Mehrfacheintragungen vermieden werden könnten. Gesucht ist eine Datenstruktur, die es zum einen erlaubt, die Daten in Sortierfolge zu verarbeiten, und die zum anderen das Einfügen neuer Daten ermöglicht. Eine derartige dynamische Datenstruktur ist ein Sortierbaum.

Definition: Sortierter Binärbaum

Ein Binärbaum B heißt bez. seiner Knotenmenge N sortiert nach $<$, falls beim Durchlaufen von B in symmetrischer Ordnung die Knoten in der durch $<$ gegebenen Reihenfolge aufgesucht werden.*)

Anmerkung

Man beachte, daß die Ordnung auf der Knotenmenge N nicht nur durch die Knoteninhalte, sondern auch durch Teilinhalte (Schlüsselwerte) der Knoten festgelegt sein kann.

Ein sortierter Binärbaum wird Sortierbaum oder auch Suchbaum genannt.

Beispiel:

Die dem Text DATENSTRUKTUR zugrundeliegenden Buchstaben sind in Bild 8-6 in lexikographischer Ordnung angeordnet.

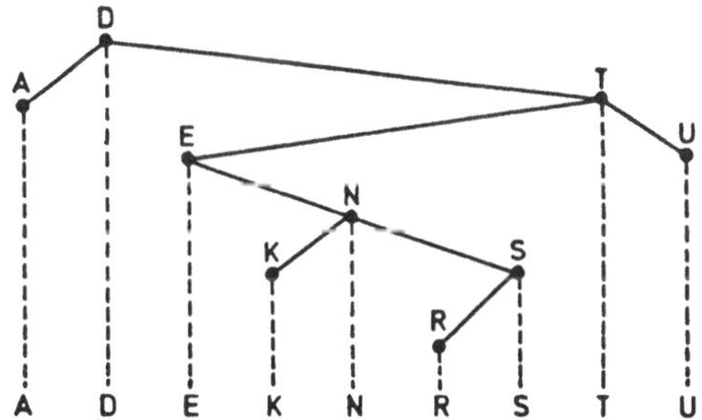

Bild 8-6 Beispiel eines Suchbaumes

---

*) Falls mehrere Knoten denselben Wert besitzen, muß in der Definition $<$ durch $\leq$ ersetzt werden.

Man beachte, daß bei vertikaler Projektion der Knoten des Suchbaumes auf die Horizontale die Buchstaben in der lexikographischen Ordnung sortiert sind.

Für die Operationen auf Suchbäumen erweist sich der folgende Satz als bedeutsam.

Satz:

Sei B ein Binärbaum über der Knotenmenge N. B ist bez. N sortiert nach < genau dann, wenn für B und jeden Teilbaum von B gilt:
Ist n ein Knoten im linken Teilbaum L, dann ist n kleiner als die Wurzel W, und ist n ein Knoten im rechten Teilbaum R, dann ist n größer als die Wurzel W.

Von den Operationen auf Suchbäumen
1. Auffinden eines Knotens in einem Suchbaum,
2. Einfügen eines Knotens in einen Suchbaum (Erzeugen eines Suchbaumes),
3. Entfernen eines Knotens aus einem Suchbaum,
4. Durchlaufen aller Knoten eines Suchbaumes
haben wir das Durchlaufen von Binärbäumen bereits in Abschnitt 8.3 behandelt.

Auffinden eines Knotens

Zum Auffinden eines Knotens mit vorgegebenem Schlüsselwert k_0 (Suchargument) in einem Suchbaum vergleicht man zunächst den Schlüsselwert k_W der Wurzel mit dem vorgegebenen Schlüsselwert k_0; gilt $k_0 = k_W$, dann ist W der gesuchte Knoten und die Suche ist beendet. Andernfalls setzt man die Suche fort, und zwar, falls $k_0 < k_W$ ist, im linken Teilbaum L, oder falls $k_0 > k_W$ ist, im rechten Teilbaum R. In entsprechender Weise wird solange fortgefahren, bis der Knoten mit dem entsprechenden Schlüsselwert k_0 gefunden ist oder - in einem Blatt des Suchbaumes angelangt - ein Knoten mit entsprechendem Schlüsselwert k_0 nicht gefunden worden ist.

Die Anzahl der Zugriffe, die zur erfolgreichen Suche eines Knotens erforderlich sind, entspricht der Länge eines Pfades von der Wurzel des Suchbaumes zu dem entsprechenden Knoten. Das Niveau, auf dem der entsprechende

Knoten angesiedelt ist, wird nicht immer bekannt sein; um den Zeitbedarf für das Auffinden eines Knotens im ungünstigsten Falle abzuschätzen, hilft uns die Angabe der kleinsten oberen Schranke (maximales Niveau) für die maximale Anzahl der Zugriffe. Die mittlere Anzahl von Zugriffen stellt hingegen ein vernünftiges Maß für den Zeitbedarf beim Auffinden mehrerer Knoten dar. Die für das Auffinden ungünstigste Gestalt ist die, wenn der Suchbaum zu einem einzigen Ast (linearer Binärbaum) entartet ist, während die diesbezüglich günstigste Gestalt bei einem vollständigen Suchbaum vorliegt. Unter Berücksichtigung der quantitativen Eigenschaften von Binärbäumen (Abschn. 5.2.2) lassen sich die maximale und die mittlere Anzahl der Zugriffe in Suchbäumen über der Knotenmenge N leicht bestimmen (Tabelle 8-1).

Tabelle 8-1 Maximale und mittlere Anzahl von Zugriffen in Suchbäumen über der Knotenmenge N mit $\|N\| = \nu$

	linearer Suchbaum	vollständiger Suchbaum
maximale Anzahl	ν	$\lfloor \mathrm{ld}\nu \rfloor + 1$
mittlere Anzahl	$\frac{\nu + 1}{2}$	$\approx \mathrm{ld}\nu - 1$

Man beachte, daß die mittlere Anzahl von Zugriffen für den linearen und den vollständigen Suchbaum über der Knotenmenge N ($\|N\| = \nu$) angegeben worden ist. Das sind nur wenige von insgesamt $\nu!$ möglichen Suchbäumen, die sich aus den $\nu!$ verschiedenen Permutationen von ν Knoten ergeben. Mehr Aussagekraft vermittelt demnach die Angabe der mittleren Anzahl von Zugriffen in Suchbäumen über der Knotenmenge N, wenn man die $\nu!$ verschiedenen Suchbäume berücksichtigt. Nach Gl.(5.11) erhält man für diese mittlere Anzahl von Zugriffen

$$S_{mittel} \approx 1.38629 \; \mathrm{ld}\nu - 1,84557. \tag{8.1}$$

Dieses Resultat besagt, daß die durchschnittliche Suchzeit in Suchbäumen dem dyadischen Logarithmus der Anzahl ν der Knoten proportional ist. Man beachte aber, daß es nur die durchschnittliche Suchzeit quantifiziert und daß im Extremfall die Suchzeit proportional ν sein kann. In Abschnitt 8.5 werden wir höhenbalancierte Bäume behandeln, die selbst im ungünstigsten Fall, daß nämlich der gesuchte Knoten auf dem höchsten Niveau angesiedelt ist, eine Suchzeit proportional zum dyadischen Logarithmus der Anzahl ν der Knoten garantieren.

Die Suche in vollen Suchbäumen entspricht der binären Suche in sortierten Datenbeständen (Abschn. 6.2.2).

Einfügen eines Knotens (Generieren eines Suchbaumes)

Bei der Suche eines Knotens in einem Suchbaum hatten wir dessen Existenz vorausgesetzt. Bevor wir aber überhaupt in einem Suchbaum suchen können, müssen wir einen solchen erzeugt haben. Nun läßt sich das Generieren eines Suchbaumes auf wiederholtes Einfügen von Knoten in den Suchbaum zurückführen.

Mit dem Einfügen eines Knotens ist immer eine Suche verknüpft. Soll ein Knoten mit vorgegebenem Schlüsselwert k_0 in den Suchbaum eingefügt werden, so wird zunächst ein bereits eingefügter Knoten mit gleichem Schlüsselwert k_0 gesucht. Ist ein solcher vorhanden, dann erübrigt es sich, den Knoten ein weiteres Mal einzufügen. Ist die Suche nach einem solchen Knoten erfolglos, so wird der neue Knoten immer als Blatt eingefügt.

Beispiel:

Gegeben sei der Text S P E I C H E R, dessen Buchstaben entsprechend der durch das Alphabet gegebenen lexikographischen Ordnung in einen Suchbaum eingefügt werden sollen. Zu Beginn der Generierung sei der Suchbaum leer. Als erstes ist der Knoten "S" einzufügen. Da die Suche nach einem entsprechenden Knoten erfolglos endet, wird der Knoten "S" als Blatt (hier Wurzel) eingefügt. Als nächstes ist der Knoten "P" einzufügen, die Suche nach einem Knoten "P" bricht erfolglos in der Wurzel "S" ($P < S$) ab, und der Knoten "P" wird als linker Nachfolger von "S" eingefügt. In dieser Weise fortfahrend ergibt sich schließlich der folgende Suchbaum:

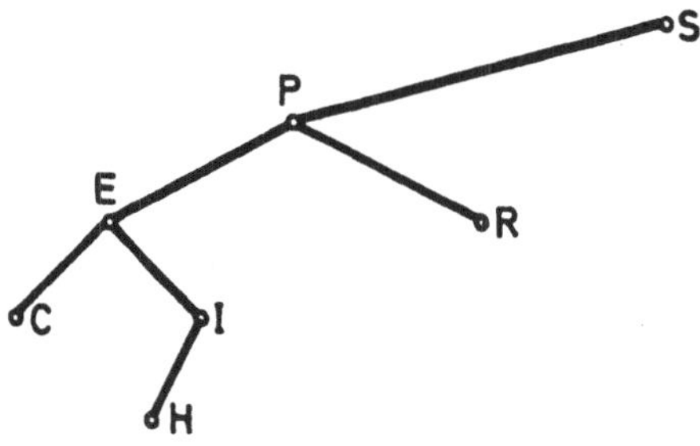

Die konkrete Gestalt eines Suchbaumes hängt ab von der Zugangsfolge, in der die Knoten zeitlich nacheinander in den Suchbaum eingefügt werden. Man überlegt sich leicht, daß ein linearer Suchbaum generiert wird, falls die Zugangsfolge der Knoten z. B. ihrer Sortierfolge (aufsteigend) oder ihrer umgekehrten Sortierfolge (absteigend) entspricht. Ein voller Suchbaum wird erzeugt, wenn die Zugangsfolge der Knoten als ersten Knoten den in der "Mitte" der Sortierfolge, als die nächsten beiden Knoten die in den "Mitten" der beiden "Hälften" der Sortierfolge präsentiert usw.

Da man im allgemeinen bei einer Anwendung die Zugangsfolge der Knoten nicht beeinflussen kann, hat man auch keine Möglichkeit, den Suchbaum zu gestalten, wenn man die Knoten entsprechend dem oben erwähnten Verfahren des Einfügens in den Suchbaum einsortiert. Im Hinblick auf kurze Suchzeiten sind, wie wir bereits wissen, volle Suchbäume optimal; wir werden also das Problem lösen müssen, wie man dynamisch "optimale" Suchbäume erzeugen kann (Abschn. 8.5).

Entfernen eines Knotens

Während das Einfügen eines Knotens in einen Suchbaum immer auf das Einfügen eines Blattes in einen Binärbaum hinausläuft und somit grundsätzlich problemlos zu bewerkstelligen ist, erweist sich das Entfernen eines Knotens aus einem Suchbaum dann als schwierig, wenn der Knoten einen linken oder einen rechten Nachfolger besitzt. Dem Entfernen eines Knotens mit vorgegebenem Schlüsselwert k_0 geht zunächst das Auffinden im Suchbaum voraus. Dabei sind bezüglich des gefundenen und zu entfernenden Knotens drei Fälle zu unterscheiden:

1. Der Knoten ist ein Blatt: Das Blatt (ggf. die Wurzel) wird aus dem Suchbaum entfernt.

2. Der Knoten hat nur einen (entweder linken oder rechten) Nachfolger: Der Knoten wird aus dem Suchbaum entfernt, seine Position nimmt der eine Nachfolger ein.

3. Der Knoten hat einen linken und einen rechten Nachfolger: Der Knoten wird aus dem Suchbaum entfernt. Da aber nicht beide Nachfolger in seine freigegebene Postition rücken können, verfährt man wie folgt: Der Knoten n_k mit dem kleinsten Schlüsselwert im rechten Teilbaum des zu entfernenden Knotens n_e nimmt dessen Position ein (Bild 8-7). Selbstverständlich muß n_k zunächst gesucht und dann, nachdem er in die neue Position gewechselt ist, aus seiner alten Position entfernt werden. Alternativ könnte auch der Knoten mit dem größten Schlüsselwert im linken Teilbaum von n_e die Position von n_e einnehmen.

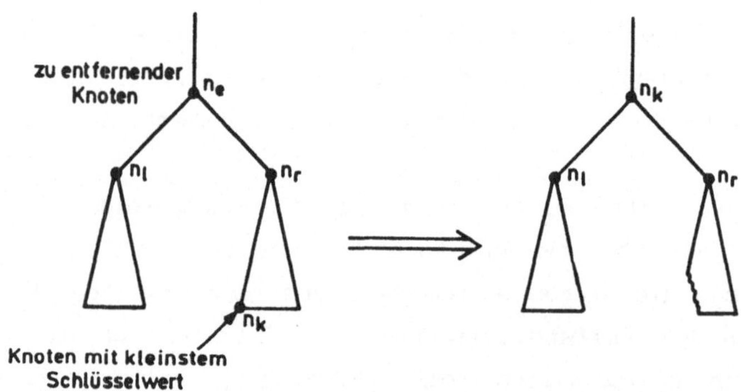

Bild 8-7 Zur Veranschaulichung des Entfernens eines Knotens mit zwei Nachfolgern aus einem Suchbaum

Auch das wiederholte Entfernen von Knoten aus einem Suchbaum kann dazu führen, daß sich die Gestalt des Suchbaumes im Hinblick auf kurze Suchzeiten negativ verändert. Hier stellt sich ebenfalls die Frage, wie bei einem "optimalen" Suchbaum trotz des Entfernens von Knoten die Eigenschaft "optimal" beibehalten werden kann.

8.5 Höhenbalancierte Bäume

Wie wir wissen, besitzen die höhenbalancierten Binärbäume die aus praktischen Gesichtspunkten vorteilhafte Eigenschaft, daß ihre Höhe selbst im ungünstigsten Fall proportional zum dyadischen Logarithmus der Anzahl $\|N\| = \nu$ ihrer Knoten ist (Abschn. 5.2.2). Eine besondere Datenstruktur stellen die sortierten höhenbalancierten Binärbäume dar, die auch höhenbalancierte Suchbäume oder AVL-Bäume *) genannt werden. AVL-Bäume garantieren nicht nur kurze Suchzeiten, sie erlauben auch ein schnelles Einfügen und Entfernen von Knoten.

Um Entartungen durch Einfügen und Entfernen von Knoten bei AVL-Bäumen zu vermeiden, muß für die Knoten, deren Balancekriterium verletzt worden ist, der Suchbaum lokal so transformiert werden, daß das Balancekriterium für alle Knoten wiederhergestellt und gleichzeitig der Baum noch sortiert ist.

Die durchzuführenden Transformationen beruhen auf einer Rechts- oder Linksrotation.

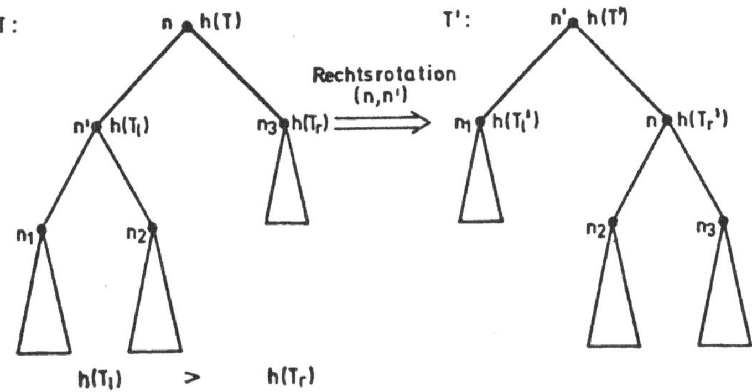

Bild 8-8 Zur Veranschaulichung der Rechtsrotation

Bild 8-8 veranschaulicht eine Rechtsrotation bezüglich der Wurzel n eines Teilbaumes T und ihres linken Nachfolgers n'. Durch diese Rechtsrotation geht der sortierte Teilbaum T mit Wurzel n über in den sortierten Teilbaum T' mit Wurzel n'. Die Sortierfolge bleibt dabei erhalten, es ändern sich lediglich die Höhen der einzelnen Teilbäume. Gilt $h(T_l) > h(T_r)$ - in diesem Falle ist eine Rechtsrotation geboten - , so folgt im einzelnen:

$$h(T_l') < h(T_l), \quad h(T_r') > h(T_r), \quad h(T') \leq h(T).$$

---

*) Die höhenbalancierten Suchbäume wurden von Adelson-Velskii und Landis [ADE 62] eingeführt.

Im Sinne der Höhenbalancierung wird durch diese Rechtsrotation eine Angleichung der Höhen der Teilbäume erreicht.

In umgekehrter Situation ($h(T_r) > h(T_l)$) wird man eine Linksrotation durchführen, die sich in Analogie zur Rechtsrotation beschreiben läßt.

Im übrigen läßt sich zeigen, daß ausgehend von einem beliebigen Suchbaum S über der Knotenmenge N alle Suchbäume mit dieser Knotenmenge N durch endlich viele Rechts- und Linksrotationen aus dem Suchbaum S erzeugt werden können.

Einfügen eines Knotens

Beim Einfügen eines Knotens in einen AVL-Baum wird - wie allgemein bei den Suchbäumen - dieser als Blatt angefügt. Der entstandene Suchbaum muß aber kein AVL-Baum mehr sein, da das Balancekriterium für einen oder mehrere - höchstens aber h (h = Höhe des AVL-Baumes) - Knoten verletzt worden sein kann; diese Knoten liegen auf dem Pfad von der Wurzel zu dem zuletzt eingefügten Blatt.

Beim Einfügen eines Knotens in einen AVL-Baum haben wir mehrere Fälle zu betrachten (Bild 8-9), die sich lokal auf die konkrete Gestalt eines Teilbaumes T in einem AVL-Baum beziehen. Wir dürfen aber ohne Einschränkung der Allgemeinheit davon ausgehen, daß der linke Teilbaum von T höher als oder gleich hoch wie der rechte Teilbaum ist - die jeweils andere Situation ergibt sich einfach aus Symmetrieüberlegungen.

Fall 1

Durch Einfügen eines Knotens in den Teilbaum mit Wurzel n_3 ändert sich zwar die Höhe dieses Teilbaumes (von h-1 in h), der Höhenzuwachs wird aber nicht weiter nach oben vererbt, das Balancekriterium bleibt für alle Knoten erhalten.

Fall 2

Durch Einfügen eines Knotens in den Teilbaum mit Wurzel n' ändert sich die Höhe dieses Teilbaumes (von h auf h+1), der Höhenzuwachs wird nach oben weiter vererbt. Für alle Knoten des Teilbaumes T' bleibt das Balancekriterium erhalten.

Ist n die Wurzel des Baumes, dann handelt es sich um einen AVL-Baum, da das Balancekriterium für alle Knoten erhalten geblieben ist. Ist n nicht die Wurzel des Baumes, dann kann sich der Höhenzuwachs weiter nach oben vererben, gegebenenfalls bis zur Wurzel des Baumes. Treten hierbei Verletzungen des Balancekriteriums auf, so muß für die entsprechenden Knoten eine Balancierung vorgenommen werden.

Fall 3

Durch Einfügen eines Knotens in den Teilbaum mit Knoten n' ändert sich die Höhe dieses Teilbaumes (von h auf h+1), der Höhenzuwachs wird nach oben vererbt. Das Balancekriterium für den Teilbaum T' mit Wurzel n ist verletzt worden.
Grundsätzlich kann der Teilbaum T' dabei eine der in Bild 8-10 dargestellten konkreten Gestalten besitzen, mit Ausnahme des Falles 3.3, der sich nicht durch das Einfügen eines Knotens, sondern nur durch das Entfernen eines Knotens aus einem AVL-Baum ergeben kann.

Fall 3.1

Durch Rechtsrotation (n,n') ist für jeden Knoten in T'' das Balancekriterium erfüllt; die Höhe von T'' ist gleich der Höhe von T, so daß der Höhenzuwachs absorbiert worden ist und sich nicht weiter nach oben vererbt.

Fall 3.2

Durch die Linksrotation (n',n_2) gefolgt von der Rechtsrotation (n,n_2) (beide zusammen <u>Doppelrotation</u> genannt) ist für jeden Knoten in T'' das Balancekriterium erfüllt; die Höhe von T'' ist gleich der Höhe von T, so daß der Höhenzuwachs absorbiert worden ist und nicht weiter nach oben vererbt wird.

Der Aufwand für das Einfügen eines Knotens in einen AVL-Baum beträgt O(ldν); man muß einerseits den Pfad von der Wurzel bis zu dem neuen eingefügten Blatt durchlaufen und andererseits in umgekehrter Richtung einem sich dadurch ergebenden Höhenzuwachs, der sich schlimmstenfalls bis zur Wurzel vererben kann, nachgehen, um bei einer Verletzung des Balancekriteriums die Höhenbalance wieder herzustellen. Das Einfügen erfordert aber höchstens eine Rotation oder Doppelrotation, da durch eine solche Operation der Höhenzuwachs immer absorbiert werden kann [NOL 82].

Fall	Teilbaum T (vor dem Einfügen eines Knotens)	Teilbaum T' (nach dem Einfügen eines Knotens)
1	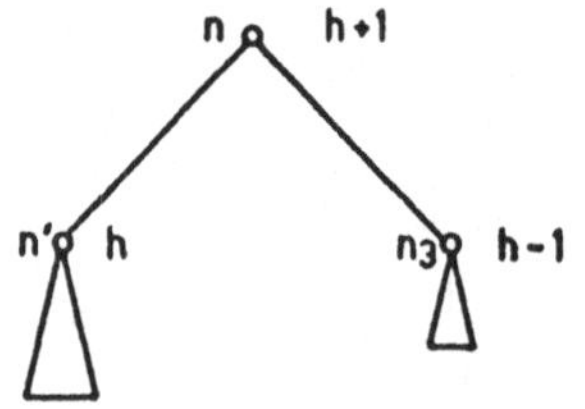 n h+1 n' h · n_3 h-1	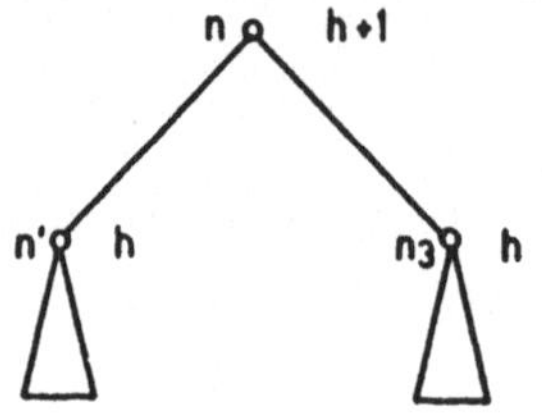 n h+1 n' h · n_3 h
2	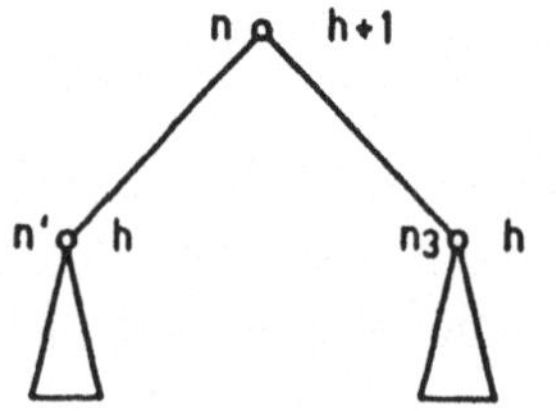 n h+1 n' h · n_3 h	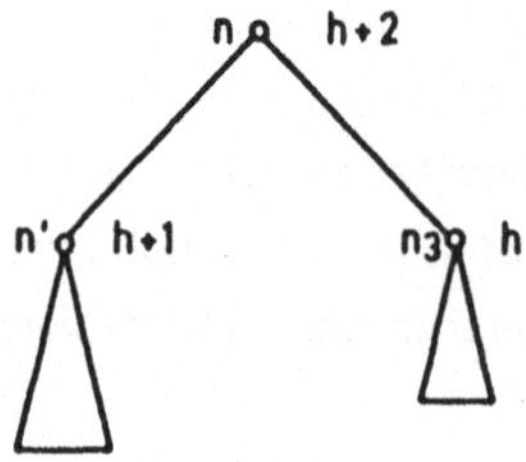 n h+2 n' h+1 · n_3 h
3	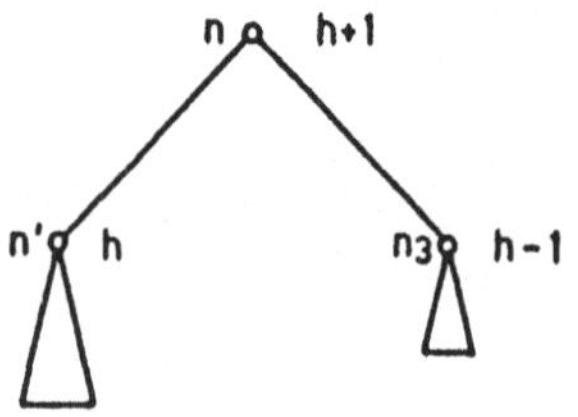 n h+1 n' h · n_3 h-1	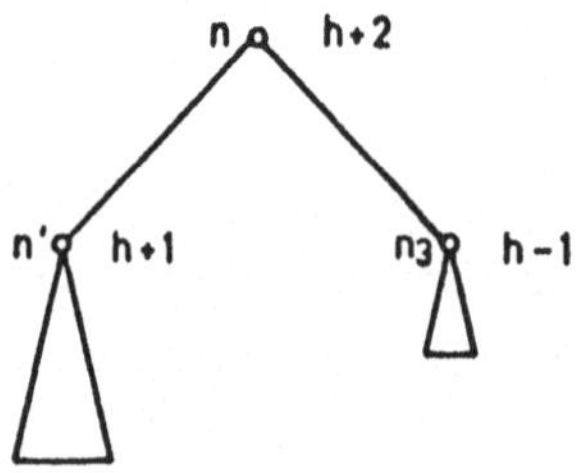 n h+2 n' h+1 · n_3 h-1

Bild 8-9 Fallunterscheidungen bei den lokalen Höhenänderungen eines Teilbaums durch das Einfügen eines Knotens in einen AVL-Baum

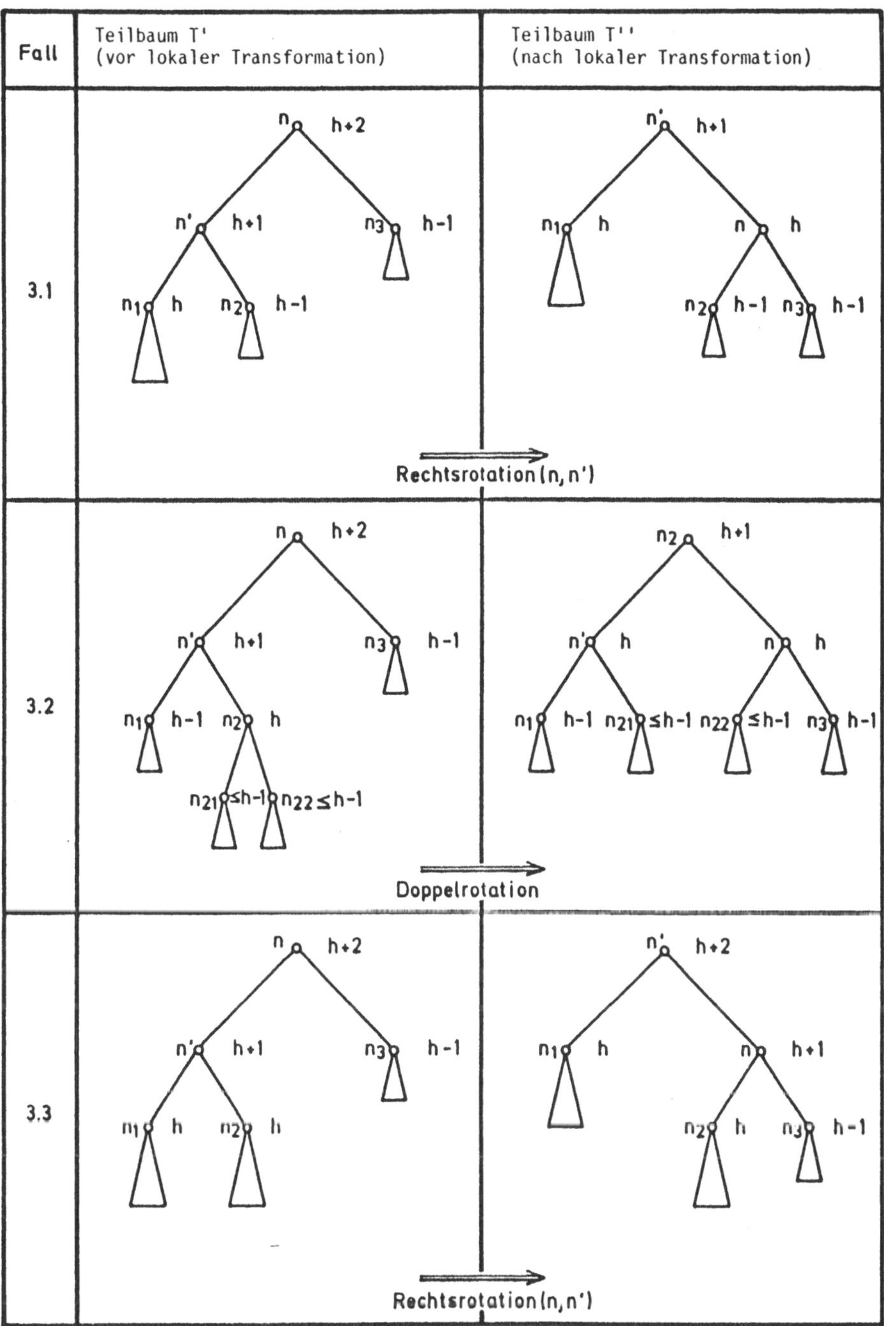

Bild 8-10 Fallunterscheidungen bei der Balancierung von Teilbäumen

Entfernen eines Knotens

Das Entfernen eines Knotens aus einem AVL-Baum ist komplizierter als das Einfügen eines Knotens. Während ein einzufügender Knoten immer als Blatt angefügt wird, muß der zu entfernende Knoten kein Blatt sein, sondern es kann ein innerer Knoten sein. In diesem Fall muß er durch einen geeigneten Knoten des Baumes so ersetzt werden, daß der Baum zusammenhängend und sortiert bleibt. Dazu ersetzt man den inneren Knoten, falls er "rechte Nachfolger" besitzt, durch den nächst größeren Knoten im Baum, sonst durch den nächst kleineren Knoten. Demnach sind dann zwei Fälle zu unterscheiden:

i) Der zu entfernende Knoten besitzt "rechte Nachfolger". Der nächstgrößere Knoten kann dann ein Blatt oder ein innerer Knoten sein. Ist der nächstgrößere Knoten ein Blatt, dann wird der zu entfernende Knoten durch dieses Blatt ersetzt (Bild 8-11a)). Ist der nächstgrößere Knoten ein innerer Knoten, dann besitzt er nur einen einzigen Nachfolger, und zwar einen rechten Nachfolger, der ein Blatt ist (AVL-Baum!). In diesem Falle rückt das Blatt in die Position des nächstgrößeren Knotens und dieser in die Position des zu entfernenden Knotens (Bild 8-11b)).

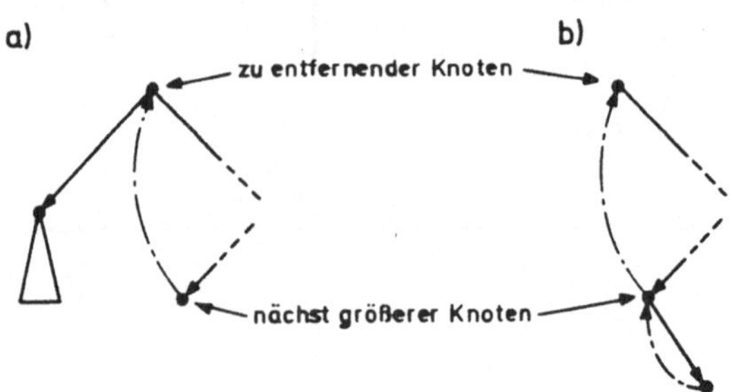

Bild 8-11 Ersetzen des zu entfernenden Knotens

ii) Der zu entfernende Knoten besitzt keinen rechten Nachfolger. Der nächst kleinere Knoten ist dann ein Blatt (AVL-Baum!). Der zu entfernende Knoten wird durch dieses Blatt ersetzt.

Man beachte, daß beim Ersetzen des zu entfernenden Knotens letztendlich immer ein Blatt aus dem AVL-Baum entfernt worden ist.

Fall	Teilbaum T (vor dem Entfernen eines Knotens)	Teilbaum T' (nach dem Entfernen eines Knotens)
1	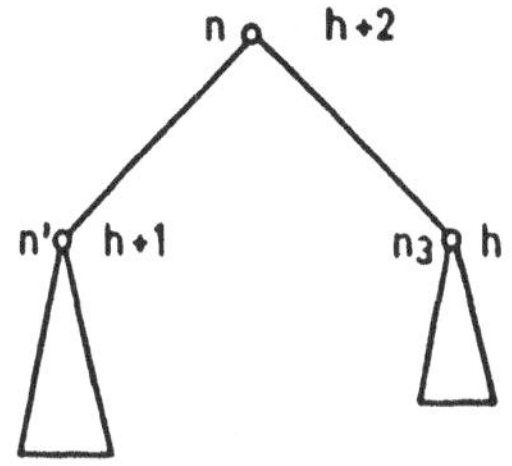 n h+2 n' h+1 n_3 h	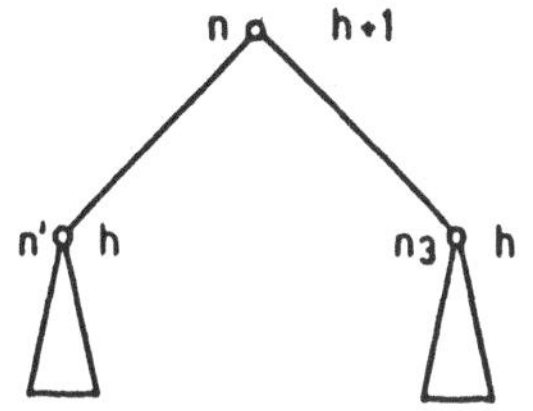 n h+1 n' h n_3 h
2	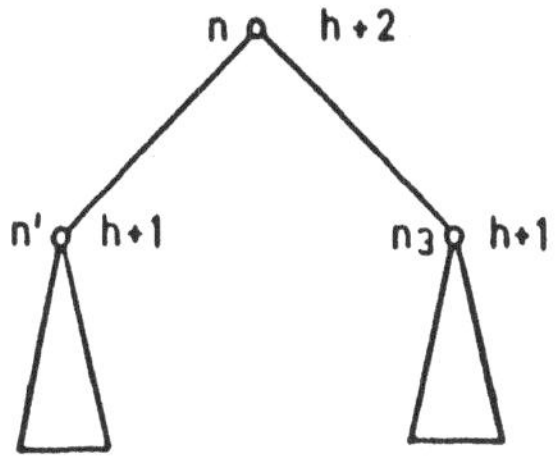 n h+2 n' h+1 n_3 h+1	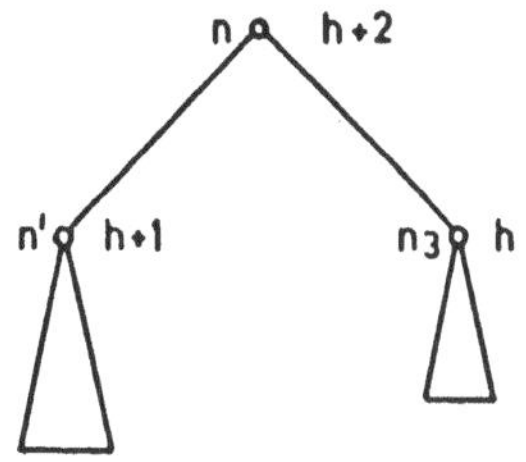 n h+2 n' h+1 n_3 h
3	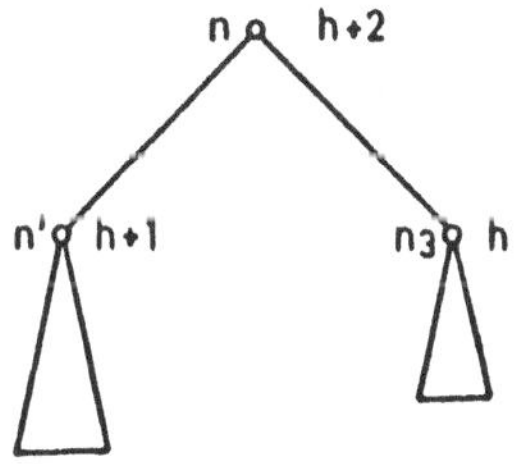 n h+2 n' h+1 n_3 h	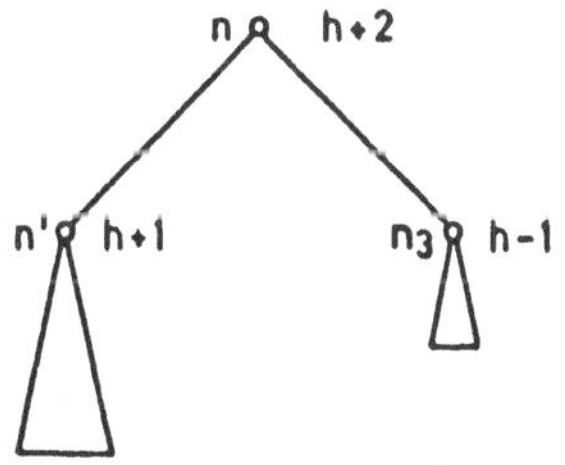 n h+2 n' h+1 n_3 h-1

Bild 8-12 Fallunterscheidungen bei den lokalen Höhenänderungen eines Teilbaums durch das Entfernen eines Knotens in einem AVL-Baum

Beim Entfernen eines Knotens aus einem AVL-Baum lassen sich mehrere Fälle unterscheiden, die sich lokal auf die konkrete Gestalt eines Teilbaumes T in einem AVL-Baum beziehen. Auch hier dürfen wir ohne Einschränkung der Allgemeinheit davon ausgehen, daß der linke Teilbaum von T höher als oder gleich hoch wie der rechte Teilbaum ist - die jeweils andere Situation ergibt sich dann einfach aus Symmetrieüberlegungen (Bild 8-12). Man überlegt sich nun leicht, daß sich durch das Entfernen eines Knotens einer der in Bild 8-12 gezeigten drei Teilbäume T' ergeben kann.

Fall 1

T' ist höhenbalanciert; es ist ein Höhenverlust eingetreten.

Fall 2

T' ist höhenbalanciert; es ist kein Höhenverlust eingetreten.

Fall 3

T' ist nicht höhenbalanciert; grundsätzlich kann der Teilbaum T' dabei eine der in Bild 8-10 dargestellten konkreten Gestalten besitzen. Nach entsprechenden lokalen Transformationen sind die Teilbäume T'' wieder höhenbalanciert, es ist aber in den Fällen 3.1 und 3.2 ein Höhenverlust eingetreten.

Man beachte, daß sich ein Höhenverlust unter Umständen bis zur Wurzel vererben und entsprechend viele Transformationen erforderlich machen kann.

Das Entfernen eines Knotens aus einem AVL-Baum kann also in $O(ld\nu)$ Schritten durchgeführt werden.

Bei der Speicherung eines AVL-Baumes ist darauf zu achten, daß für jeden Knoten n_i zusätzlich der Balancefaktor $B(n_i)$ mitgeführt wird, der die Höhendifferenz zwischen linkem und rechtem Teilbaum angibt. Der Balancefaktor kann einen der drei Werte besitzen

$$B(n_i) = \begin{cases} +1, & \text{der linke Teilbaum ist höher als der rechte,} \\ 0, & \text{der linke und der rechte Teilbaum sind gleich hoch,} \\ -1, & \text{der rechte Teilbaum ist höher als der linke.} \end{cases}$$

9 DATEIEN

Große Datenbestände werden aus Kostengründen auf externen Massenspeichern gespeichert und zur Verarbeitung teilweise in den Hauptspeicher transferiert.

Eine Menge logisch zusammengehörender Daten, die unter einem Namen angesprochen werden kann, vom Betriebssystem unter diesem Namen verwaltet wird und in der Regel auf einem externen Speicher abgelegt wird, nennt man eine Datei. Der einschränkende Zusatz "in der Regel" ist notwendig, weil es in höheren Programmiersprachen auch den Begriff der "internen Datei" gibt. Es handelt sich dabei um einen im Hauptspeicher abgelegten Datenbestand, der formal wie eine Datei behandelt wird. Das vorliegende Kapitel über Dateien befaßt sich mit der Organisation von Dateien auf Externspeichern.

9.1 Gliederung der Daten einer Datei

Die Daten einer Datei lassen sich logisch so gliedern, daß sich eine hierarchische Struktur ergibt:

- Datenelement (data element, data item)
  Das Datenelement ist die kleinste logische, benannte Dateneinheit. Der dem Datenelement zugewiesene Platz auf einem Datenträger heißt Datenfeld (data field).

- Datengruppe (group)
  Mehrere Datenelemente, die bezüglich eines Merkmals logisch zusammengehören, bilden eine benannte Datengruppe. So besteht zum Beispiel die Datengruppe "Geburtsdatum" aus den Datenelementen "Geburtstag", "Geburtsmonat", "Geburtsjahr".

- Datensatz (record)
  Als Datensatz, auch logischer Satz oder einfach kurz Satz genannt, bezeichnet man eine logische Einheit von Datenelementen und Datengruppen. So bilden zum Beispiel sämtliche Personaldaten eines Angestellten einen Datensatz.

- Datei (file)
  Mehrere Datensätze bilden eine Datei.

Der Datensatz (record) ist zugleich die kleinste logische Einheit, die von einem Programm aus der Datei gelesen bzw. in die Datei geschrieben werden kann.

Physisch besteht eine Datei aus Datensätzen und Blöcken.

- Datensatz (record)
  Der Datensatz entspricht - bis auf einige zusätzliche Hilfsdaten, die die Speicherungsstruktur beschreiben (z. B. Länge des Satzes, Satzadresse) - einem logischen Datensatz.

- Block (block)
  Ein Block, auch physischer Satz genannt, umfaßt einen oder mehrere Datensätze und stellt die Datenmenge dar, die von der Hardware bei einem Lese- bzw. Schreibvorgang zwischen dem Externspeicher bzw. der peripheren Ein-/Ausgabeeinheit und einem Bereich im Hauptspeicher, dem Puffer, übertragen wird.

9.2 Speicherung der Daten

Die Speicherung der physischen Sätze bzw. der Zugriff auf die gespeicherten Sätze ist von der Zugriffsmethode des Speichers abhängig. Bei Speichern mit sequentiellem Zugriff - z. B. bei Magnetbandeinheiten - können die Sätze entweder sequentiell gelesen oder geschrieben werden. Ihre Identifikation kann nur inhaltsorientiert mit Hilfe einer Satznummer oder allgemeiner durch einen Schlüssel erfolgen.

Bei Speichern mit quasi-direktem Zugriff kann auf die physischen Sätze mit Hilfe von Adressen zugegriffen werden. Bei einer Magnetplatteneinheit zum Beispiel setzt sich die Satzadresse aus der Zylindernummer, der Spurnummer und der Satznummer zusammen. Die Hardware vieler Externspeicher mit Direktzugriff unterstützt die von einem bestimmten Satz ausgehende sequentielle und inhaltsorientierte Suche nach einem Satz mit Hilfe eines vorgegebenen Schlüsselwertes. Zu diesem Zweck können sowohl in den physischen als auch in den logischen Sätzen in bestimmten Bereichen Schlüssel abgelegt werden.

Die Suche kann nach auf- oder absteigenden Schlüsselwerten erfolgen, der Schlüsselvergleich kann auf kleiner, größer oder gleich vorgenommen werden. Bei einigen Externspeichereinheiten kann der inhaltliche Vergleich auf beliebige Teile des Satzes bzw. auf den gesamten Satz ausgedehnt werden.

Die Anzahl der zu einem Block zusammengefaßten logischen Sätze nennt man Blockungsfaktor. Man spricht von einem ungeblockten Satz, wenn der Block genau einen logischen Satz enthält, von geblockten Sätzen, wenn ein Block mehrere logische Sätze enthält und von einem überspannten Satz, wenn der logische Satz sich über mehrere Blöcke erstreckt. Die Blöcke, aber auch einzelne Felder innerhalb der Blöcke werden durch Klüfte (Zwischenräume) voneinander getrennt.

Logische und physische Sätze können ferner von fester oder variabler Länge sein. Einige Beispiele physischer Satzformen sind in Bild 9-1 dargestellt.

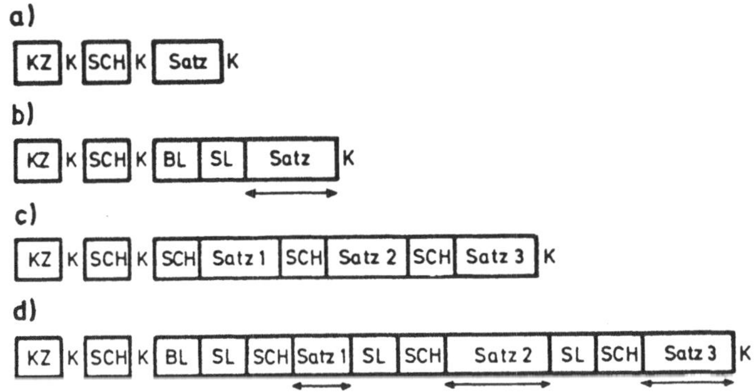

KZ: Kennzeichnung; K: Kluft; SCH: Schlüssel; BL: Blocklänge; SL: Satzlänge.

Bild 9-1 Satzformen physischer Sätze
a) ungeblockt, feste Länge; b) ungeblockt, variable Länge;
c) geblockt, feste Länge; d) geblockt, variable Länge.

Das im Bild 9-1 mit "Kennzeichnung" benannte Feld enthält unter anderem die Adresse des physischen Satzes, dessen Gesamtlänge und die Länge der Schlüsselfelder.

Anstelle der Satzlängen kann bei geblockten Sätzen auch eine Positionstabelle gespeichert werden. Sie enthält Zeiger, die auf den Beginn der einzelnen Sätze innerhalb des physischen Satzes verweisen. Eine einfachere Lösung verzichtet auf die Speicherung der Satzlängen und der Positionstabelle und trennt die einzelnen Sätze voneinander durch Satzendemarkierungen.

Das Blocken der Sätze, d. h. die Zusammenfassung mehrerer logischer Sätze zu einem physischen Satz, spart Speicherplatz, weil Kennzeichnung, Schlüssel und Kluft nur einmal je Block auftreten. Der Blockungsfaktor beeinflußt auch die Zugriffszeit zu den einzelnen Datensätzen. Bei dem Magnetplattenspeicher tritt die Positionierzeit und die Umdrehungszeit nur einmal je Zugriff auf einen Block auf. Die Zeit für den Transfer eines Blockes in den Hauptspeicher nimmt dagegen mit der Blocklänge zu. Ein großer Blockungsfaktor wirkt sich somit günstig auf die Zugriffszeit aus, wenn bei der Verarbeitung stets der größte Teil der Datensätze aus einem Block benötigt wird.

9.3 Grundoperationen und Verarbeitungsformen

Die Grundoperationen auf Dateien sind das Auffinden, Einfügen und Entfernen von Sätzen; die Verarbeitungsformen sind die starr fortlaufende, die logisch fortlaufende und die wahlfreie Verarbeitung von Dateien (Abschn. 1.4).

Der Grundoperation Auffinden kommt deshalb eine zentrale Bedeutung zu, weil sie auch bei allen übrigen Grundoperationen und bei jeder Form der Verarbeitung von Daten benötigt wird. Ihr können zwei verschiedene Problemstellungen zugrunde liegen:

1. Es wird nach einem bestimmten Datensatz in der Datei gesucht. Der Zugriff muß, wenn nicht unmittelbar die Satzadresse bekannt ist, über den Primärschlüssel des Datensatzes erfolgen.

2. Es wird nach allen Datensätzen gesucht, bei denen Teile ihres Inhaltes bestimmten Bedingungen genügen. Die Auswahl der Datensätze erfolgt über den Sekundärschlüssel.

Zu den Begriffen Primär- und Sekundärschlüssel sei noch folgende Anmerkung gemacht: Ein Datensatz in einer Datei repräsentiert die Daten eines bestimmten Datentyps. Der Datentyp ist gekennzeichnet durch bestimmte Merkmale, die im Zusammenhang mit Datenbankanwendungen auch Attribute genannt werden. Ein Primärschlüssel kann dann aufgefaßt werden als eine ein Objekt identifizierende (minimale) Attribut-Kombination, ein Sekundärschlüssel als eine beliebige Attribut-Kombination.

Die Zeit zum Auffinden eines Datenobjektes in Speichern ist etwa proportional zu der Anzahl der Zugriffe und der Anzahl der notwendigen Operationen. Während die Zugriffszeiten bei Hauptspeichern und die Operationszeiten von gleicher Größenordnung sind, sind die Zugriffszeiten bei Externspeichern gegenüber den Operationszeiten um Zehnerpotenzen größer. Dies hat, wie wir sehen werden, maßgebliche Auswirkungen auf die Dateiorganisation.

Neben der wahlfreien Verarbeitung der Datensätze einer Datei ist häufig auch eine logisch fortlaufende Verarbeitung nach einem bestimmten Ordnungskriterium erwünscht. Ordnungskriterium ist meist der Primärschlüssel. Diese Verarbeitungsform muß durch eine geeignete Speicherungsform unterstützt werden. Die sequentielle Speicherung bietet hierbei den Vorteil geringeren Speicherbedarfs und kleinerer Zugriffszeiten (weniger Zugriffskamm-Bewegungen) gegenüber der geketteten Speicherung der Datensätze, jedoch ist die Pflege des Datenbestandes (Einfügen, Entfernen) schwieriger.

9.4 Dateiorganisation

Der Begriff der Dateiorganisation - häufig in einem engeren Sinne auch Speicherungsform genannt - umfaßt primär alle Maßnahmen, die zu treffen sind, um mit den Datensätzen einer Datei die Grundoperationen durchführen zu können und die Verarbeitungsformen zu unterstützen. Darüber hinaus sind Maßnahmen zu treffen, die den kontrollierten und koordinierten Zugang verschiedener Programme zu einer Datei sicherstellen. Hierzu zählen die Überprüfung der Berechtigung zum lesenden und schreibenden Zugriff auf die Datei, die Vergabe des exklusiven aktuellen Zugriffsrechtes mit Hilfe der Anweisungen OPEN und CLOSE, aber auch Maßnahmen zum Datenschutz, wie die Vergabe und Abfrage von Benutzer-Identifikationen und Schlüsselwörtern (password) zur Kontrolle der Zugriffsberechtigung.

Daten über den Namen, die Art, den Aufbau und die Größe der Datei, über Zugriffsrechte, über das Datum des letzten Zugriffs usw. werden in einem vom Betriebssystem verwalteten besonderen Datensatz der Datei niedergelegt, dem sogenannten Dateikennsatz (label). Auf die kontrollierenden und aufgeführten koordinierenden Maßnahmen wird im Rahmen dieses Buches nicht näher eingegangen.

Wegen der für die Dateiorganisation zentralen Bedeutung der Grundoperation Auffinden ist es zweckmäßig, die Dateiorganisation gegliedert nach den Problemstellungen "Organisationsformen für den Primärschlüssel" und "Organisationsformen für den Sekundärschlüsel" zu behandeln.

9.4.1 Organisationsformen für den Primärschlüssel

Das Auffinden eines gespeicherten Datensatzes kann bei gegebenem Primärschlüssel grundsätzlich über linear strukturierte oder über baumstrukturierte Zugriffspfade oder durch eine Schlüsseltransformation erfolgen. Diesen Möglichkeiten entsprechen die klassischen Datei-Organisationsformen:

- sequentielle Dateiorganisation,
- index-sequentielle und index-gekettete Dateiorganisation,
- gestreute Dateiorganisation.

Systematische Untersuchungen über Suchbäume (Schlüsselbäume) führten unter Beachtung der relativ großen Zugriffszeiten heutiger Externspeicher zur Anwendung einer speziellen Art von geordneten Mehrweg-Bäumen (k-näre Bäume) geringer Höhe. Sie sind unter den Namen B-Baum bzw. B*-Baum - einer modifizierten Art des B-Baumes - bekannt geworden [BAY 72].

Sequentielle Dateiorganisation

Die sequentielle Dateiorganisation ist dadurch gekennzeichnet, daß die Datensätze ausschließlich in der Reihenfolge ihres Eintreffens (Zugangsfolge) abgespeichert werden und daß auf sie nur in dieser Reihenfolge sequentiell zugegriffen werden kann.

Der typische Datenträger für sequentiell organisierte Dateien ist das Magnetband, auf dem die Datensätze (bzw. Blöcke) sequentiell gespeichert werden. In Speichern mit direktem Zugriff ist grundsätzlich auch eine sequentielle Speicherung möglich, die jedoch durch eine Kettung von Speicherbereichen unterstützt wird. So können z. B. Teile der Datei in freie Speicherbereiche (Spuren) abgelegt werden, die durch Entfernen von Datensätzen entstanden sind, wobei die belegten Bereiche untereinander gekettet werden.

Für die Operationen Auffinden, Einfügen und Entfernen gilt das in Abschnitt 6.2.2 über die Grundoperationen bei sequentiellem Zugriff Gesagte. Als Verarbeitungsform ist im Prinzip nur eine starr fortlaufende Verarbeitung möglich. Nur wenn der Datenbestand sortiert ist, können die Datensätze logisch fortlaufend verarbeitet werden.

Werden die Sätze jeweils mit vorangestelltem Schlüssel gespeichert und unterstützt die Hardware die sequentielle Suche bei gegebenem Schlüssel, so kann aus logischer Sicht sogar eine wahlfreie Verarbeitung der Daten erfolgen. Da die Suche jedoch sequentiell durchgeführt wird, muß im Mittel der halbe Datenbestand durchsucht werden - bei großen Datenbeständen ein ineffizientes Verfahren.

Index-sequentielle Dateiorganisation

Voraussetzung für eine index-sequentielle Dateiorganisation ist ein Speicher mit quasidirektem Zugriff. Die Datei wird in Teile zerlegt und diese werden in Speicherbereichen abgelegt. Innerhalb dieser Bereiche werden die Datensätze sequentiell und bezüglich des Primärschlüssels sortiert abgespeichert (Schlüsselfolge).

Die Adressierung dieser Bereiche erfolgt über eine Indextabelle (auch Index genannt), in welcher der Primärschlüssel des letzten Datensatzes eines jeden Bereiches und die Anfangsadresse des Bereiches einander zugeordnet sind (Bild 9-2). Sie ermöglicht sowohl die wahlfreie als auch die logisch fortlaufende Verarbeitung der Datensätze.

Bei großen Datenbeständen wird der Index meist mehrstufig hierarchisch aufgebaut. Dazu wird der Index einer unteren Stufe seinerseits in Bereiche aufgeteilt. In den Index der nächst höheren Stufe wird nun als Datenpaar jeweils der letzte in einem Index-Bereich eingetragene Primärschlüssel und die Anfangsadresse dieses Index-Bereiches eingetragen.

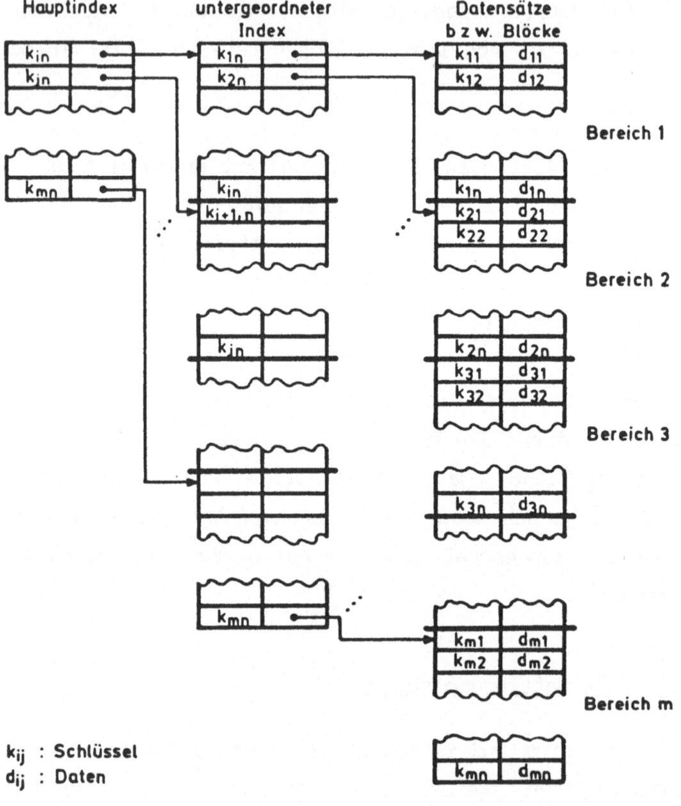

Bild 9-2 Prinzip der index-sequentiellen Dateiorganisation mit zweistufigem Index

Der wahlfreie Zugriff auf einen Datensatz erfolgt über den Primärschlüssel, indem durch Schlüsselvergleich im Index die Adresse des Bereiches in einem untergeordneten Index und schließlich die Adresse des Bereiches gesucht wird, in welchem der Datensatz abgespeichert ist. Die Zeit zum Auffinden eines Datensatzes setzt sich aus den Zeiten für die Zugriffe auf die Bereiche und den Operationszeiten für die Schlüsselvergleiche zusammen. Sie ist somit im wesentlichen von der Anzahl der Stufen im Index abhängig.

Bei der erstmaligen Erstellung der Datei müssen die Datensätze gemäß ihres Primärschlüssels geordnet vorliegen. Sie werden sequentiell in die Bereiche geschrieben, und dabei wird der Index vom Betriebssystem aufgebaut.

Um das Einfügen von Datensätzen in den sortierten Datenbestand zu ermöglichen, werden Folgebereiche reserviert. Die "ursprünglichen" Bereiche werden zur Unterscheidung Hauptbereiche genannt. Folgebereiche sind zunächst freie Speicherbereiche, welche diejenigen Datensätze aufnehmen, die beim Einfügen neu hinzukommender Datensätze nicht in den Hauptbereichen untergebracht werden können. Für alle Hauptbereiche, die in einem Bereich des Index unterster Stufe aufgeführt sind, wird ein Folgebereich angelegt; die Anzahl der Folgebereiche ist also gleich der Anzahl der Bereiche im Index. Es kann aber auch allen Hauptbereichen zusammen ein gemeinsamer, unabhängiger Folgebereich zugeordnet werden (alternativ oder zusätzlich).

Sätze in Folgebereichen werden Folgesätze genannt. In den Hauptbereichen werden die Datensätze sequentiell, in den Folgebereichen gekettet gespeichert. Die Anker für die Ketten je Hauptbereich werden im Index unterster Stufe abgelegt. Um unnötiges Suchen im Hauptbereich zu vermeiden, kann man ferner im Index zwei Schlüsselwerte je Eintrag speichern: einen für den letzten Satz im Hauptbereich und einen für den letzten Satz im Folgebereich. Beim Einfügen eines Datensatzes ist dieser je nach seinem Schlüsselwert im entsprechenden Hauptbereich oder Folgebereich einzufügen und der Eintrag im Index unterster Stufe gegebenenfalls zu aktualisieren. Beim Einfügen in den Hauptbereich muß der unter Umständen aus dem Hauptbereich verdrängte Satz in den Folgebereich umgespeichert werden.

Das Entfernen von Datensätzen ist wie das Einfügen mit einem gewissen Aufwand verbunden. Um Zeit zu sparen, begnügt man sich meistens damit, die Sätze nur als "gelöscht" zu kennzeichnen. Der Speicherplatz kann beim Einfügen von Sätzen wieder genutzt werden.

Gelegentlich ist eine Reorganisation der Datei notwendig. Gründe hierfür sind:

- Der vorgesehene Speicherplatz reicht nicht mehr aus.
- Gekettete Folgesätze erhöhen die Zugriffszeit.
- Zu viele Sätze sind als gelöscht gekennzeichnet.

Die Datei kann durch logisch fortlaufendes Kopieren reorganisiert werden.

Wir wollen uns jetzt die Realisierung dieser Organisationsform auf einem Magnetplattenspeicher ansehen. Der Index unterster Stufe heißt Spurindex. Ein Bereich des Spurindex verwaltet alle Spuren eines Zylinders. Der dem Zylinder zugeordnete Bereich des Spurindex wird Spurindextabelle genannt und auf den ersten Spuren des Zylinders abgelegt (Bild 9-3). Die Verwaltung der Spuren ist deshalb sinnvoll, weil die Hardware die sequentielle Suche in einer Spur nach einem Satz bei gegebenem Schlüssel oder gegebener Satzadresse unterstützt. Die auf die Spurindextabelle folgenden Spuren bilden einen Zylinder-Hauptbereich von vorbestimmter Größe, der Rest den Zylinder-Folgebereich dieses Hauptbereiches. Anstelle der einzelnen Zylinder-Folgebereiche oder auch zusätzlich zu ihnen kann ein unabhängiger Folgebereich für alle Zylinder-Hauptbereiche gemeinsam eingerichtet werden (Bild 9-3).

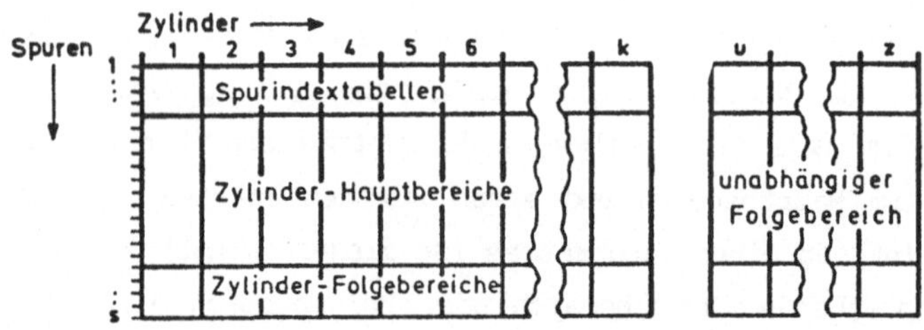

Bild 9-3 Anordnung der Bereiche auf dem Plattenspeicher

Der Vorteil der Zylinder-Folgebereiche besteht darin, daß beim Suchen von Folgesätzen der Zugriffskamm nicht neu positioniert werden muß. Erfolgt das Einfügen von Datensätzen auf den Zylindern jedoch sehr ungleichmäßig, so ist die Speicherreservierung mit Hilfe von Zylinder-Folgebereichen ungünstig. Ein unabhängiger Folgebereich spart in diesem Fall Speicherplatz. Häufig ist jedoch eine Kombination beider Möglichkeiten die vorteilhafteste Lösung.

Die Spurindextabelle enthält für jede Spur des Zylinder-Hauptbereiches zwei Eintragungen: den Normal- und den Folgeeintrag. Der Normaleintrag besteht aus der Spuradresse und dem Schlüssel des letzten Satzes auf dieser Spur. Der Folgeeintrag ist der Anker der Folgesätze dieser Spur. Existiert kein Folgesatz, so enthält er dieselben Daten wie der Normaleintrag, ansonsten die Spuradresse des logisch ersten Folgesatzes der Spur und den Schlüssel des letzten Folgesatzes. Bild 9-4 zeigt den Zylinderindex und die einzelnen Bereiche auf einem Zylinder. Dabei ist die Situation dargestellt, in der

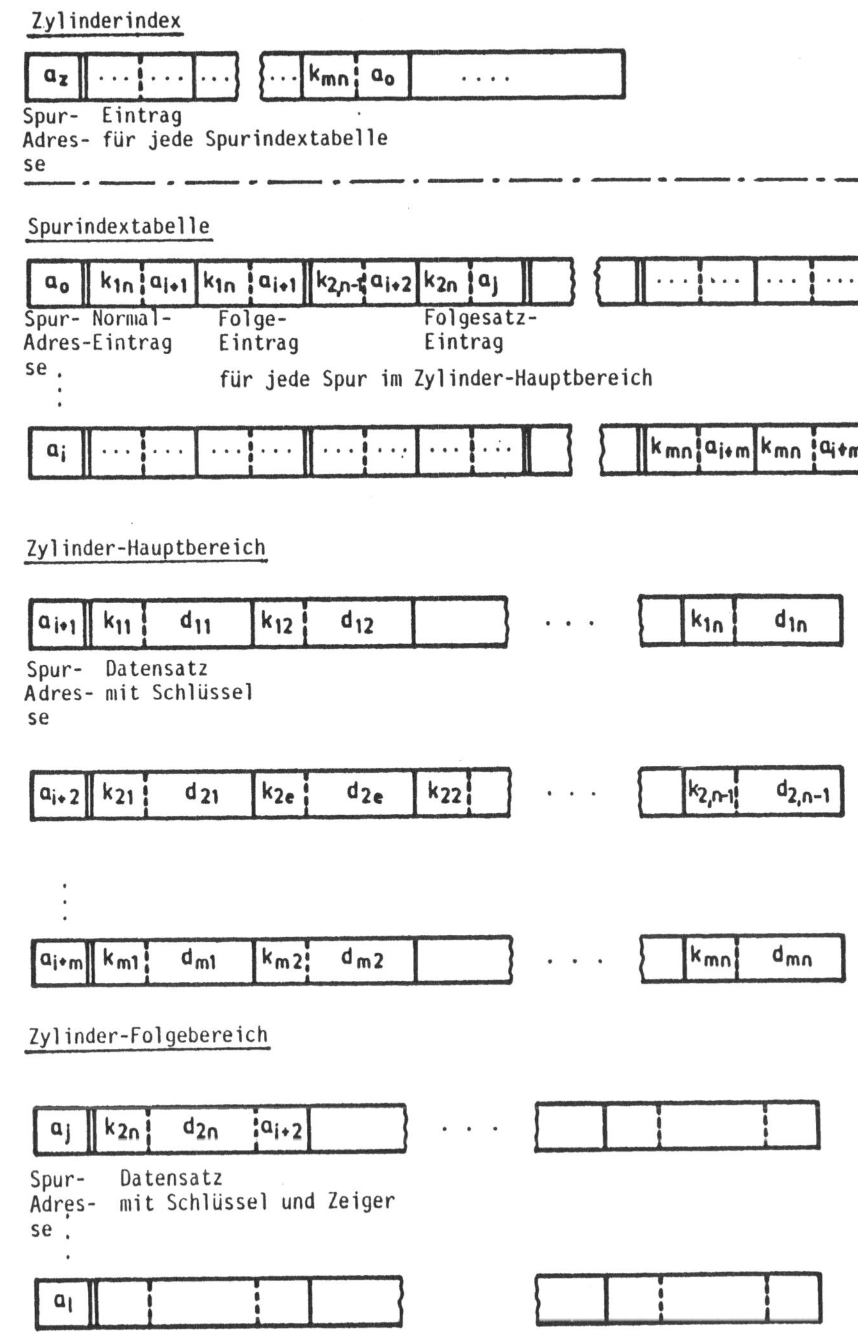

Bild 9-4 Zylinderindex und Bereiche auf einem Zylinder einer index-sequentiellen Datei

die Datei zunächst erstmalig geladen worden ist, und dann ein Satz mit Schlüsselwert k_{2e}, $k_{1n}<k_{2e}<k_{2n}$, in die Spur a_{i+2} eingefügt worden ist. Der aus der Spur verdrängte Satz mit dem Schlüssel k_{2n} steht als erster und einziger Folgesatz im Folgebereich. Sein Zeiger enthält die Spuradresse a_{i+2} und weist somit zurück auf die Spur im Hauptbereich.

Als nächst höherer Index wird für jede Datei ein Zylinderindex angelegt. Er enthält für jede Spurindextabelle einen Eintrag, welcher aus dem Schlüssel des "höchsten" Satzes auf dem Zylinder und der Spuradresse für die Spurindextabelle besteht. Der Zylinderindex kann auf demselben oder auch auf einem anderen Speicher mit Direktzugriff abgelegt werden.

Je nach Größe des Datenbestandes kann über dem Zylinderindex ein ein- oder mehrstufiger Hauptindex angeordnet sein.

Index-gekettete Dateiorganisation

Das Prinzip bei der index-geketteten Dateiorganisation ist ähnlich dem der index-sequentiellen Organisation. Die Datensätze werden jedoch nicht sequentiell, sondern gekettet gespeichert. Dies ist vor allem bei Speichern sinnvoll, die keinen beweglichen Zugriffsmechanismus besitzen, zum Beispiel bei Plattenspeichern mit festen Köpfen oder Trommelspeichern. Hier entfällt beim Datenzugriff die Positionierzeit, so daß für eine schnelle logisch fortlaufende Verarbeitung die Speicherungsform nicht an das Zylinderkonzept gebunden ist. Auch die Unterscheidung von Haupt- und Folgebereichen entfällt. Der Index wird beim Laden des sortierten Datenbestandes aufgebaut. Einer vorgegebenen Anzahl von geketteten Datensätzen entspricht ein Eintrag im Index unterster Stufe. Der Eintrag besteht aus dem Anker, der auf den Beginn der Teilkette verweist, und dem Schlüssel des "höchsten" Datensatzes der Teilkette.

Gestreute Dateiorganisation

Bei der gestreuten Dateiorganisation wird aus dem Primärschlüssel des Datensatzes durch Schlüsseltransformation die Speicheradresse bestimmt. Diese Methode ist daher nur bei Speichern mit Direktzugriff anwendbar. Die gestreute Speicherung ist im Abschnitt 6.4 ausführlich behandelt worden. Im folgenden soll daher nur auf die Besonderheiten und Verfahren der gestreuten Speicherung von Dateien - und zwar bei indirekter Adressierung - eingegangen werden.

Die Menge der vorgesehenen möglichen Schlüsselwerte sei K', die aktuell zur Identifizierung von Datensätzen benötigte Teilmenge der Schlüssel sei $K \subset K'$. Das Problem besteht nun darin, die Menge K der Schlüsselwerte in die Menge A (Adreßbereich) der Speicheradressen mit Hilfe der Schlüsseltransformation

$$a = \sigma(k) \quad \text{mit } k \in K \text{ und } a \in A \tag{9.1}$$

abzubilden.

Mögliche Methoden der Schlüsseltransformation sind im Abschnitt 6.4 beschrieben worden. Bei der indirekten Adressierung ist σ nicht injektiv. Ein Satz, dessen Schlüssel ein Synonym ist und der nicht unter seiner Hausadresse abgespeichert werden kann, weil diese schon belegt ist, wird <u>Überlaufsatz</u> genannt.

Es gibt bei der Speicherung auf Externspeichern zwei Methoden, die Anzahl von Überläufen von vornherein zu reduzieren. Die eine ist die schon aus Abschnitt 6.4 bekannte Methode, mehr Speicherplatz zur Verfügung zu stellen, als aktuell Sätze zu speichern sind. Die andere Methode besteht darin, über die Hash-Funktion nicht Satzadressen zu ermitteln, sondern Adressen von Speicherbereichen, Buckets (Behälter) genannt, die mehrere Sätze aufnehmen können.

Auf der Magnetplatte wählt man häufig als Bucket eine Spur. Alle Sätze mit synonymen Schlüsseln werden im Bucket gespeichert. Dabei werden von vornherein mehr Kollisionen in Kauf genommen, die jedoch nur dann zu Überläufen führen, wenn der Bucket voll ist.

Die logisch fortlaufende Verarbeitung der Datensätze ist bei indirekter Adressierung nur möglich, wenn eine Liste mit den sortierten Schlüsselwerten vorliegt. Wegen der gestreuten Speicherung ist diese Verarbeitungsform jedoch infolge der notwendigen Zugriffskammbewegungen bei Magnetplatten mit beweglichen Magnetköpfen ungünstig.

Die Speicherung der Überlaufsätze kann - ähnlich wie die der Folgesätze bei der index-sequentiellen Dateiorganisation - in Überlaufbereichen oder aber in den Hauptbereichen selbst erfolgen. Durch geeignete Maßnahmen läßt sich beim Laden der Datei die Speicherung so beeinflussen, daß sich günstige Zugriffszeiten für die Datensätze ergeben (einstufiges und zweistufiges Laden, Laden nach Zugriffshäufigkeiten).

Ein unabhängiger Überlaufbereich

Es wird nur ein Überlaufbereich für alle Hausadressen eingerichtet. Die Überlaufsätze werden im allgemeinen gekettet. Die Suche nach einem Überlaufsatz erfordert auf der Magnetplatte somit zwei Kammbewegungen: Zur Hausspur und zum Überlaufbereich, in dem dann sequentiell gesucht werden muß - ein ungünstiges Verfahren, das daher kaum angewendet wird.

Ein Überlaufbereich je Hauptbereich

Es wird ein Überlaufbereich für jeden Hauptbereich (bei der Magnetplatte ein Zylinder) eingerichtet. Die Überlaufsätze werden gekettet. Es entfällt zwar eine Kammbewegung zum Überlaufbereich, die Einrichtung von getrennten Überlaufbereichen ist aber ungünstig für die Speicherbelegung.

Speicherung im Hauptbereich

Die Überlaufsätze werden im Hauptbereich abgelegt. Ihre Speicheradresse wird nach unterschiedlichen Methoden bestimmt.

Bei der Kettungsmethode wird ein Überlaufsatz in den Bucket mit der nächst höheren Adresse eingetragen, in dem noch ein freier Platz vorhanden ist. Zum Verweis auf diesen Bucket wird ein Kett-Satz je Bucket verwendet, in den die Bucket-Adresse eingetragen wird. Die Vorgehensweise soll am Beispiel der Speicherung auf einem Magnetplattenspeicher erläutert werden. Eine Spur bilde einen Bucket, ein Zylinder einen Hauptbereich. Bild 9-5 zeigt die Speicherung von Sätzen mit Hilfe der Kett-Sätze bei vorgegebener Reihenfolge ihrer Einträge in die Datei. Ein Satz wird in der Darstellung durch seinen Schlüssel k_{ij} repräsentiert, wobei der Index i auf dessen zugehörige Hausadresse hinweisen soll.

Spur-Adresse	Kett-satz	Datensätze		
1	2	k_{11}	k_{12}	k_{13}
2	4	k_{21}	k_{14}!	k_{22}
3		k_{31}	k_{32}	k_{33}
4		k_{41}	k_{23}!	k_{15}!

Reihenfolge der Einträge:

k_{11}, k_{21}, k_{12}, k_{41}, k_{31}, k_{13}, k_{32}, k_{14}, k_{22}, k_{33}, k_{23}, k_{15}

(! kennzeichnet Überlaufsätze)

Bild 9-5 Speicherung von Datensätzen und Überlaufsätzen im Hauptbereich mit Hilfe von Kett-Sätzen

Eine Spur kann also sowohl Haussätze als auch Überlaufsätze enthalten. Die Suche nach einem Satz beginnt immer in der Hausspur und wird gegebenenfalls über die Verweise in den Kett-Sätzen in weiteren Spuren sequentiell fortgeführt, bis der Satz gefunden ist oder im Kett-Satz kein Verweis vorhanden ist. Das Einfügen eines Satzes erfolgt in analoger Weise auf dem nächsten freien Platz, das Entfernen eines Satzes geschieht durch Kennzeichnung des Satzes als gelöscht. Die Kettung mit Hilfe von Kett-Sätzen hat den Vorteil, daß Haussätze gelöscht werden können, ohne daß die Verweise auf Überlaufsätze verlorengehen.

Die Anzahl der Zugriffe, die im Mittel zum Auffinden eines Datensatzes benötigt werden, läßt sich durch die Vorgehensweise beim Erstellen der Datei beeinflussen. Beim einstufigen Laden werden die Sätze in Zugangsfolge abgelegt. Da hierbei Überlaufsätze sofort Plätze in den folgenden Spuren belegen, können viele Sätze nicht in ihrer Hausspur abgelegt werden und werden damit ihrerseits zu Überlaufsätzen. Die Zugriffspfade werden länger und damit auch die mittlere Zugriffszeit. Beim zweistufigen Laden werden daher zunächst nur solche Sätze gespeichert, die in ihrer Hausspur abgelegt werden können. In einer zweiten Phase werden die Überlaufsätze gespeichert.

Bei der Methode des <u>gestaffelten Überlaufs</u> wird ein Überlaufsatz - wie bei der Kettungsmethode - in die nächste Spur mit einem freien Platz eingetragen. Der Kett-Satz entfällt jedoch (offene Adressierung). Die Suche nach einem Satz beginnt in der Hausspur und ist gegebenenfalls sequentiell fortzusetzen. Die mittlere Anzahl der Zugriffe ist daher größer als bei der Kettungsmethode. Ein zweistufiges Laden der Datei bringt keine Vorteile, weil die Zugriffspfade für Überlaufsätze wegen der sequentiellen Speicherung der Überlaufsätze hinter den Haussätzen länger werden.

Bei der Methode des Doppel-Hash wird zur Bestimmung der Speicheradresse für einen Überlaufsatz eine weitere Hash-Funktion benutzt, die eine zur Hausadresse relative Adresse liefert (Abschn. 6.4).

Laden nach Zugriffshäufigkeit

Ist die Zugriffshäufigkeit der Datensätze einer Datei nicht gleichverteilt, so kann die mittlere Zugriffszeit dadurch verringert werden, daß die Datensätze in der Reihenfolge ihrer Zugriffshäufigkeit geladen werden. Häufig gesuchte Sätze werden somit meist zu Haussätzen, selten gesuchte Sätze eher zu Überlaufsätzen.

Dateiorganisation mit Hilfe von B- bzw. B^*-Bäumen

Der Zugriff zu einem Datensatz in einer Datei bei gegebenem Primärschlüssel kann mit Hilfe von Schlüsselbäumen erfolgen. Wegen der großen Zahl von Datensätzen müssen die Schlüsselbäume selbst auf dem Externspeicher abgelegt werden. Binäre Suchbäume sind hierzu nicht geeignet. Sie erlauben zwar, mit einer möglichst geringen Anzahl von Schlüsselvergleichen auszukommen; jeder Schlüsselvergleich verlangt aber einen Zugriff zum Externspeicher. Es liegt daher nahe, geordnete Mehrweg-Bäume (k-näre Bäume, Vielfach-Bäume) zu verwenden, deren Knoten mehrere Schlüssel enthalten und deren Höhe somit geringer ist. Ein solcher Knoten kann als Teilbaum eines binären Suchbaums aufgefaßt werden. Jeder Knoten bildet auf dem Externspeicher eine Zugriffseinheit (Block, Spur). Der Index einer index-sequentiellen Datei stellt einen solchen Mehrweg-Baum dar.

Beispiel:

Bei 10^6 Datensätzen werden in binären Suchbäumen rund $\mathrm{ld}10^6 \approx 20$ Zugriffe benötigt. Faßt man dagegen je 100 Schlüsselwerte in einem Knoten zusammen, so werden nur $\log_{100} 10^6 = 3$ Zugriffe benötigt.

Wegen ihrer Bedeutung sollen im folgenden die B- und B*-Bäume behandelt werden. Sie zeichnen sich bei geeigneter Wahl der Parameter nicht nur durch eine geringe Höhe aus, sondern auch dadurch, daß die Grundoperationen Auffinden, Einfügen und Entfernen noch relativ einfach durchzuführen sind und daß eine günstige Speicherbelegung erreicht wird.

B-Bäume

In einem B-Baum enthält jeder Knoten außer der Wurzel zwischen n und 2n Schlüsselwerte ($n \in \mathbb{N}$). Alle Knoten belegen einen Speicherbereich gleicher Länge. Die Speicherbelegung beträgt somit 50 % bis 100 %. Gleichzeitig wird damit eine gewisse Ausgeglichenheit des B-Baumes erzwungen.

<u>Definition</u>: B-Baum

1. Alle Blätter liegen auf demselben Niveau.
2. Die Wurzel ist ein Blatt oder sie hat mindestens zwei Nachfolger.
3. Jeder Knoten außer der Wurzel und den Blättern hat mindestens n + 1 Nachfolger
4. Jeder Knoten hat höchstens 2n + 1 Nachfolger.
5. Jeder Knoten außer den Blättern enthält m Paare (Schlüssel, Adresse), wenn er m + 1 Nachfolger hat. Jedes Blatt enthält l Paare (Schlüssel, Adresse), $n \leq l \leq 2n$. Die Schlüssel sind im Knoten aufsteigend sortiert.

Ein Knoten, gekennzeichnet durch den Index i, mit m Schlüsseln kann folgendermaßen dargestellt werden:

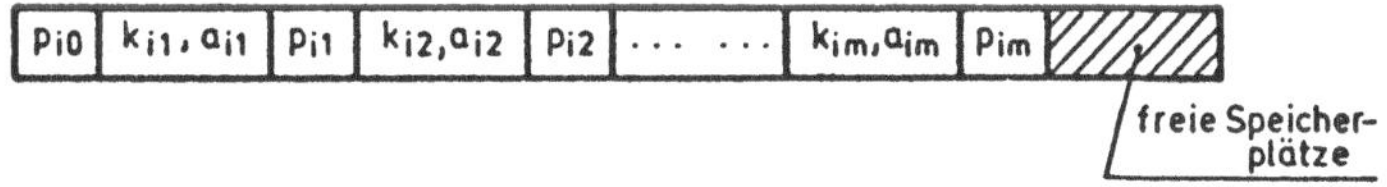

p: Zeiger, k: Schlüssel, a: Adresse

p_{i0} weist auf einen Knoten mit Schlüsseln k, für die gilt: $k < k_{i1}$.

p_{ij} mit $j = 1,2,\ldots,m-1$, weist auf einen Knoten mit Schlüsseln k, für die gilt: $k_{ij} < k < k_{i,j+1}$.

p_{im} weist auf einen Knoten mit Schlüsseln k, für die gilt: $k > k_{im}$.

In den Blättern enthalten die Zeiger Ende-Marken.

Der B-Baum ist durch zwei Parameter charakterisiert: die Mindestanzahl n der Schlüssel im Knoten und das maximale Niveau $l = h + 1$. Man spricht von einem "B-Baum vom Typ (n,l)". Bild 9-6 zeigt einen B-Baum vom Typ (2,3) - der Übersichtlichkeit halber sind statt der Paare (Schlüssel, Adresse) stellvertretend nur die Schlüsselwerte (natürliche Zahlen) eingetragen.

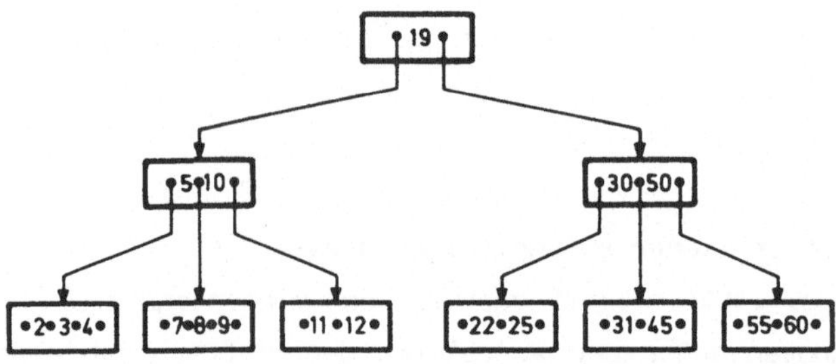

Bild 9-6 B-Baum vom Typ (2,3)

Das Auffinden eines vorgegebenen Schlüssels geht in einem B-Baum folgendermaßen vor sich: Beginnend mit der Wurzel wird ein Knoten in den Hauptspeicher transferiert. Es wird nach dem Schlüssel gesucht (z. B. sequentiell oder binär). Ist der Schlüssel nicht in dem Knoten, wird ermittelt, welcher Knoten des nächsten Niveaus in Frage kommt. Die Suche ist beendet, wenn der Schlüssel gefunden worden ist oder der Zeiger zum nächsten Niveau eine Ende-Markierung (im Blatt!) besitzt.

Das Einfügen eines Schlüssels geschieht wie folgt: Ein B-Baum wächst von den Blättern zur Wurzel. Ist ein Schlüssel in einem Knoten mit weniger als 2n Schlüsseln einzufügen, so muß nur innerhalb des Knotens sortiert werden. Ist der Knoten dagegen bereits gefüllt, so wird der Schlüssel in die Schlüsselfolge eingefügt (d. h. 2n+1 Schlüssel). Die ersten n Schlüssel verbleiben im Knoten. Der (n+1)-te Schlüssel wird im Knoten des nächst niedrigeren Niveaus eingetragen. Sollte dieser bereits gefüllt sein, so setzt sich das Verfahren zu niedrigeren Niveaus hin fort. Ist auch die Wurzel gefüllt, so wird eine neue darüber gesetzt. Die verbleibenden n Schlüssel werden in einem neuen Knoten eingetragen. Die Zeiger müssen aktualisiert werden. Bild 9-7 stellt ein Beispiel für das Einfügen von Schlüsseln in mehreren Schritten dar, ausgehend von einem leeren Baum mit n = 2. Nach weiterem Einfügen der Schlüssel 9, 11, 45, 60, 12, 55, 4, 8 entsteht der B-Baum in Bild 9-6.

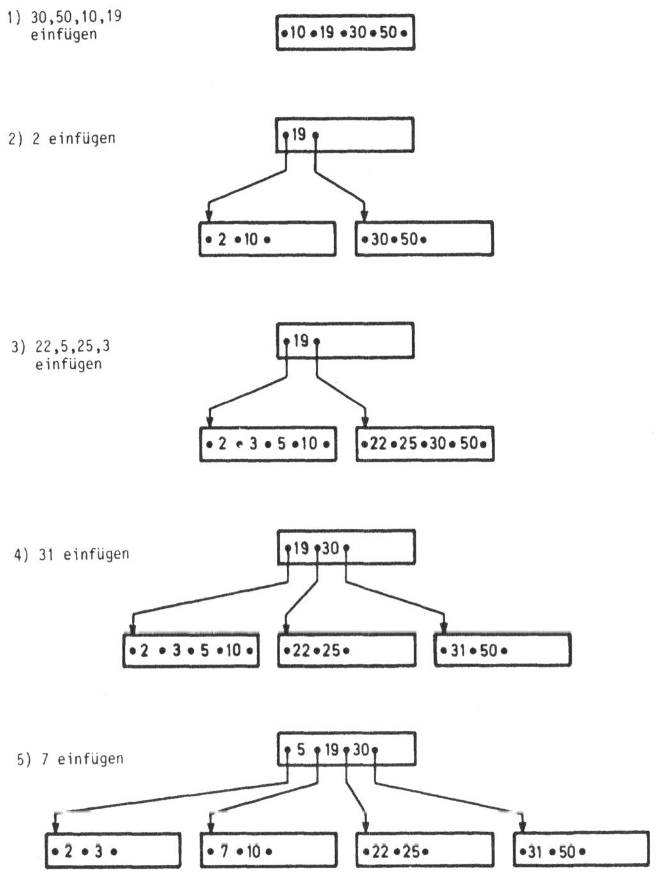

Bild 9-7 Einfügen von Schlüsseln in einen B-Baum (n = 2)

Das Entfernen eines Schlüssels geschieht folgendermaßen: Befindet sich der Schlüssel in einem Blatt, so wird er entfernt. Wird dadurch die Anzahl der Schlüssel im Blatt kleiner n, so liegt ein Unterlauf vor. Befindet sich der Schlüssel k_{ij} nicht in einem Blatt, so ist er durch den nächst größeren

Schlüssel, d. h. durch den kleinsten Schlüssel in den Blättern der "rechten" Nachfolger zu ersetzen (alternativ durch den nächst kleineren Schlüssel, d. h. durch den größten Schlüssel in den Blättern der "linken" Nachfolger). Hierzu gelangt man über den Zeiger p_{ij} zum rechten Nachfolger und - falls dieser kein Blatt ist - über die Zeiger $p_{i+1,0}$, $p_{i+2,0}$, ... usw. bis zu einem Blatt. Diesem entnimmt man den kleinsten Schlüssel. Wird dadurch die Anzahl der Schlüssel im Blatt kleiner n, so liegt ein Unterlauf vor. Bild 9-8 zeigt, wie durch das Entfernen eines Schlüssels ein Unterlauf entsteht.

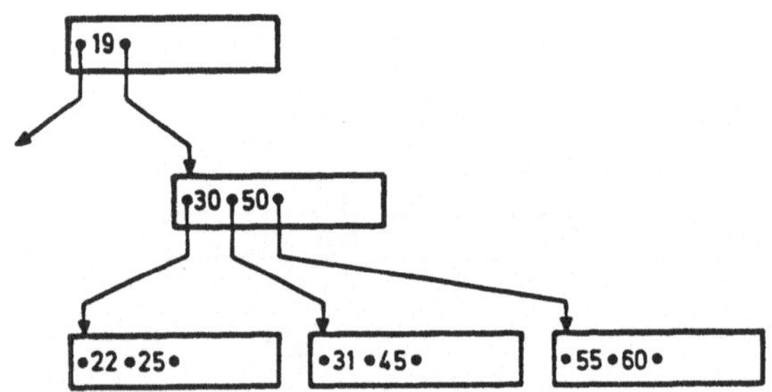

Entfernen von Schlüssel 19:

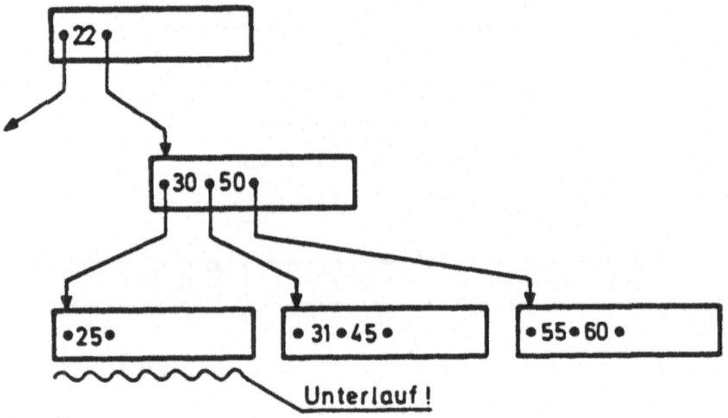

Bild 9-8 Zur Entstehung eines Unterlaufs durch Entfernen eines Schlüssels in einem B-Baum (n = 2)

Im Falle eines Unterlaufs werden die Schlüssel des Knotens, die seines rechten Nachbarn (alternativ die seines linken Nachbarn) und der den beiden Knoten entsprechende Schlüssel aus ihrem Vorgänger zusammengefaßt; für die Anzahl a dieser Schlüssel gilt dann:

$$2n \leq a \leq 3n.$$

Ist a = 2n, so werden die Schlüssel in einem Knoten zusammengefaßt. Da somit dem Vorgänger ein Schlüssel entnommen wird, kann sich der Vorgang stufenweise in Richtung auf die Wurzel fortsetzen. Schließlich kann die Wurzel entfernt werden; die Höhe des Baumes vermindert sich.

Im Falle $2n < a \le 3n$ werden die Schlüssel gleichmäßig auf die beiden Knoten aufgeteilt und der "mittlere" Schlüssel im Vorgänger eingetragen. Bild 9-9 zeigt die Behandlung von Unterläufen am Beispiel von Bild 9-8.

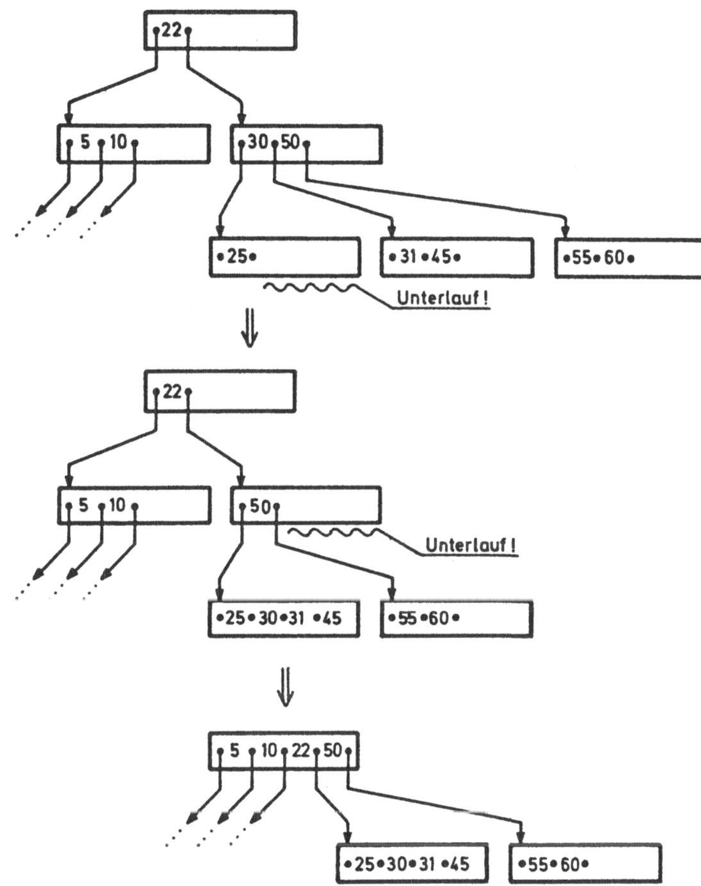

Bild 9-9 Zur Behandlung von Unterläufen bei B-Bäumen (n = 2)

Für die Höhe h eines B-Baumes bei gegebener Schlüsselzahl $s \ge 1$ und Mindestanzahl n der Schlüssel je Knoten gilt:

$$\log_{2n+1}(s+1) - 1 \le h \le \log_{n+1}\left(\frac{s+1}{2}\right) .$$

Diese Abschätzung erhält man, wenn man die minimale und maximale Anzahl von Schlüsseln berechnet unter der Annahme, daß die Wurzel genau einen bzw. 2n und alle anderen Knoten genau n bzw. 2n Schlüssel besitzen (Tabelle 9-1).

Tabelle 9-1 Zur Abschätzung der Höhe eines B-Baumes

	minimale Besetzung		maximale Besetzung	
Höhe	Schlüssel	Nachfolger	Schlüssel	Nachfolger
0	1	2	2n	2n+1
1	2n	2(n+1)	(2n+1)·2n	$(2n+1)^2$
2	2(n+1)·n	$2(n+1)^2$	$(2n+1)^2 \cdot 2n$	$(2n+1)^3$
3	$2(n+1)^2 \cdot n$	$2(n+1)^3$	$(2n+1)^3 \cdot 2n$	$(2n+1)^4$
⋮	⋮	⋮	⋮	⋮
h	$2(n+1)^{h-1} \cdot n$	–	$(2n+1)^h \cdot 2n$	–

B-Bäume*

B*-Bäume unterscheiden sich von B-Bäumen im wesentlichen dadurch, daß die Paare (Schlüssel, Adresse) nur in den Blättern vorkommen, d. h. B*-Bäume sind <u>hohle</u> (bzw. <u>blattorientierte</u>) Bäume.

<u>Anmerkung</u>

In der Literatur wird die Bezeichnung B*-Baum auch für k-näre Suchbäume verwendet [KNU 75, Vol. 3], denen eine andere als die folgende Definition zugrunde liegt.

<u>Definition</u>: B*-Baum

1. Alle Blätter liegen auf demselben Niveau.
2. Die Wurzel ist ein Blatt oder sie hat mindestens zwei Nachfolger.
3. Jeder Knoten außer der Wurzel und den Blättern hat mindestens n + 1 Nachfolger.
4. Jeder Knoten hat höchstens 2n + 1 Nachfolger.

5. Jeder Knoten außer den Blättern enthält m Schlüssel, wenn er m+1 Nachfolger hat. Jedes Blatt enthält l Paare (Schlüssel, Adresse), $n \le l \le 2n$. Die Schlüssel sind aufsteigend geordnet.

Der B*-Baum unterscheidet sich vom B-Baum also nur in der Eigenschaft 5.

Ein innerer Knoten hat die Darstellung:

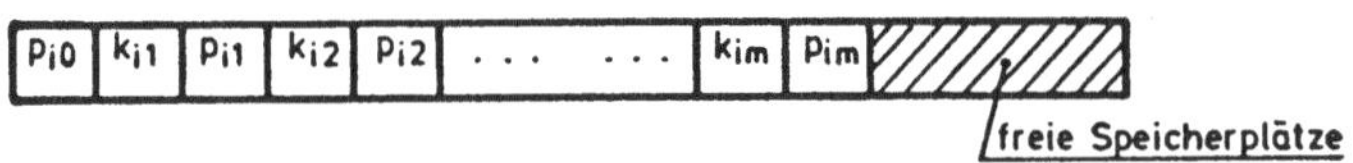

p: Zeiger, k: Schlüssel

p_{i0} weist auf einen Knoten mit Schlüsseln k, für die gilt: $k \le k_{i1}$.

p_{ij} mit j = 1,2,...,m-1, weist auf einen Knoten mit Schlüsseln k, für die gilt: $k_{ij} < k \le k_{i,j+1}$.

p_{im} weist auf einen Knoten mit Schlüsseln k, für die gilt $k > k_{im}$.

Ein Blatt hat die Darstellung:

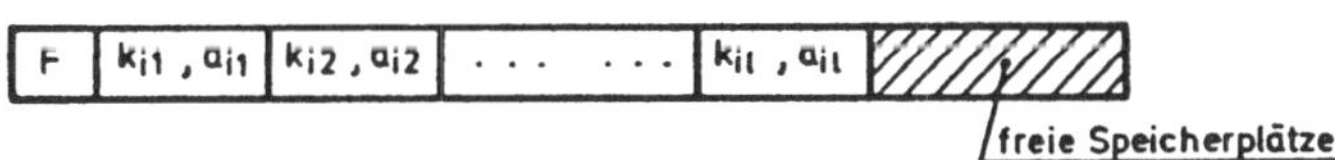

F: Markierung für Blätter (zur Unterscheidung von inneren Knoten)

(k_{ij}, a_{ij}): Paar (Schlüssel, Adresse)

Bild 9-10 veranschaulicht das Einfügen von Schlüsseln in B*-Bäumen. Auf die Darstellung der Adressen in den Blättern ist der Übersichtlichkeit halber verzichtet worden.

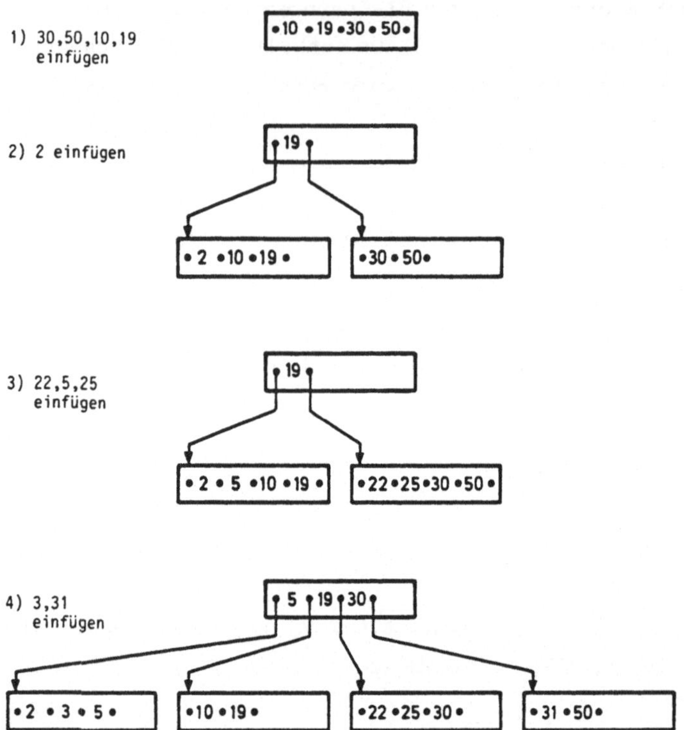

Bild 9-10 Zum Einfügen von Schlüsseln in einen B*-Baum (n = 2)

Die Vorteile von B*-Bäumen gegenüber B-Bäumen sind:

- Die Blätter enthalten die Paare (Schlüssel, Adresse) in sortierter Folge. Durch zusätzliche Kettung ist eine logisch fortlaufende Verarbeitung leicht möglich.

- Da die Größe des Speicherbereiches zur Aufnahme eines Knotens durch die Hardware bestimmt wird, können in dem inneren Knoten eines B*-Baumes wegen der fehlenden Satzadressen mehr Schlüssel als in dem inneren Knoten eines B-Baumes abgespeichert werden.

- Beim Entfernen werden nur Schlüssel und Adressen in Blättern entfernt, in den inneren Knoten können die Schlüssel stehen bleiben, bis sie bei der Behandlung von Unterläufen entfernt werden.

Als Nachteil ist zu nennen, daß die Schlüssel in den inneren Knoten redundant gespeichert sind.

Eine indexsequentielle Dateiorganisationsform, deren mehrstufiger Index als B^*-Baum aufgebaut wird, ist z. B. VSAM (Virtual Storage Access Method).

9.4.2 Organisationsformen für den Sekundärschlüssel

Ein Primärschlüssel identifiziert genau einen Datensatz. Sind dagegen alle Datensätze aufzufinden, bei denen Teile ihres Inhaltes bestimmten Bedingungen genügen, so wird im allgemeinen auf mehrere Datensätze zugegriffen. Hierzu werden Sekundärschlüssel benutzt.

Aufgrund der sequentiellen Speicherstruktur gibt es zwei Möglichkeiten, Datensätze mit gleichen Sekundärschlüsselwerten miteinander in Beziehung zu setzen:

- die sequentielle Speicherung,
- die gekettete Speicherung.

Beide Möglichkeiten lassen zwei grundsätzliche Vorgehensweisen zu:

- die Bindung der Zugriffspfade (Sekundärdaten) an die Datensätze (Primärdaten),
- die Trennung von Zugriffspfaden und Datensätzen.

Somit ergeben sich vier Möglichkeiten für die Implementierung:

1. Sequentielle Speicherung der Datensätze

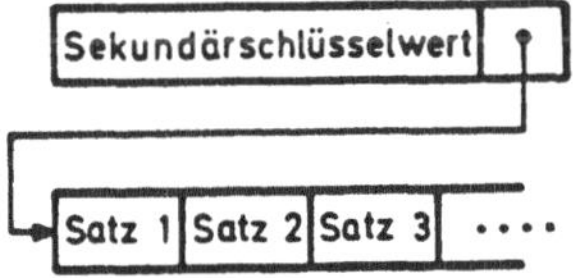

Diese Methode bezeichnet man als Listen-Technik. Sie ist zur Darstellung der Zugriffspfade nur eines Sekundärschlüssels geeignet. Die Datenpflege (Einfügen, Entfernen) ist hierbei schwierig durchzuführen.

2. Gekettete Speicherung der Datensätze

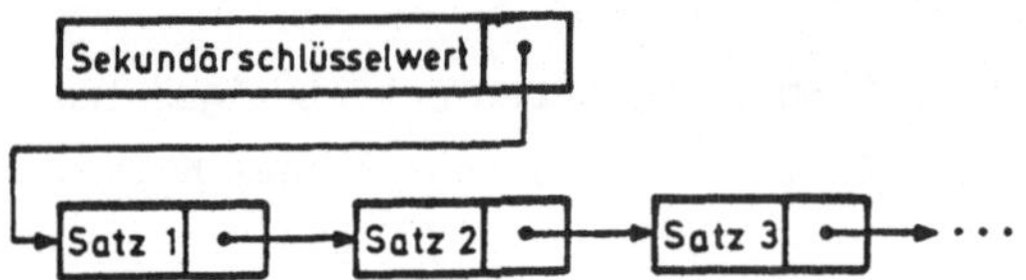

Diese Methode wird allgemein Adreßkettung (adress chaining) genannt. Sind Zugriffspfade für mehrere Sekundärschlüssel bereitzustellen, so führt dies zu mehrfach verketteten Listen (Multilist-Strukturen).

3. Sequentielle Speicherung der Zeiger

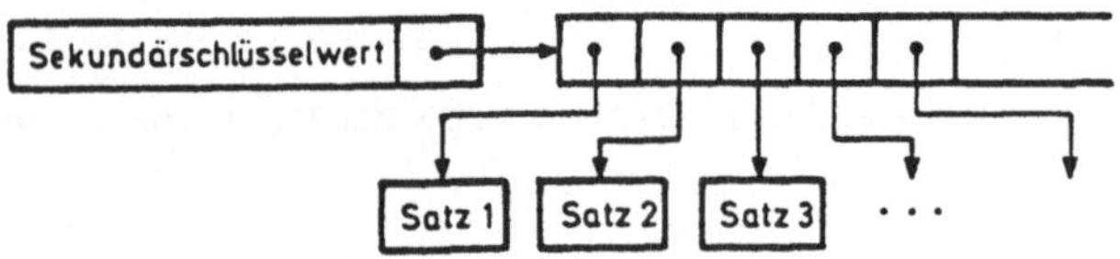

Diese Methode bezeichnet man als Invertierung, eine entsprechend organisierte Datei als invertierte Datei (inverted file). Sie kann realisiert werden mit Hilfe von

- Satzadreßlisten (Ziellisten; pointer arrays)
- Bitlisten (bit-pattern-matrix)

4. Gekettete Speicherung der Zeiger

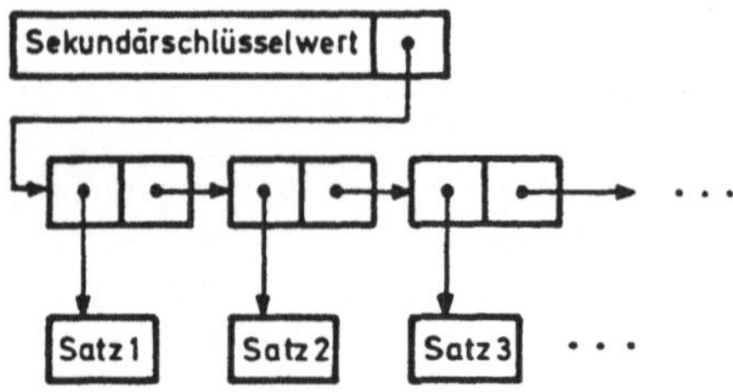

Diese Methode benötigt viel Speicherplatz. Je Zugriff auf einen Datensatz sind zwei Externspeicherzugriffe notwendig.

Die Einrichtung von Zugriffspfaden für Sekundärschlüssel ist nur sinnvoll, wenn die Anzahl der den Schlüsselwerten zugeordneten Datensätze klein gegenüber der Anzahl aller Sätze der Datei ist. Sie könnte sonst ebensogut sequentiell durchsucht werden.

Im folgenden soll auf die Methoden der Adreßkettung und Invertierung näher eingegangen werden.

Adreßkettung

Sätze mit gleichen Sekundärschlüsselwerten werden mit Zeigern gekettet, die in die Datensätze eingebettet sind. Bei mehreren Sekundärschlüsseln führt dies zu Multilist-Strukturen. Die Anker der Ketten können über einen Index ermittelt werden (Bild 9-11).

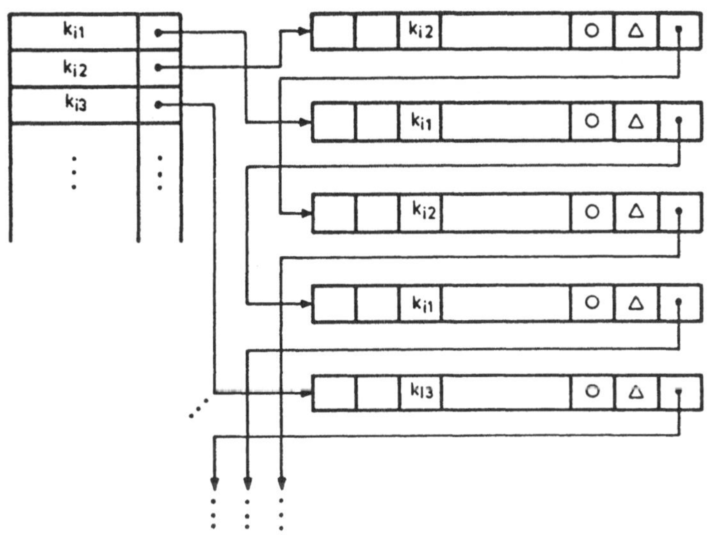

k_{ij}: Schlüsselwerte

O, Δ: Zeiger für weitere Kettungen mit entsprechenden Indexen anderer Sekundärschlüssel

Bild 9-11 Adreßkettung für die Werte eines Sekundärschlüssels

Die Grundoperationen Einfügen und Entfernen sind einfach durchzuführen. Beim Auffinden von Datensätzen mit kombinierten Schlüsselwerten, z. B. "Suche alle Angestellten der Abteilung X mit der Gehaltsgruppe Y", sind die Sätze in den in Frage kommenden Ketten aufzusuchen. Im Hinblick auf eine möglichst geringe Anzahl von Zugriffen kann es dabei durchaus sinnvoll sein, die Recherche in der kürzesten dieser Ketten zu beginnen. Daher wird häufig der Anker-Index um einen Zähler für die Kettenlänge je Schlüsselwert erweitert.

Invertierung

Bei der Invertierung mit Hilfe von <u>Satzadreßlisten</u> wird je Sekundärschlüsselwert ein Bereich in der Satzadreßliste angelegt, welcher die Zeiger zu allen Sätzen dieses Schlüsselwertes enthält (Bild 9-12).

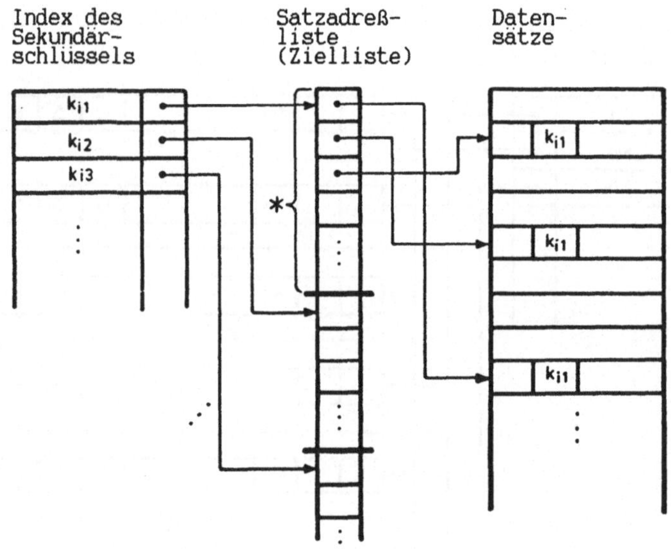

k_{ij}: Schlüsselwerte
*: Zeiger zu Sätzen mit dem Schlüsselwert k_{i1}

Bild 9-12 Prinzip der Invertierung mit Hilfe von Satzadreßlisten

Bei der Invertierung mit Hilfe von <u>Bitlisten</u> wird die Satzadreßliste durch eine Bitliste je Sekundärschlüssel ersetzt. Die Bitliste enthält je Schlüsselwert in einer Zeile so viele Bit-Positionen, wie die Datei Sätze hat. Der l-ten Bit-Position entspricht die Adresse des l-ten Datensatzes (Bild 9-13).

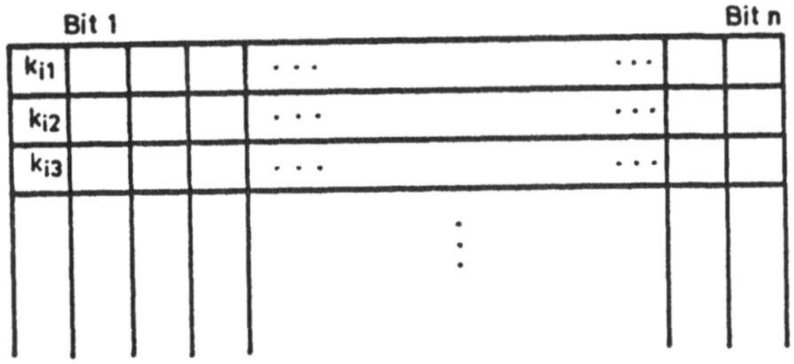

Bit 1 ... Bit n

k_{i1} ... ...

k_{i2} ... ...

k_{i3} ... ...

n: Anzahl der Datensätze der Datei

k_{ij}: Schlüsselwerte

Bild 9-13 Prinzip der Invertierung mit Hilfe von Bitlisten

Ob ein bestimmter Schlüsselwert in einem Datensatz vorkommt oder nicht, wird durch eine "Eins"- oder "Null"-Markierung in der entsprechenden Tabellenposition angezeigt.

Da die Bitlisten im allgemeinen nur dünn besetzt sind, werden Techniken zu ihrer Komprimierung eingesetzt. Eine einfache Methode ist die folgende: Die Spalten der Bitliste werden zu Gruppen gleicher Größe zusammengefaßt. Welche der Gruppen besetzt ist, wird je Sekundärschlüsselwert in einem Bitmuster angezeigt; diesen Bitmustern werden die Bitmuster der besetzten Gruppen angefügt. Bild 9-14 veranschaulicht dies am Beispiel einer Zeile aus einer Bitliste.

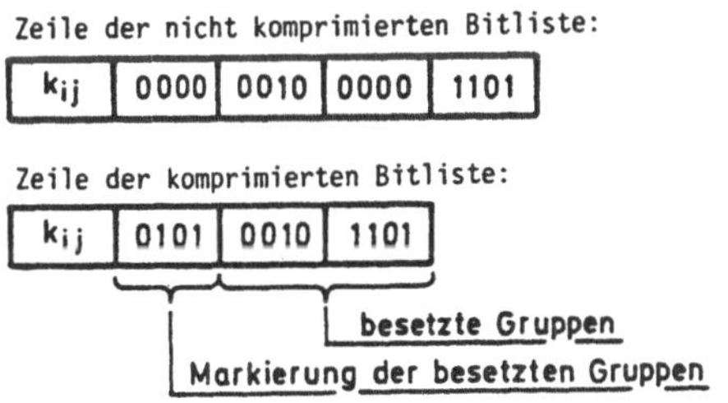

Bild 9-14 Beispiel zur Komprimierung von Bitlisten

10 SPEICHERVERWALTUNG

Bisher haben wir uns mit Datenstrukturen, Speicherstrukturen und der Abbildung von Datenstrukturen auf die Speicherstrukturen beschäftigt. Dabei ist immer davon ausgegangen worden, daß genügend freier Speicherplatz vorhanden ist. Wir werden uns nun dem Problem zuwenden, wie ein begrenzt vorhandener Speicherplatz verwaltet und bestmöglich genutzt werden kann.

Auf die Verwaltung von Externspeichern soll nicht näher eingegangen werden. Ihre Aufgabe kann grob damit umrissen werden, daß Inhaltsverzeichnisse (file directory oder volume table of contents) zu führen sind, welche die Belegung der Externspeicher mit Programmbibliotheken und Dateien sowie die verfügbaren freien Speicherbereiche festhalten.

Die Hauptspeicherverwaltung erfolgt - grob betrachtet - in zwei Stufen. Schon bei der Übersetzung eines Programms ist der Adreßraum zu verwalten, den das Programm während seiner Ausführung benötigen wird. Diese Speicherverwaltung ist Teil des sogenannten Laufzeitsystems einer Programmiersprache. Es stellt die Schnittstelle zum Betriebssystem eines Rechners dar und macht in Zusammenarbeit mit dem Betriebssystem dem Programm auch andere Betriebsmittel wie periphere Geräte und Standardprozeduren zugänglich.

Programme und Daten können nicht ständig im Hauptspeicher eingelagert (resident) sein, weil der zur Verfügung stehende Speicherplatz im allgemeinen begrenzt ist. Zudem sind die heutigen Hauptspeicher Halbleiterspeicher, die bei Ausfall oder Abschalten der Energieversorgung ihre Fähigkeit, Daten zu speichern, verlieren. Programme und Daten werden daher auf Externspeicher ausgelagert und bei Bedarf in den Hauptspeicher transferiert. Die Zuteilung von Hauptspeicherbereichen an die Programme und Daten ist Aufgabe der Hauptspeicherverwaltung des Betriebssystems.

Die beiden Arten der Speicherverwaltung bestehen natürlich nicht gänzlich unabhängig voneinander. Ihre Unterscheidung hat mehr formalen Charakter. Dort, wo es bei den folgenden Erläuterungen nicht darauf ankommen soll, ob der Hauptspeicher oder der Adreßraum eines Programmes gemeint ist, werden wir den Ausdruck "Speicherraum" verwenden.

Durch wiederholte Speicherzuweisung (Speicher-Allokation; storage allocation) und Speicherfreigabe (storage liberation) unterschiedlich großer Speicherbereiche entstehen in einem Speicherraum kleine, nicht mehr nutzbare Lücken (Bild 10-1a)). Man spricht von einer externen Fragmentierung (Zerstückelung; external fragmentation) des Speicherraumes, weil sich die Lücken bei dieser Fragmentierung außerhalb der reservierten Speicherbereiche befinden. Man kann der Entstehung kleiner Lücken dadurch entgegenwirken, daß bei der Speicherzuweisung ein eventuell größerer Speicherbereich reserviert wird, als eigentlich benötigt wird. Dies kann durch Vorgabe einer minimalen Länge für die Bereiche geschehen, oder die Speicherbereiche können von abgestufter fester Länge oder sogar von stets gleicher Länge sein. Dadurch können sich aber Lücken innerhalb der reservierten Bereiche ergeben und man spricht dann von interner Fragmentierung (internal fragmentation) (Bild 10-1b)).

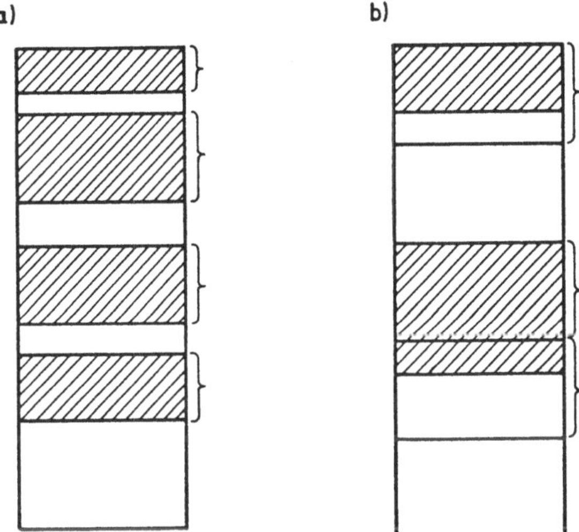

} bedeutet reservierter Speicherbereich

Bild 10-1 Fragmentierung eines Speicherraumes
a) externe Fragmentierung
b) interne Fragmentierung (hier bei Zuweisung von Bereichen fester Länge)

Die externe Fragmentierung kann sich so auswirken, daß ein benötigter Speicherbereich nicht mehr zugewiesen werden kann, obwohl die Längen der Lücken zusammengenommen größer als die Länge des benötigten Speicherbereiches ist. In diesem Fall müssen benachbarte Lücken miteinander verschmolzen werden, so daß größere Lücken entstehen. Reicht diese Maßnahme nicht aus, so müssen die belegten Bereiche zu einem zusammenhängenden Bereich umgeordnet werden und dieser gegebenenfalls an eines der beiden Enden des Speicherraumes verschoben werden, so daß die Lücken einen freien, ebenfalls zusammenhängenden Bereich am anderen Ende bilden. Dieser Vorgang wird Kompaktifizierung (compaction) genannt.

10.1 Speicherverwaltung durch das Laufzeitsystem einer Programmiersprache

Liegt aufgrund der verwendeten Programmiersprache die Belegung des Adreßraumes eines Programms zum Zeitpunkt der Übersetzung unveränderlich fest, so ist lediglich eine statische Speicherverwaltung durch das Laufzeitsystem erforderlich. Zu diesen Sprachen gehören einige problemorientierte Sprachen wie FORTRAN und COBOL. Mit anderen Programmiersprachen, wie z. B. ALGOL, Pascal und LISP, werden Programme erstellt, deren Adreßraum sich während der Laufzeit ändern kann. Sie erfordern eine dynamische Speicherverwaltung. Die Gründe hierfür können unterschiedlich sein:

- Bei den blockorientierten Sprachen können bei der Eröffnung eines Blockes neue Datenobjekte vereinbart werden. Ein Speicherbereich wird diesen neuen Datenobjekten jedoch erst beim Eintritt in den Block zur Laufzeit des Programms zugewiesen. Beim Verlassen des Blockes wird der Speicherbereich wieder freigegeben. Insbesondere lassen sich in einigen Programmiersprachen auf diese Weise dynamische Felder realisieren (Abschn. 7.1.2). Den Feldgrenzen werden außerhalb des Blockes Werte zugewiesen, und die Felder werden innerhalb des Blockes mit diesen aktuellen Grenzen deklariert. Blöcke in dem angegebenen Sinne können auch Prozeduren sein; man spricht dann von prozedurorientierten Sprachen.

- Viele Programmiersprachen erlauben den rekursiven Aufruf von Prozeduren. Den in der Prozedur lokal vereinbarten Variablen muß daher bei jedem neuen Eintritt in die Prozedur ein neuer Speicherbereich zugewiesen werden. Die Prozeduren sind somit eintrittsinvariant (reentrant) anzulegen.

- Es gibt Problemstellungen, bei denen Datenobjekte zu komplexen Datenstrukturen zusammenzufügen sind und bei denen sich die Anzahl der benötigten Datenobjekte nicht statisch angeben läßt. Derartige Datenobjekte können an beliebiger Stelle - unabhängig von der Blockstruktur - im statischen Programmablauf angelegt und wieder freigegeben werden. Dies führt zu dynamischen Datenstrukturen, bei denen eine Speicherzuteilung zu beliebigen Zeitpunkten während der Laufzeit eines Programmes erfolgen kann. In Pascal sind derartige dynamische Variablen die Bezugsvariablen (referenced variables), die mit den Standardprozeduren new(P) und dispose(P) erzeugt und freigegeben werden können, und auf die über die Zeiger P zugegriffen werden kann (Abschn. 4.4). Mit Hilfe der Zeiger kann die gewünschte Datenstruktur realisiert werden.

Die Speicherverwaltung von Programmiersprachen, die blockorientiert sind oder rekursive Prozeduraufrufe erlauben, läßt sich mit Hilfe eines Stapels durchführen, die Speicherverwaltung von Programmiersprachen mit dynamischen Datenstrukturen mit Hilfe einer Halde (heap). Es lassen sich somit drei Verfahren der Speicherverwaltung durch Laufzeitsysteme unterscheiden:

- die statische Speicherverwaltung,
- die dynamische Speicherverwaltung mittels eines Stapels,
- die dynamische Speicherverwaltung mittels einer Halde.

10.1.1 Statische Speicherverwaltung

Bei der statischen Speicherverwaltung liegt die Anzahl der Datenobjekte und die Datenstruktur bereits zu Beginn der Übersetzung eines Programmes fest. Den Datenobjekten wird ein fester, unveränderlicher Bereich im Adreßraum zugewiesen. Die Adressierung durch den Übersetzer erfolgt meist relativ bezogen auf den Programmanfang. Es wird ein zweiteiliger Bereich erzeugt, der eine Teil enthält die Befehle und der andere Teil die Daten. Der Vorteil der statischen Speicherverwaltung liegt in ihrer Einfachheit, und zwar sowohl hinsichtlich der Verwaltung selbst als auch hinsichtlich der Adressierung zur Laufzeit des Programms. Der zur Adressierung notwendige Hardware-Aufwand kann gering gehalten werden, die Zugriffszeiten sind dann minimal. Es wird somit ein relativ schneller Programmablauf ermöglicht. Von Nachteil ist, daß weder eine Blockstruktur noch rekursive Programmaufrufe und dynamische Datenstrukturen möglich sind.

10.1.2 Dynamische Speicherverwaltung mittels eines Stapels

Block- bzw. prozedurorientierte Programmiersprachen gestatten die geschachtelte Definition von Blöcken bzw. Prozeduren. Der Unterschied zwischen Blöcken und Prozeduren besteht darin, daß Prozeduren aufgerufen werden können - häufig auch rekursiv -, Blöcke dagegen nicht. Bei jedem statischen Eintritt in einen Block bzw. in eine Prozedur können neue lokale Datenobjekte vereinbart werden. Zu den lokalen Daten gehören auch die formalen Parameter einer Prozedur. Die dynamische Speicherverwaltung mittels Stapel weist diesen lokalen Datenobjekten erst beim dynamischen Eintritt in den Block bzw. in die Prozedur zur Laufzeit des Programmes einen Bereich im Adreßraum zu. Dieser Bereich wird beim Verlassen des Blocks bzw. der Prozedur wieder freigegeben (Bild 10-2).

Im oberen Teil von Bild 10-2 ist andeutungsweise ein Programm dargestellt. Die zusätzlich eingetragenen Markierungen (1) bis (7) verweisen auf bestimmte Augenblicke während der Ausführung des Programms. Im unteren Teil des Bildes ist der jeweilige Zustand des Adreßraumes zu den markierten Zeitpunkten wiedergegeben.

Gemäß der Verwaltung des Adreßraumes mit einem Stapel wird jeweils der oberste Adreßbereich für die Speicherung lokaler Datenobjekte reserviert oder freigegeben. Die eingetragenen <u>dynamischen Zeiger</u> verweisen auf den jeweils nächst tieferen Adreßbereich. Die Zeiger heißen "dynamisch", weil ihr Inhalt durch den dynamischen Programmablauf bestimmt wird.

Zusätzlich zur Verwaltung der lokalen Datenobjekte stellt sich die Frage, welche anderen Datenobjekte innerhalb des aktuellen Blockes bzw. der Prozedur gültig (sichtbar) sein sollen. Dazu ist zunächst festzulegen, nach welchen Regeln die Bezeichner (Namen) von Programmgrößen, die in bestimmten Blöcken bzw. Prozeduren vereinbart worden sind, in anderen Blöcken bzw. Prozeduren Gültigkeit haben sollen*). Man spricht in diesem Zusammenhang vom Gültigkeitsbereich bzw. der Sichtbarkeit von Bezeichnern für Programmgrößen. In den meisten Programmiersprachen - zum Beispiel in allen Sprachen der ALGOL-Familie, zu denen auch Pascal gehört - gelten folgende Regeln: Der Gültigkeitsbereich eines Bezeichners umfaßt statisch den Programmab-

---

*) Diese Festlegung ist auch für jede andere Deklaration notwendig.

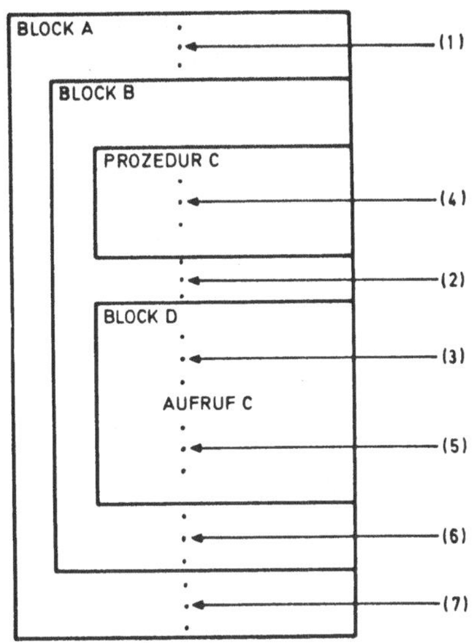

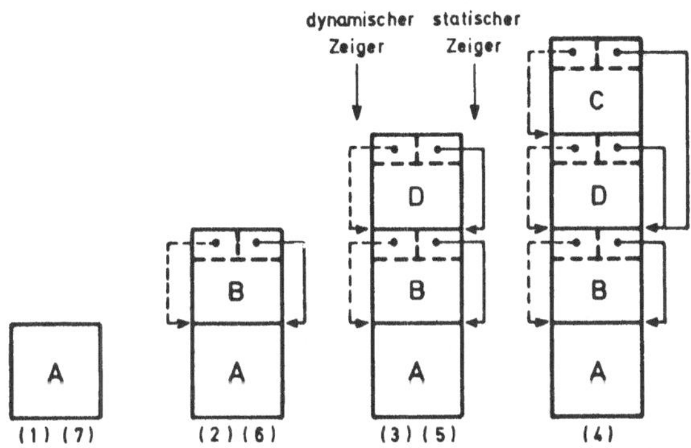

Bild 10-2 Beispiel zur dynamischen Speicherverwaltung mittels Stapel

schnitt (Block oder Prozedur), in dem der Bezeichner vereinbart worden ist, mit Ausnahme derjenigen statisch *inneren* Programmabschnitte, in denen *derselbe* Bezeichner neu vereinbart wird. Die derart vereinbarten Bezeichner werden lokal hinsichtlich des Programmabschnitts genannt, in dem sie vereinbart worden sind. Alle Bezeichner, die in statisch äußeren Programmabschnitten vereinbart werden und nicht lokal zu einem Programmabschnitt sind, haben in diesem Programmabschnitt als globale Bezeichner Gültigkeit, d.h. es kann auf die derart bezeichneten Programmgrößen zugegriffen werden. Zur Adressierung globaler Datenobjekte werden daher bei der Verwaltung des

Adreßraumes <u>statische Zeiger</u> benötigt, welche die im Stapel tiefer liegenden Bereiche der globalen Datenobjekte ketten. Die Zeiger werden "statisch" genannt, weil ihr Inhalt von der statischen Programmstruktur bestimmt wird.

Der Gültigkeitsbereich für Bezeichner kann nach den oben angegebenen Regeln nur am Ort des Aufrufs einer Prozedur verschieden sein von dem Gültigkeitsbereich am Ort der Definition der Prozedur. Statische Zeiger können sich also nur bei Prozeduraufrufen (im Gegensatz zu Blöcken) von den dynamischen Zeigern unterscheiden.

Der Vorteil der dynamischen Speicherverwaltung mittels Stapel besteht darin, daß nur der Adreßraum belegt wird, der aktuell auch tatsächlich benötigt wird. Ferner ermöglicht sie den rekursiven Aufruf von Prozeduren und die Vereinbarung von Feldern mit variablen Grenzen. Ein Nachteil ist, daß der Zugriff auf lokale Datenobjekte indiziert und der Zugriff auf globale Datenobjekte zusätzlich durch indirekte Adressierung gemäß der Kette statischer Zeiger erfolgen muß.

10.1.3 Dynamische Speicherverwaltung mittels einer Halde

Die Speicherverwaltung mittels Stapel ist nicht zur Verwaltung des Adreßraumes bei dynamischen Datenstrukturen geeignet, weil für diese die Speicherzellen zu beliebigen Zeitpunkten während der Laufzeit eines Programms reserviert und wieder freigegeben werden können. Ihnen werden daher in einem besonderen Teil des Adreßraumes eines Programms, der <u>Halde</u> (heap), Speicherbereiche zugewiesen. Der Befehlscode und die Daten, die zur Übersetzungszeit festliegen, belegen einen Bereich am Anfang des Adreßraumes. Stapel und Halde werden an den beiden Enden des verbleibenden freien Adreßraumes angeordnet, so daß sie aufeinander zuwachsen können. Die Bereitstellung von Speicherzellen für Datenobjekte dynamischer Datenstrukturen erfolgt meist explizit mit Hilfe einer besonderen Anweisung (in Pascal Standardprozedur *new*). Wird die Freigabe ebenfalls explizit vorgenommen (in Pascal Standardprozedur *dispose*), so besteht grundsätzlich die Gefahr, daß noch irgendwo Referenzen auf die freigegebenen Speicherzellen existieren und somit undefiniert auf den Speicher zugegriffen werden kann. Gilt dagegen eine Speicherzelle implizit als freigegeben, wenn keine Referenz auf sie vorhanden ist, so ergibt sich ein zusätzlicher Verwaltungsaufwand dadurch, daß diese Situation zunächst einmal erkannt werden muß. Zwei

Möglichkeiten bieten sich an: Entweder wird die Anzahl der Referenzen festgehalten, oder es werden zu bestimmten Zeiten alle Speicherzellen daraufhin überprüft, ob noch Referenzen auf sie verweisen.

Freigegebene Speicherzellen belegen auf der Halde Speicherbereiche, die nutzlos geworden sind. Man bezeichnet diese daher im Englischen als "garbage" ("Müll") und ihre Auffindung als "garbage collection", was man treffend mit Speicherrückgewinnung übersetzt. Die ständige Zuweisung und Freigabe von Speicherbereichen auf der Halde bewirkt eine externe Fragmentierung, die eine Kompaktifizierung erforderlich machen kann. Die Speicherbereinigung durch Speicherrückgewinnung und Kompaktifizierung ist sehr zeitaufwendig, so daß der Wahl der Verfahren und dem Zeitpunkt der Durchführung große Bedeutung zukommt. Bei der expliziten Freigabe hat der Programmierer Einfluß auf den Zeitpunkt und den Umfang der Speicherbereinigung. Dies kann vor allem bei Echtzeit-Problemen von Vorteil sein.

Im folgenden werden einige Verfahren der Haldenverwaltung erläutert.

Zuteilung von Speicherbereichen konstanter Größe

Der einfachste Fall einer Haldenverwaltung liegt vor, wenn die zu allokierenden Speicherbereiche von konstanter Größe sind, weil sich dann die Fragmentierung der Halde nicht störend auswirkt. Sowohl die belegten als auch die freien Bereiche werden als gekettete lineare Listen verwaltet. Wird eine Speicherbereinigung nur zu bestimmten Zeiten vorgenommen, so werden zunächst die aktuell referierten Bereiche markiert und dann der Adreßraum starr fortlaufend bereichsweise durchsucht und dabei die freien Bereiche neu in die Freispeicherliste aufgenommen.

Zuteilung von Speicherbereichen variabler Größe

Wie beim oben beschriebenen Verfahren werden die belegten und freien Bereiche - die nun jedoch von unterschiedlicher Größe sein können - als gekettete lineare Listen verwaltet. Die Freispeicherliste besteht zu Beginn aus einem einzigen Bereich, nämlich der gesamten Halde. Soll ein Bereich bestimmter Größe allokiert werden, so wird dieser von einem freien Bereich aus der Freispeicherliste abgespalten. Hierzu wird bei Anwendung der First-fit-Strategie der *erste* passende, d. h. ausreichend große Bereich aus der

Freispeicherliste entnommen, bei Anwendung der Best-fit-Strategie der *kleinste* passende Bereich. Bei der Best-fit-Strategie werden die Bereiche zweckmäßig nach ihrer Größe sortiert in die Freispeicherliste eingetragen, oder es wird eine Liste mit mehreren Unterlisten für die verschiedenen Bereichsgrößen verwendet (Bild 10-3).

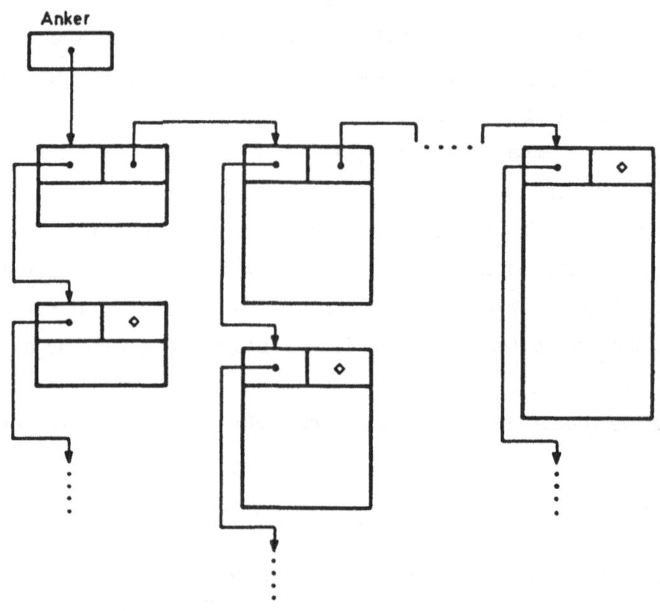

Bild 10-3 Baumstrukturierte Freispeicherliste für unterschiedliche Bereichsgrößen

Die First-fit-Strategie führt bei häufigem Reservieren und Freigeben dazu, daß sich nach einiger Zeit am Anfang der Freispeicherliste kleine Bereiche häufen. Hierdurch erhöht sich die mittlere Suchzeit nach einem ausreichend großen Bereich. Dieser Nachteil läßt sich vermeiden, indem man die Freispeicherliste als zyklische Liste ausführt und die Suche nicht stets am Anfang der Liste, sondern z. B. vom zuletzt entnommenen freien Bereich aus beginnt. Bei beiden Strategien entstehen durch die fortgesetzte Aufspaltung freier Bereiche kleinste, nicht mehr nutzbare Bereiche. Dem kann entgegengewirkt werden, indem eine Minimalgröße für den verbleibenden freien Bereich vorgegeben wird. Die dadurch entstehende interne Fragmentierung ist sehr gering. Wird ein belegter Bereich wieder freigegeben und in die Freispeicherliste eingefügt, so kann ein erster Schritt der Kompaktfizierung darin bestehen, diesen Bereich mit einem unmittelbar benachbarten und ebenfalls freien Bereich zu verschmelzen. Bei der First-fit-Strategie kann zu diesem Zweck die Freispeicherliste adreßsortiert geführt werden, bei der Best-fit-Strategie ist dies nicht möglich. Untersuchungen darüber, welche von den beiden Strategien die bessere ist, haben zu unterschiedlichen Ergebnissen geführt [KNU 69], [FEN 74], [SHO 75].

Buddy-System

Die Speicherverwaltung nach dem Buddy-System [KNO 65] basiert darauf, daß nur Adreßbereiche von der Größe einer Zweierpotenz verwaltet werden. Dies führt dazu, daß die Bereiche auf einfachste Art aufgespalten und wieder verschmolzen werden können. Diesem Vorteil steht allerdings die relativ grobe Abstufung der Bereichsgrößen und die damit verbundene interne Fragmentierung als Nachteil gegenüber.

Eine Adresse a im Adreßbereich der Halde sei $a \in \{0,1,2,...,2^m - 1\}$. Die verwalteten Bereiche können von der Größe $G_k = 2^k$, $k \in \{0,1,2,...,m\}$ sein. Sofern Bereiche der Größe $G_k = 2^k$ existieren sollten, sind ihre möglichen Anfangsadressen festgelegt zu $a_i = i \cdot 2^k$, $i \in \{0,1,2,...,2^{m-k} - 1\}$.

Definition: Buddy*)

> Zwei Bereiche der Größe 2^k sind Buddies genau dann, wenn ihre Anfangsadressen $j \cdot 2^k$ und $(j+1) \cdot 2^k$ sind, $j \in \{0,2,4, ..., 2^{m-k} - 2\}$.

Schreibt man die möglichen Anfangsadressen eines Bereichs der Größe 2^k als Dualzahlen, so sind mindestens die k niedrigstwertigen Stellen gleich Null. Zwei Buddies der Größe 2^k haben somit Adressen der Form

$$a_{i1} = d_{m-1} \ldots d_{k+2}\ 0\ 0 \ldots 0$$
$$a_{i2} = d_{m-1} \ldots d_{k+2}\ 1\ \underbrace{0 \ldots 0}_{k\text{-mal}}$$

Ihre Adressen unterscheiden sich also nur in der (k+1)-ten Stelle.

---

*) englisch: buddy, deutsch: Kumpel

Beispiel:

Es sei m = 4.
Adreßbereich der Halde: [0, 15].
Mögliche Bereichsgröße: 1, 2, 4, 8, 16.

Es sei k = 2 und somit $G_2 = 4$.
Anfangsadressen der Bereiche der Größe $G_2 = 4$: 0, 4, 8, 12.
Anfangsadressen von je zwei Buddies der Größe $G_2 = 4$: 0, 4 und 8, 12.
Diese als Dualzahlen geschrieben: 0000, 0100, und 1000, 1100.

Die Verwaltung des Adreßbereiches der Halde geschieht nun dadurch, daß ein Bereich nur in Buddies aufgespalten wird und nur Buddies miteinander verschmolzen werden.

Bei der Aufspaltung eines Bereiches der Größe $G_{k+1} = 2^{k+1}$ mit der Anfangsadresse

$$a_i = d_{m-1} \ldots d_{k+2}\ 0\ 0 \ldots 0$$

entstehen zwei Buddies der Größe $G_k = 2^k$ mit den Anfangsadressen

$$a_{i1} = a_i \quad \text{und} \quad a_{i2} = d_{m-1} \ldots d_{k+2}\ 1\ 0 \ldots 0 \;.$$

Die Adresse a_{i2} des zweiten Buddy erhält man also einfach durch Invertierung in der (k+1)-ten Stelle.

Bei der Verschmelzung von zwei Buddies der Größe $G_k = 2^k$ mit den Anfangsadressen

$$a_{i1} = d_{m-1} \ldots d_{k+2}\ 0\ 0 \ldots 0$$
$$a_{i2} = d_{m-1} \ldots d_{k+2}\ 1\ 0 \ldots 0$$

entsteht ein Bereich der Größe $G_{k+1} = 2^{k+1}$ und mit der Anfangsadresse $a_i = a_{i1}$. Die Adresse a_{i1} bzw. a_{i2} eines Buddy erhält man bei gegebener Adresse a_{i2} bzw. a_{i1} eines Bereiches ebenfalls einfach durch Invertierung in der (k+1)-ten Stelle.

Für jede der möglichen Bereichsgrößen G_k wird eine eigene Freispeicherliste L_k als gekettete lineare Liste angelegt. Zu Beginn enthält die Freispeicherliste L_m für die Bereichsgröße $G_m = 2^m$ einen Bereich dieser Größe, alle anderen Listen sind leer.

Wir wollen nun die Allokation eines Bereiches beliebiger Größe G, $G_{k-1} < G \leq G_k$, auf der Halde betrachten. Die Bereichsgröße wird zunächst auf die nächste Zweierpotenz G_k aufgerundet und in der Freispeicherliste L_k nach einem freien Bereich dieser Größe gesucht. Ist die Liste leer, so wird sukzessiv in den Listen größerer Bereiche gesucht. Ein gefundener freier Bereich mit $G_j > G_k$ wird solange halbiert, bis der gewünschte Bereich der Größe G_k erhalten wird. Die abgespaltenen freien Bereiche werden in die entsprechenden Freispeicherlisten eingetragen. Ihre Adressen und die Adressen des belegten Bereiches lassen sich auf die oben beschriebene einfache Art bestimmen.

Wird ein Adreßbereich frei, so wird die Adresse seines Buddy ermittelt und festgestellt, ob sich unter dieser Adresse ein Bereich gleicher Größe in der Halde befindet und ob dieser ebenfalls frei ist. Hierzu ist je Bereich lediglich dessen Belegungszustand und dessen Größe festzuhalten.

Ist ein freier Buddy vorhanden, so werden die beiden Buddies miteinander verschmolzen und es wird geprüft, ob weitere Verschmelzungen möglich sind. Dabei werden die Freispeicherlisten fortlaufend aktualisiert.

Die Haldenverwaltung mit Hilfe des Buddy-Systems läßt sich durch einen Binärbaum veranschaulichen (Bild 10-4); dessen Blätter repräsentieren die aktuellen freien und belegten Bereiche. Linker und rechter Teilbaum eines jeden Knotens sind Buddies.

Fibonacci-Buddy-System

Der wesentliche Nachteil des oben beschriebenen Buddy-Systems ist die relativ grobe Stufung der möglichen Bereichsgrößen G_k. Für sie gilt: $G_k = G_{k-1} + G_{k-1}$. Eine feinere Stufung erhält man, wenn man die Größen entsprechend den Fibonacci-Zahlen wählt. Das Bildungsgesetz lautet:

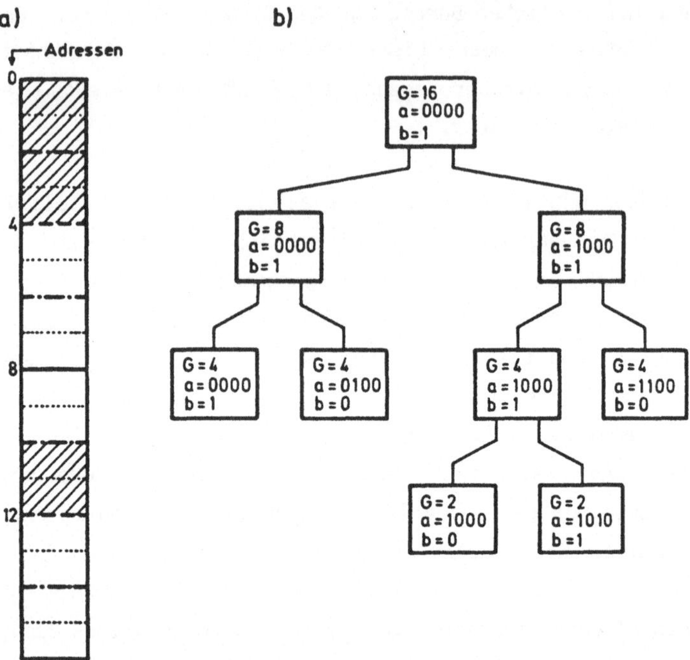

: belegte Bereiche

G : Bereichsgröße

a : Adresse als Dualzahl

b : Belegungszustand (1: belegt; 0: frei)

Bild 10-4 Haldenverwaltung nach dem Buddy-System
a) Speicheraufteilung b) Binärbaum

$$G_k = G_{k-1} + G_{k-2} \quad \text{für } k > 1 \tag{10.1}$$
$$\text{mit} \quad G_0 = 1 \quad \text{und} \quad G_1 = 1.$$

Mögliche Bereichsgrößen sind somit 1,1,2,3,5,8,13,21,... usw. Die Haldenverwaltung mit Hilfe des Fibonacci-Buddy-Systems läßt sich durch einen geordneten Binärbaum veranschaulichen. In Bild 10-5a) ist die aktuelle Aufteilung einer Halde in Bereiche dargestellt, der Binärbaum in Bild 5-10b) veranschaulicht diese Aufteilung und gibt somit auch Aufschluß darüber, wie gegebenenfalls eine Verschmelzung freigegebener Bereiche vorzunehmen ist. In diesem Baum repräsentieren nur die Blätter aktuell belegte oder freie Bereiche auf der Halde.

Bei der Aufspaltung und Verschmelzung von Bereichen müssen nun die Adressen der neuen Bereiche - anders als beim Buddy-System - durch Addition bzw. Subtraktion von bestimmten Bereichsgrößen aus den Adressen der alten Bereiche ermittelt werden.

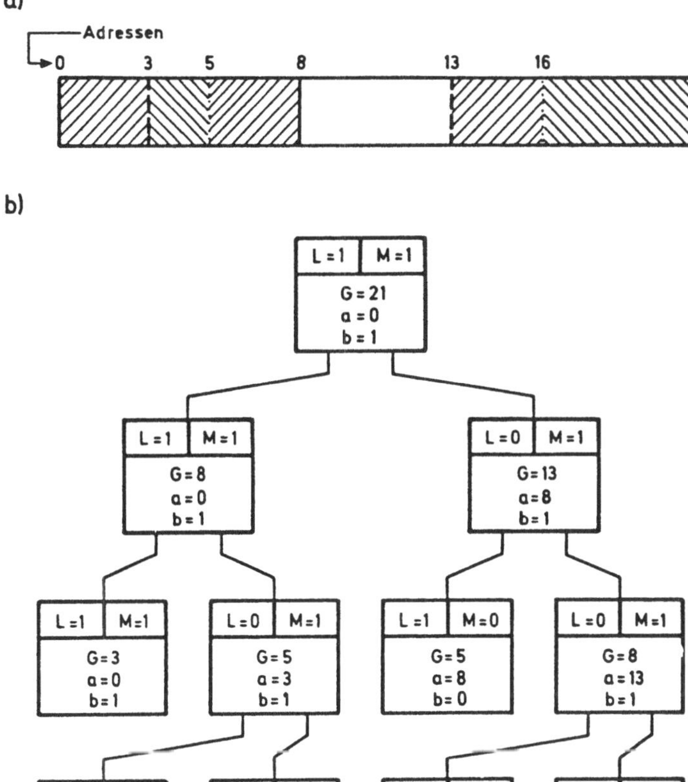

: belegte Bereiche

L : Markierung "linker Knoten"

M : Markierung (siehe Text!)

G : Bereichsgröße

a : Adresse

b : Belegungszustand (1: belegt; 0: frei)

Bild 10-5 Haldenverwaltung nach dem Fibonacci-Buddy-System
a) Speicheraufteilung b) Geordneter Binärbaum

Um nun hierzu nicht auch die inneren Knoten des Baumes speichern zu müssen, sollten sich die Daten in den inneren Knoten aus den Daten in den Blättern ermitteln lassen. Die Bereichsgrößen und die Bereichsadressen lassen sich mit Hilfe von Gl.(10.1) berechnen, wobei für die Verschmelzung von Bereichen bekannt sein muß, ob ein freigegebener Bereich linker oder rechter Teilbereich des nächst übergeordneten Bereiches ist. Bezogen auf die Baumdarstellung entspricht das der Kenntnis, ob ein Knoten linker oder rechter Nachfolger seines Vorgängers ist. Zur Lösung dieses Problems werden nach [CRA 75] lediglich zwei Markierungen benötigt (Bild 10-5).

Die Markierung L hält fest, ob ein Knoten linker (L = 1) oder rechter (L = 0) Nachfolger ist. Die Markierung M speichert im linken Nachfolger den Inhalt der Markierung L vom Vorgänger und speichert im rechten Nachfolger den Inhalt der Markierung M vom Vorgänger. Indem man die Markierungen von je zwei Buddies auswertet, kann man - ausgehend von den Blättern - auch für die inneren Knoten rekonstruieren, ob sie rechter oder linker Nachfolger sind.

Abschließend sei noch angemerkt, daß sich ein gegenüber Gl.(10.1) allgemeineres Bildungsgesetz für die Bereichsgrößen angeben läßt:

$$G_k = G_{k-1} + G_{k-l}, \quad l \in \mathbb{N} \qquad (10.2)$$
$$\text{mit } G_0, G_1, \ldots, G_{l-1} \in \mathbb{N} \cup \{0\}.$$

Eine Speicherverwaltung mit Bereichsgrößen nach Gl.(10.2) mit $l > 2$ bezeichnet man als "verallgemeinertes Fibonacci-Buddy-System".

10.2 Hauptspeicherverwaltung durch das Betriebssystem

Bei Rechensystemen, die im Mehrprogrammbetrieb (multiprogramming) arbeiten, sind mehrere ablaufbereite Programme im Hauptspeicher zu verwalten. Es ist jedoch nicht notwendig, daß ein Programm zur Laufzeit komplett im Hauptspeicher steht. Es genügt, den Teil im Hauptspeicher zu führen, der gerade bearbeitet wird. Bei gut strukturierten Programmen kommt eine Bezugnahme auf adreßmäßig weiter entfernte Teile des Programms relativ selten vor. Man spricht in diesem Zusammenhang von der Lokalität eines Programmes. Die zur Ein- und Auslagerung von Programmteilen notwendigen Verwaltungszeiten und Transferzeiten halten sich dann in akzeptablen Grenzen.

Es ist ferner möglich, daß der von den Programmen referierte Adreßraum größer als der real vorhandene Adreßraum des Hauptspeichers ist. Das Konzept, einen Adreßraum zu simulieren, der größer als der reale Speicher ist, heißt virtuelle Speicherung. Bei der Realisierung dieses Konzepts lassen sich zwei Ansätze unterscheiden: Entweder wird ein einziger virtueller Adreßraum im Rechensystem benutzt (single virtual storage system) oder jedes Benutzerprogramm besitzt einen eigenen virtuellen Adreßraum (multiple virtual storage system). In beiden Fällen verfügt ein Programm über einen Adreßraum, der nur durch die vorgegebene Adressierungsbreite für die Speicheradressen begrenzt ist. Die Programmadressen in einem virtuellen Speicher werden virtuelle Adressen genannt. Wie der Name besagt, existiert ein virtueller Speicher nicht real. Zur Speicherung seines Inhalts wird er auf einen Externspeicher abgebildet.

Bei der Einlagerung eines Programmteils in den Hauptspeicher muß natürlich eine Abbildung der relativen bzw. virtuellen Programmadressen in die absoluten Adressen des Speicherbereiches vorgenommen werden. Ein Objektprogramm mit relativen bzw. virtuellen Adressen wird daher auch als verschiebbar (relocatable) bezeichnet und die Abbildung von relativen bzw. virtuellen Adressen in die absoluten Adressen Relokation (relocation) genannt. Die Abbildung kann vor bzw. während der Einlagerung des Programms in den Hauptspeicher vorgenommen werden (statische Relokation), oder sie kann hardwareunterstützt zur Ausführungszeit des Programms durchgeführt werden (dynamische Relokation).

Neben der bloßen Zuteilung von Speicherplatz ist bei der Speicherverwaltung der Speicherschutz (storage protection) wichtig. Es muß verhindert werden, daß ein Programm auf Grund eines Fehlers oder mißbräuchlich auf die Speicherzellen anderer Programme zugreifen oder deren Inhalt verändern kann.

Von den verschiedenen Verfahren der Speicherverwaltung durch das Betriebssystem sollen die Verfahren der statischen Speicherverwaltung - diese weisen den Programmen vor Beginn der Laufzeit bestimmte Speicherbereiche fest zu - nicht näher erläutert werden. Erfolgt die Speicherzuteilung auch während der Laufzeit der Programme, so spricht man von einer dynamischen Speicherverwaltung. Auf einige typische Verfahren soll in den folgenden Abschnitten kurz eingegangen werden:

- Aufteilung in verschiebbare Bereiche,
- Segmentierung,
- Seitenzuteilung,
- kombinierte Segmentierung und Seitenzuteilung.

Die Methoden der eigentlichen Verwaltung der Speicherbereiche sind zum Teil denen ähnlich, die im Abschnitt 10.1 für die Verwaltung des Adreßraumes von Programmen durch Laufzeitsysteme angegeben worden sind.

10.2.1 Aufteilung in verschiebbare Bereiche

Soll ein Programm in den Hauptspeicher eingelagert werden, so wird bei diesem Verfahren ein freier Speicherbereich ausreichender Größe gesucht und dem Programm zugewiesen. Das Programm muß also verschiebbar sein. Die Abbildung der relativen Adressen in die absoluten Adressen kann durch einen Lader (Systemprogramm) erfolgen. Besser, weil schneller, geschieht dies jedoch hardwareunterstützt mit Hilfe eines Verschieberegisters (relocation register), auch Basisregister oder Relokationsregister genannt. Bei jedem Speicherzugriff wird dessen Inhalt automatisch zur relativen Adresse addiert.

Um einen Zugriff auf Speicherzellen außerhalb des Bereiches, der dem Programm zugewiesen ist, zu verhindern (Speicherschutz), wird häufig zusätzlich ein Bereichslängenregister (Grenzregister) benutzt, dessen Inhalt mit der absoluten Adresse verglichen wird. Bei einem Zugriff außerhalb des Bereiches wird das Programm durch das Betriebssystem abgebrochen.

Bei diesem Verfahren der Speicherverwaltung stehen die Programme in ihrer gesamten Länge im Speicher. Die Größe ihres Adreßraumes ist also durch die Größe des realen Hauptspeichers begrenzt. Die vor allem im Mehrprogrammbetrieb häufigen Ein- und Auslagerungen von Programmen führen zu einer externen Fragmentierung des Speichers. Sie macht gegebenenfalls eine Kompaktifizierung der belegten Speicherbereiche erforderlich. Während der Verschiebung der Programme können diese nicht bearbeitet werden, so daß die dadurch entstehenden Verlustzeiten gegen eine ineffizientere Speicherausnutzung - die ebenfalls Verlustzeiten zur Folge hat - abzuwägen sind.

10.2.2 Segmentierung

Die Verfahren der Segmentierung sind dadurch gekennzeichnet, daß nicht notwendig das gesamte Programm zur Ausführung im Hauptspeicher steht, sondern daß es programmspezifisch in Segmente eingeteilt wird, die zu ihrer Laufzeit in den Hauptspeicher eingelagert werden. Die Segmente können in diesem Zusammenhang aus Prozeduren, Daten und Pufferbereichen oder sonstigen in sich abgeschlossenen Programmteilen unterschiedlicher Länge bestehen. Je nach dem Konzept der Systemsoftware kann die Segmentierung automatisch oder vom Programmierer vorgenommen werden. Benutzen dabei verschiedene Segmente eines Programms denselben Speicherbereich, so spricht man von Überlagerung (overlay). In diesem Fall kann der Adreßraum des Programms größer als der Adreßraum des Hauptspeichers sein.

Die Segmentierung ermöglicht auch das sogenannte dynamische Binden. Die Segmente eines Programms müssen nicht wie beim statischen Binden vor dem Programmablauf auf einen zusammenhängenden Adreßraum abgebildet werden. Vielmehr können die Segmente getrennt verwaltet und über ihre Segmentnamen zur Laufzeit eines Programms referiert werden.

Ferner besteht die Möglichkeit, daß verschiedene Programme dasselbe Segment benutzen. Dies ist zum Beispiel dann sinnvoll, wenn das Segment eine vielfach benutzte Standardprozedur oder ein Systemprogramm (z. B. der Editor) ist. Derartige Prozeduren bzw. Programme müssen allerdings eintrittsinvariant (reentrant) angelegt sein.

Die Segmentierung macht es erforderlich, daß die Programmadressen in eine Segmentnummer und eine relative Adresse, bezogen auf den Beginn des Segmentes, aufgegliedert werden. Auf diese Weise entsteht eine zweidimensionale Adressierung. Dies kann schon bei der Formulierung eines Programms oder später beim Binden geschehen. Für jedes Objektprogramm wird eine Segmenttabelle (segment table) angelegt, welche u. a. zu jeder Segmentnummer die Segmentlänge und - falls zur Laufzeit des Programms das Segment im Hauptspeicher eingelagert ist - die Anfangsadresse des Segments im Speicher enthält. Mit ihrer Hilfe werden die Programmadressen auf die Speicheradressen abgebildet. Bild 10-6 veranschaulicht dies, wobei angenommen wird, daß das Segment S3 von Programm P1 und das Segment S2 von Programm P2 dieselbe Prozedur enthält, die nur einmal im Hauptspeicher eingelagert worden ist.

Der Speicherschutz kann in analoger Weise wie bei der Aufteilung des Speichers in verschiebbare Bereiche - jetzt bezogen auf die Segmente - realisiert werden. Dabei können den Segmenten unterschiedliche Zugriffsrechte zugeordnet werden.

Ein Nachteil der Segmentierung ist, daß Segmente unterschiedlicher Größe im Hauptspeicher zu verwalten sind. Die hierzu notwendigen Verfahren sind denen ähnlich, die im Abschnitt 10.1.3 für die Verwaltung des Adreßraumes eines Programmes dargestellt worden sind. Eine Möglichkeit, den Nachteil zu

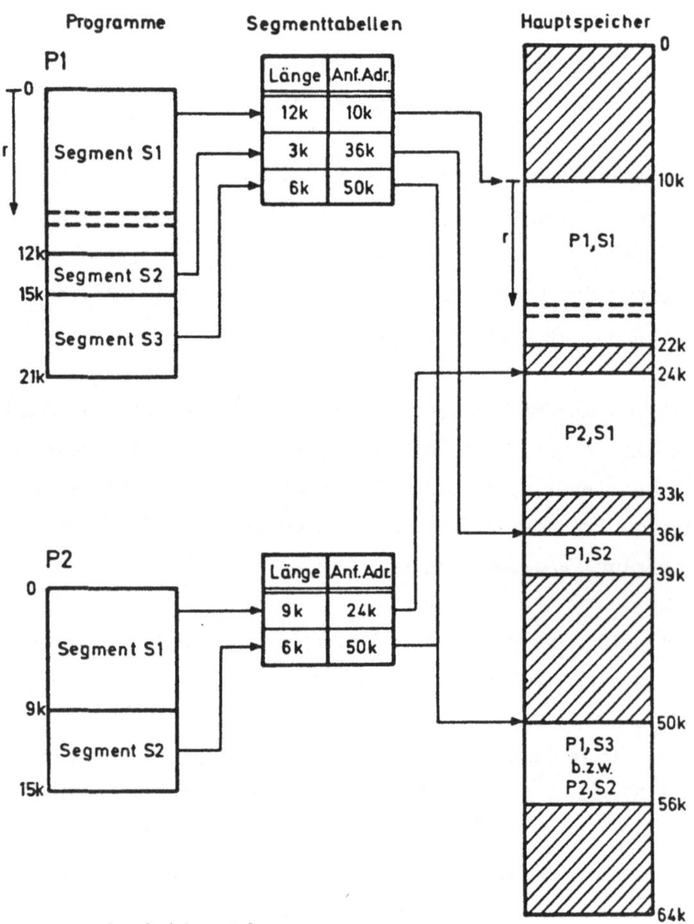

r : segmentrelative Adresse

Anf. Adr. : Anfangsadresse des Segments im Hauptspeicher

Bild 10-6 Adreßabbildung bei der Segmentierung
(Segment S3 von P1 und Segment S2 von P2 sind gleich)

umgehen, besteht darin, die Segmentierung in Kombination mit dem im folgenden Abschnitt beschriebenen Seitenzuteilungsverfahren zu verwenden (Abschn. 10.2.4). In der Praxis hat sich diese Kombination als sehr vorteilhaft erwiesen.

10.2.3 Seitenzuteilung

Bei den Verfahren der Seitenzuteilung (paging) wird der Hauptspeicher in Bereiche gleicher Länge aufgeteilt, die man Seitenrahmen (page frames) oder auch Kacheln nennt. Die auf den Externspeichern abgelegten Programme sind willkürlich - das heißt ohne Rücksicht auf ihre Programmstruktur - in entsprechend lange Seiten (pages) aufgeteilt. Die dabei an den Programmenden möglicherweise auftretenden Lücken in den Seiten bedeuten eine interne Fragmentierung. Übliche Seitengrößen liegen zwischen 256 Byte und 4 KByte. Der Externspeicher ist zur Aufnahme der Seiten in externe Seitenrahmen (slots) gegliedert.

Beim einfachen Seitenzuteilungsverfahren steht jeweils das gesamte Programm (zusammen mit anderen Programmen) seitenweise verstreut im Hauptspeicher. Beim sogenannten Seitenabrufverfahren (demand paging) werden dagegen nur die aktuell benötigten Seiten der aktiven Programme eingelagert. Jedes Programm kann dann über einen Adreßraum verfügen, der größer als der Adreßraum des Hauptspeichers ist.

Die Programme müssen natürlich verschiebbar sein. Greift ein Programm auf eine Adresse in einer Seite zu, die sich nicht im Hauptspeicher befindet, so liegt ein sogenannter Seitenfehler (page fault) vor. Sind aktuell alle Seitenrahmen belegt, so muß entschieden werden, welcher Seitenrahmen durch Verdrängung der Seite freigemacht werden soll. Gängige Strategien zur Verdrängung sind:

- Die am längsten eingelagerte Seite wird verdrängt (FIFO-Strategie; first in first out - longest resident).
- Die am längsten nicht benutzte Seite wird verdrängt (LRU-Strategie; least recently used).
- Die bisher am wenigsten benutzte Seite wird verdrängt (LFU-Strategie; least frequently used).

Die Abbildung der relativen Programmadresse in die absoluten Speicheradressen geschieht mit Hilfe von Seitentabellen (page tables) (Bild 10-7).

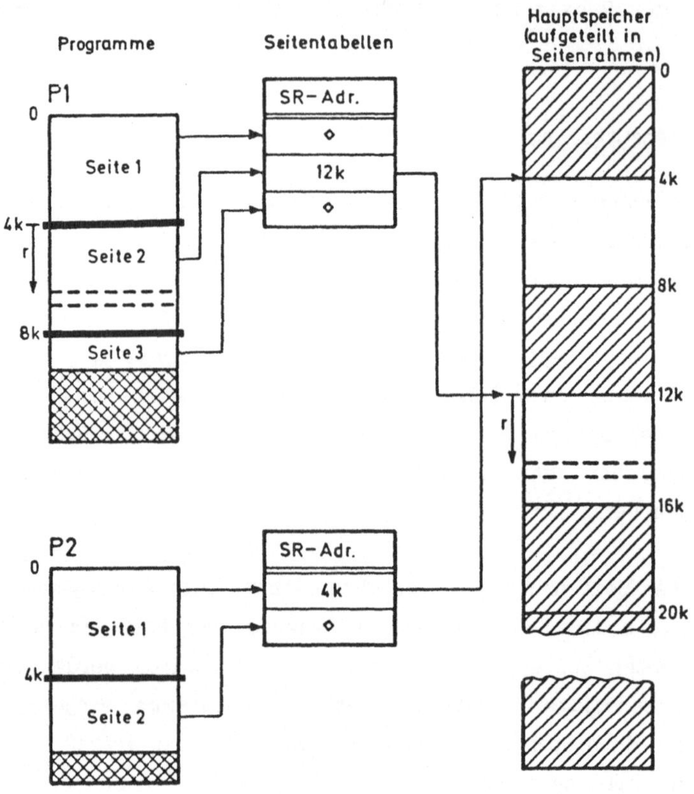

: interne Fragmentierung

: freie Seitenrahmen

r : seitenrelative Adresse

SR-Adr. : Seitenrahmen-Adresse

Bild 10-7 Adreßabbildung bei Seitenzuteilung

Jedem Objektprogramm ist eine eigene Seitentabelle zugeordnet. Die Programmadresse wird in eine Seitennummer und eine relative Adresse, bezogen auf den Seitenanfang, aufgeteilt. Die Seitentabelle enthält u. a. für jede Seite des Programms die zugehörige Seitenrahmen-Adresse.

Zur Verwaltung der Seiten in den Seitenrahmen des Hauptspeichers und zur Speicherung der Seiten auf dem Externspeicher werden zusätzliche Tabellen (Seitenrahmen-Tabelle, Externe Speichertabelle) benötigt (Abschn. 10.2.4).

Die Seitenrahmen-Tabelle enthält u. a. die für die Verdrängungsstrategie notwendigen Bewertungsgrößen, wie zum Beispiel die Anzahl der Zugriffe auf einen Seitenrahmen.

Werden zu viele zur Ausführung anstehende Programme im Hauptspeicher geführt, so kann dies zu einem extremen Anstieg der Seitenfehler führen. Schließlich ist das Betriebssystem fast nur noch damit beschäftigt, Seiten ein- und auszulagern. Es muß somit in Abhängigkeit von Benutzerprofil und Leistungsmerkmalen der Hardware eine geeignete Wahl hinsichtlich der Verdrängungsstrategie, der Seitenrahmengröße - die sich in Abhängigkeit von der mittleren Programmlänge auch auf die interne Fragmentierung auswirkt - und der Hauptspeichergröße getroffen werden.

Die Verfahren der Seitenzuteilung bewirken von vornherein auch einen Speicherschutz, da jedes Programm nur auf die in seiner Seitentabelle eingetragenen Seitenrahmen zugreifen kann.

10.2.4 Kombinierte Segmentierung und Seitenzuteilung

Die jeweiligen Vorteile der Segmentierung und der Seitenzuteilung lassen sich durch kombinierte Anwendung der beiden Verfahren nutzen. Ein Programm wird in Segmente und diese in Seiten eingeteilt. Bild 10-8 zeigt die Abbildung einer relativen Adresse in die absolute Adresse. Jedem Programm ist eine Segmenttabelle zugeordnet, die in Abhängigkeit von der Segmentnummer die Anfangsadresse der Seitentabelle enthält. Die Seitentabelle eines Segments wiederum enthält in Abhängigkeit von der Seitennummer innerhalb des Segments die Anfangsadresse des Seitenrahmens im Hauptspeicher. Ein Nachteil dieses Verfahrens liegt in der offensichtlich zeitaufwendigen Adreßrechnung.

Um bei der Adreßabbildung Zugriffe zu den Tabellen zu sparen, können aktuelle Teile dieser Tabellen - d. h. die Eintragungen, die die am häufigsten benötigten Programmseiten betreffen - in einem Assoziativspeicher geführt werden. Die Hardware greift zur Adreßabbildung primär auf diesen Speicher zu. Nur wenn die benötigten Daten dort nicht vorgefunden werden, wird die Adreßabbildung mit Hilfe der Tabellen durch die Software vorgenommen und der Inhalt des Assoziativspeichers aktualisiert.

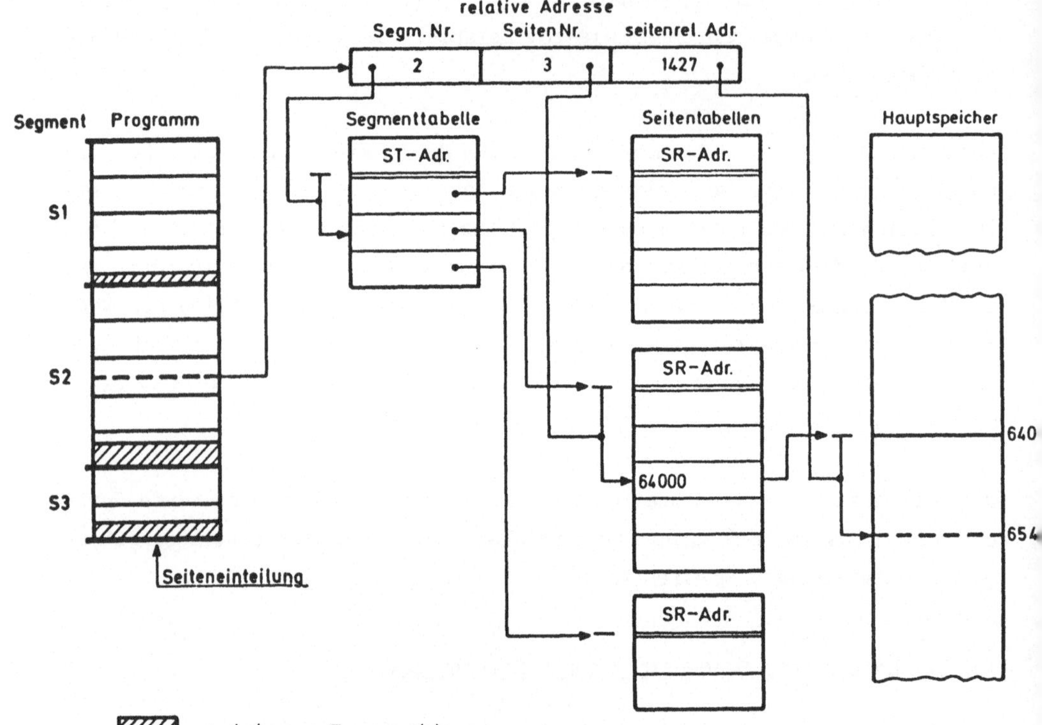

▨ : interne Fragmentierung

ST-Adr. : Anfangsadressen der Seitentabellen

SR-Adr. : Seitenrahmen-Adresse im Hauptspeicher

Bild 10-8 Abbildung einer relativen Adresse in die absolute Adresse bei kombinierter Segmentierung und Seitenzuteilung

An dieser Stelle soll noch ergänzend auf die Verwaltung der Seitenrahmen im Hauptspeicher und die Auslagerung der Seiten auf den Externspeicher eingegangen werden.

Die Belegung der Seitenrahmen mit Seiten wird in der Seitenrahmen-Tabelle (page frame table) festgehalten. Sie enthält in Abhängigkeit von der Seitenrahmen-Nummer für die eingelagerten Seiten u. a. eine Programmidentifikation, die Segment- und Seitennummer und die für die Verdrängungsstrategie notwendige Bewertungsgröße. Bei der Verdrängung einer Seite aus dem Seitenrahmen muß die Seite nur dann auf den Externspeicher zurückgeschrieben werden, wenn ihr Inhalt verändert worden ist. Dies kann durch ein "Änderungsbit" (change bit) festgehalten werden.

Wird als Verdrängungsstrategie die LRU-Strategie angewendet, so läßt sich näherungsweise die entsprechende Bewertungsgröße durch ein "Referenzbit" (reference bit) je Seitenrahmen ersetzen. Im Anfangszustand sind alle Referenzbits zurückgesetzt. Ein Referenzbit wird gesetzt, wenn die entsprechende Seite referiert wird. Sind alle Referenzbits gesetzt, so werden sie gemeinsam zurückgesetzt.

Mit Hilfe der Paare (Änderungsbit, Referenzbit) in den Seitenrahmentabellen wird bestimmt, ob und in welcher Weise Seiten im Hauptspeicher bei einem Seitenfehler überschrieben werden können [SPR 77]:

1. Es wird versucht, einen noch nicht belegten Seitenrahmen im Hauptspeicher zu finden. Falls ein solcher nicht vorhanden ist, wird
2. ein Seitenrahmen gesucht, dessen Seite nicht verändert und seit einiger Zeit nicht mehr referiert worden ist - das entspricht in der Seitenrahmentabelle der Kennzeichnung (0,0). Falls ein solcher Seitenrahmen nicht vorhanden ist, wird
3. ein durch (0,1) gekennzeichneter Seitenrahmen gesucht. Falls ein solcher auch nicht vorhanden ist, werden
4. alle Seiten in den Seitenrahmen mit Kennzeichnungen (1,0) und (1,1) auf den Externspeicher kopiert und dabei das Änderungsbit auf "0" gesetzt. Danach stehen wieder Seitenrahmen mit der Kennzeichnung (0,0) oder (0,1) zur Verfügung.

Die Adressen der Seiten auf dem Externspeicher werden entweder direkt in den Seitentabellen geführt oder in "externen Seitentabellen" (external page tables), die parallel zu den Seitentabellen aufgebaut sind.

ANHANG

Mengen

In der Mathematik wird die Menge als Grundbegriff eingeführt, folglich kann man sich nur eine intuitive Vorstellung von einer Menge machen, wobei solche Begriffe wie Klasse, Familie, Typ, Kollektion als Synonyme verwendet werden. Implizit mit unserer Idee von einer Menge ist die Vorstellung verbunden, daß ein Objekt entweder zu einer gegebenen Menge gehört oder nicht gehört. Um die Mitgliedschaft zu einer Menge auszudrücken, schreiben wir $x \in M$, in Worten: "Das Objekt x ist Element der Menge M." Die Verneinung dieser Aussage, das Objekt x ist kein Element der Menge M, wird formal durch $x \notin M$ zum Ausdruck gebracht.

Eine Menge, die kein Element enthält, ist die leere Menge Φ.

Zwei Mengen A und B sind gleich, also $A = B$, genau dann, wenn sie die gleichen Elemente enthalten.

Die Menge A ist eine Untermenge (Teilmenge) der Menge B, symbolisiert durch $A \subseteq B$ oder $B \supseteq A$, genau dann, wenn aus $x \in A$ folgt, daß $x \in B$ ist. Man sagt auch, B enthält A und nennt B die Obermenge von A. Für die Negation von $A \subseteq B$ schreiben wir $A \nsubseteq B$.

Die Vereinigung zweier Mengen A und B, symbolisiert durch $A \cup B$, ist die Menge aller Objekte, die Elemente von A oder Element von B sind. Der Durchschnitt zweier Mengen A und B, in Symbolen $A \cap B$, ist die Menge aller Objekte, die sowohl Elemente der Menge A als auch Elemente der Menge B sind. Die Differenz zwischen zwei Mengen A und B, oder auch das relative Komplement von B in A genannt, symbolisiert durch $A \setminus B$ oder $\complement_A B$, ist die Menge aller Objekte, die Elemente der Menge A sind und keine Elemente der Menge B sind. Zu jeder Menge A existiert stets eine Menge (Potenzmenge) P(A), so daß $X \subseteq A \iff X \in P(A)$; P(A) ist also die Menge aller Teilmengen von A.

Relationen

Eine binäre bzw. zweistellige Relation zwischen zwei Mengen X und Y ist eine Menge R von Zwei-Tupeln (geordnete Paare) (x,y) mit $x \in X$ und $y \in Y$. Falls R eine Relation ist, schreiben wir $(x,y) \in R$ oder x R y. Durch die Charakterisierung als "geordnetes" Paar wird zum Ausdruck gebracht, daß i. allg. (x,y) nicht gleich (y,x) ist. Gleichheit zwischen zwei geordneten Paaren, also $(x_1,y_1) = (x_2,y_2)$, besteht genau dann, wenn $x_1 = x_2$ und $y_1 = y_2$ ist.

X heißt der Definitions- oder Argumentbereich und Y der Ziel- oder Wertebereich.

Der Urbildbereich einer Relation R zwischen X und Y ist definiert als $\{x;$ es gibt ein $y \in Y$ so, daß $(x,y) \in R\}$, während der Bildbereich von R definiert ist als $\{y;$ es gibt ein $x \in X$ so, daß $(x,y) \in R\}$.

Die inverse Relation (Umkehrrelation) R^{-1} zu einer Relation R zwischen zwei Mengen X und Y ist eine Relation zwischen Y und X, wobei $(y,x) \in R^{-1}$ genau dann, wenn $(x,y) \in R$. Offensichtlich ist der Urbildbereich von R^{-1} gleich dem Bildbereich von R, während der Bildbereich von R^{-1} mit dem Urbildbereich von R übereinstimmt.

Definition: Reflexive, symmetrische, antisymmetrische, transitive, lineare (binäre) Relation

Eine binäre Relation R zwischen X und X heißt
reflexiv, falls für jedes $x \in X$: x R x,
symmetrisch, falls für alle $x,y \in X$: aus x R y folgt y R x,
antisymmetrisch, falls für alle $x,y \in X$: aus x R y und y R x folgt $x = y$,
transitiv, falls für alle $x,y,z \in X$: aus x R y und y R z folgt x R z,
linear, falls für alle $x,y \in X$: x R y oder y R x.

Eine Relation R zwischen X und X, die reflexiv, symmetrisch und transitiv ist, heißt Äquivalenzrelation auf X. Das einfachste Beispiel einer Äquivalenzrelation ist die Gleichheit (=) zwischen den Elementen der Menge X.

Eine Relation R zwischen X und X, die reflexiv, antisymmetrisch und transitiv ist, heißt Halbordnung auf X. Die "teilt"-Relation (|) auf den natürlichen Zahlen ist ein Beispiel für eine Halbordnung.

Eine Relation R zwischen X und X, die reflexiv, antisymmetrisch, transitiv und linear ist, heißt Ordnung auf X.

Definition: Topologisch sortierte Folge

Besteht eine Folge $Y = (y_1, y_2, \dots, y_n)$ aus Elementen der Menge X, dann heißt Y topologisch sortiert bez. der Halbordnung R auf X, falls aus $y_i \ R \ y_j : i < j$.

Definition: Sortierte Folge

Eine Folge $Y = (y_1, y_2, \dots, y_n)$ aus Elementen aus X heißt sortiert (geordnet) bez. der Ordnung R auf X, falls für alle $i = 2,3,\dots,n$: $y_i \ R \ y_{i+1}$.

Eine Relation zwischen Mengen ist nicht notwendig auf zwei Mengen beschränkt, im allgemeinen Falle ist eine (n-stellige) Relation zwischen den Mengen $X_1, X_2, \dots, X_n$ eine Kollektion R von geordneten n-Tupeln $(x_1, x_2, \dots, x_n)$ mit $x_1 \in X_1$, $x_2 \in X_2, \dots, x_n \in X_n$. Gilt $(x_1, x_2, \dots, x_n) \in R$, so sagt man, $X_1, X_2, \dots, X_n$ stehen in den Relation R.

Zuweilen ist es von Interesse, bei Relationen als Mengen die größt bzw. kleinst mögliche Menge zu betrachten. Die Relation, die aus allen geordneten n-Tupeln $(x_1, x_2, \dots, x_n)$ mit $x_1 \in X_1$, $x_2 \in X_2$, ..., $x_n \in X_n$ besteht, wird Cartesisches Produkt von $X_1, X_2, \dots, X_n$ genannt und durch $X_1 \times X_2 \times \dots \times X_n$ symbolisiert. Das Cartesische Produkt ist die größtmögliche n-stellige Relation zwischen n Mengen, während die leere Menge die kleinst mögliche n-stellige Relation zwischen n Mengen darstellt. Generell gilt also, daß jede n-stellige Relation R zwischen $X_1, X_2, \dots, X_n$ Teilmenge des entsprechenden Cartesischen Produktes ist, d. h. $R \subseteq X_1 \times X_2 \times \dots \times X_n$. Gilt $X_1 = X_2 = \dots = X_n = X$, so nennt man $R \subseteq X \times X \times \dots \times X = X^n$ eine n-stellige Relation über (auf) X.

Abbildungen

Abbildung aus einer Menge X in eine Menge Y heißt irgendeine Relation $A \subseteq X \times Y$.*) Die zu einer Abbildung A inverse Abbildung A^{-1} heißt Umkehrabbildung.

Eine eindeutige Abbildung oder Funktion F aus einer Menge X in eine Menge Y, $F \subseteq X \times Y$ oder $F: X \longrightarrow Y$, ist eine Abbildung aus X in Y, so daß es zu jedem $x \in X$ genau ein $y \in Y$ mit $(x,y) \in F$ gibt. Die Eindeutigkeitsbedingung kann auch so formuliert werden: Wenn $(x,y) \in F$ und $(x,z) \in F$, dann $y = z$ (Rechtseindeutigkeit). Das zu jedem $x \in X$ eindeutig bestimmte $y \in Y$ mit $(x,y) \in F$ wird F(x) geschrieben. Dieses $y = F(x)$ heißt Bild der Funktion F für das Argument x. Andere Bezeichnungen für Funktion sind Transformation oder Operator.

Wenn der Bildbereich einer Funktion $F: X \longrightarrow Y$ gleich dem Zielbereich Y ist, so nennen wir F eine Funktion von X auf Y; man sagt auch, daß $F: X \longrightarrow Y$ surjektiv ist.

Eine Funktion F, die verschiedene Elemente des Definitionsbereichs stets in verschiedene Elemente des Zielbereichs abbildet, wird eindeutig oder injektiv genannt, d. h. F^{-1} ist eine Funktion.

Eine injektive Funktion F, die zugleich surjektiv ist, heißt bijektiv.

Eine Relation (Abbildung) $A \subseteq X \times Y$ wird auch "viele zu viele" (m:n) Abbildung genannt; ein Argument x kann in n Paaren $(x,y_i) \in A$, $i = 1,2,\ldots,n$, und ein Wert y in m Paaren $(x_j,y) \in A$, $j = 1,2,\ldots,m$, auftreten.

Eine "viele zu eins" (m:1) Abbildung ist eine eindeutige Abbildung oder Funktion.

Eine "eins zu eins" (1:1) Abbildung ist eine injektive Funktion.

Eine "eins zu viele" (1:n) Abbildung ist eine Abbildung A, deren inverse Abbildung A^{-1} eine eindeutige Abbildung oder Funktion ist.

---

*) Abweichend von diesem Sprachgebrauch verwendet man den Begriff "Abbildung" im Sinne von "Funktion".

LITERATURVERZEICHNIS

[ABR 64] Abramowitz, M.; Stegun, I.A.
Handbook of Mathematical Functions
National Bureau of Standards, Applied Mathematics Series 55, 1964

[ADE 62] Adelson-Velskii, G.M.; Landis, E.M.
Ein Algorithmus zur Informationsorganisation (russisch)
Doklady Akademiia Nauk SSSR 146, 1962

[AHO 83] Aho, A.V.; Hopcroft, J.E.; Ullman, J.D.
Data Structures and Algorithms
Addison-Wesley Publishing Company, 1983

[BAC 69] Bachmann, C.W.
Data Structure Diagrams
DATA BASE, Vol. 1, No. 2, 1969, S. 4 - 10

[BAR 80] Baron, R.J.; Shapiro, L.G.
Data Structures and Their Implementations
PWS Publisher, Boston, 1980

[BAU 73] Bauer, F.L.; Goos, G.
Informatik 1. Teil
Springer Verlag, Berlin, Heidelberg, New York, 1973

[BAY 72] Bayer, R.; McCreight, E.
Organization and Maintenance of Large Ordered Indexes
Acta Informatica, 1, No. 3, 1972

[BAY 81] Bayer, R.
Datenstrukturen
Fernuniversität-Gesamthochschule Hagen, 1981

[BER 75] Berztiss, A.T.
Data Structures
Academic Press, New York, San Francisco, London, 1975

[CAR 60] McCarthy, J.
Recursive Functions of Symbolic Expressions and their Computation by Machine
Comm. ACM, Vol. 3, No. 4, Apr. 1960, S. 184 - 195

[CAR 62] McCarthy, J. et al.
LISP 1.5 Programmer's Manual,
MIT Press, Cambridge, Mass., 1962

[CRA 75] Cranston, B.; Thomas, R.
A Simplified Recombination Scheme for the Fibonacci Buddy System
Comm. ACM, Vol. 18, No. 6, June 1975, S. 331 - 332

[DAH 72] Dahl, O.-J.; Dijkstra, E.W.; Hoare, C.A.R.
Structured Programming
Academic Press, London, New York, 1972

[DEN 77] Denert, E.; Franck, R.
Datenstrukturen
Bibliographisches Institut, Mannheim, Wien, Zürich, 1977

[DEN 79] Denert, E.
Software-Modularisierung
Informatik-Spektrum, Band 2, 1979, S. 204 - 218

[DIN 81] DIN Deutsches Institut für Normung e.V. (Herausgeber)
Informationsverarbeitung 1
Taschenbuch 25
Beuth Verlag, Berlin, Köln, 1981

[DÖR 73] Dörfler, W.; Mühlbacher, J.
Graphentheorie für Informatiker
Sammlung Göschen Band 6016
Walter de Gruyter, Berlin, New York, 1973

[FEN 74] Fenton, J.S.; Payne, D.W.
Dynamic Storage Allocation of Arbitrary Sized Segments
Proc. IFIP Congress 1974, S. 344 - 348

[GEH 84] Gehani, N.
Ada. An Advanced Introduction Including Reference Manual for the Ada Programming Language
Prentice-Hall, Inc., Englewood Cliffs, N.J., 1984

[GUT 77] Guttag, J.V.
Abstract Data Types and the Development of Data Structures
Comm. ACM, Vol. 20, 1977, S. 396 - 404

[HÄR 78] Härder, T.
Implementierung von Datenbanksystemen
Carl Hanser Verlag, München, Wien, 1978

[HAH 81] Hahn, R.
Höhere Programmiersprachen im Vergleich
Akademische Verlagsgesellschaft, Wiesbaden, 1981

[HAL 68] Halmos, P.R.
Naive Mengenlehre
Vandenhoeck & Ruprecht, Göttingen, 1968

[HAR 74] Harary, F.
Graphentheorie
R. Oldenbourg Verlag, München, Wien, 1974

[HIL 75] Hilberg, W.
Elektronische digitale Speicher
R. Oldenbourg Verlag, München, Wien, 1975

[HOR 82] Horowitz, E.; Sahni, S.
Fundamentals of Data Structures
Computer Science Press, 1982

[IBM 66] IBM Corporation
Introduction to IBM System/360 Direct Access Storage Devices and Organization Methods
Student Text, C20-1649-2, 1966

[IBM 73] IBM Corporation
Introduction to Virtual Storage in System/370
Student Text, GR20-4260-1, 1973

[JEN 78] Jensen, K.; Wirth, N.
Pascal, User Manual and Report
Springer-Verlag, New York, Heidelberg, Berlin, 1978

[KAM 67] Kamlah, W.; Lorenzen, P.
Logische Propädeutik
Hochschultaschenbücher, Band 227
Bibliographisches Institut, Manheim, Wien, Zürich, 1967

[KAU 73] Kaufmann, H.
Daten-Speicher
R. Oldenbourg Verlag, München, Wien, 1973

[KNO 65] Knowlton, K.C.
A Fast Storage Allocator
Comm. ACM, Vol. 8, Oct. 1965, S. 623 - 625

[KNU 69, Vol. 1] Knuth, D.E.
The Art of Computer Programming
Vol. 1 / Fundamental Algorithms
Addison-Wesley Publishing Company, 1969

[KNU 75, Vol. 3] Knuth, D.E.
The Art of Computer Programming
Vol. 3 / Sorting and Searching
Addison-Wesley Publishing Company, 1975

[LEW 78] Lewis, T.G.; Smith, M.Z.
Datenstrukturen und ihre Anwendung
R. Oldenbourg Verlag, München, Wien, 1978

[LIN 83] Linz, P.
Programming Concepts and Problem Solving
The Benjamin/Cummings Publ. Comp., 1983

[LIS 75] Liskov, B.H.; Zilles, S.N.
Specification Techniques for Data Abstractions
IEEE Trans. on Software Engineering, SE-1, 1975, S. 7 - 19

[MAR 77] Martin, J.
Data-Base Organization
Prentice-Hall, Inc., Englewood Cliffs, N.J., 1977

[MAU 74] Maurer, H.
Datenstrukturen und Programmierverfahren
Teubner Studienbücher Informatik
B.G. Teubner, Stuttgart, 1974

[MAU 75] Maurer, W.D.; Lewis, T.G.
Hash Table Methods
ACM Comp. Surveys, Vol. 7, No. 1, März 1975

[MOR 68] Morris, R.
Scatter Storage Techniques
Comm. ACM, Vol. 11, 1968, S. 38 - 44

[NIC 75] Nicholls, J.E.
The Structure and Design of Programming Languages
Addison-Wesley Publishing Company, 1975

[NOL 72] Noltemeier, H.
Datenstruktuen und höhere Programmiertechniken
Sammlung Göschen, Band 5012
Walter de Gruyter, Berlin, New York, 1972

[NOL 82] Noltemeier, H.
Informatik III
Einführung in Datenstrukturen
Carl Hanser Verlag, München, Wien, 1982

[OHM 83] Ohmann, F. (Herausgeber)
Kommunikations-Endgeräte
Springer Verlag, Berlin, Heidelberg, New York, 1983

[PAI 81] Painke, H. (Herausgeber)
Digital Technology, Status and Trends
R. Oldenbourg Verlag, München, Wien, 1981

[RAL 76] Ralston, A.; Meek C.L. (Herausgeber)
Encyclopedia of Computer Science
Petrocelli/Charter, New York, 1976

[REI 83] Reingold, E.M.; Hansen, W.J.
Data Structures
Little, Brown and Comp., 1983

[SCH 66] Schmidt, J.
Mengenlehre I
Hochschultaschenbücher, Band 56/56a
Bibliographisches Institut, Mannheim, Wien, Zürich, 1966

[SHA 80] Shaw, M.
The Impact of Abstraction Concerns on Modern Programming Languages
Proc. of the IEEE, Vol. 68, 1980, S. 1119 - 1130

[SHO 75] Shore, J.E.
On the External Storage Fragmentation
Produced by First-Fit and Best-Fit Allocation Strategies
Comm. ACM, Vol. 18, Aug. 1975, S. 433 - 440

[SPR 77] Spruth, W.G. (Herausgeber)
Interaktive Systeme - Strukturen, Methoden, Stand der Technik
Fachberichte und Referate, Lectures and Tutorials, Vol.2
Science Research Associated GmbH, Stuttgart, 1977

[TEN 81] Tenenbaum, A.; Augenstein, M.
Data Structures Using Pascal
Prentice-Hall, Inc., Englewood Cliffs, N.J., 1981

[WED 75] Wedekind, H.
Datenorganisation
Walter de Gruyter, Berlin, 3. Auflage, 1975

[WIE 80] Wiederholt, G.
Datenbanken
Analyse - Design - Erfahrungen
Band 1, Dateisysteme
R. Oldenbourg Verlag, München, Wien, 1980

[WIL 80] Wilkenson B.; Horrocks, D.
Computer Peripherals
Hodder and Stoughton, London, Sidney, Oakland, Toronto, 1980

[WIN 77] Winckels, F.
Technik der Magnetspeicher
Springer Verlag, Berlin, Heidelberg, New York,
2. Auflange, 1977

[WIR 75] Wirth, N.
Algorithmen und Datenstrukturen
Teubner Studienbücher Informatik
B.G. Teubner, Stuttgart, 1983

STICHWORTVERZEICHNIS

E

F

H

I

K

T

U

Ü